Marianne Seewald

Solo Dios basta

Marianne Seewald

Solo Dios basta

Gerhard Schaffran
Wegbegleiter in schweren Zeiten
1912 – 1962

Die Deutsche Bibliothek – CIP – Einheitsaufnahme
Seewald, Marianne:
Solo Dios basta : Gerhard Schaffran ;
Wegbegleiter in schweren Zeiten ; 1912 – 1962 /
Marianne Seewald. – 2. Aufl. – Leipzig : Benno-Verl., 1996
ISBN 3-7462-1135-2

ISBN 3-7462-1135-2

© St. Benno Buch- und
Zeitschriftenverlagsgesellschaft mbH, Leipzig
2. Auflage 1996
Satz: Kontext – Satz & Layout, Lemsel
Druck: Tiskárna Adalbert, Praha

„Solo Dios basta – Gott allein genügt!"

Diese Worte, die über dem Leben der hl. Theresia von Ávila stehen, hat Bischof Gerhard Schaffran als Wahlspruch für seinen bischöflichen Dienst gewählt. Sie kennzeichnen sein Leben.

Es ist mir eine Freude, dem ersten Band einer Beschreibung des Lebensweges von Gerhard Schaffran ein Vorwort voransetzen zu dürfen. Ich tue es in großer Dankbarkeit!

1954 begegnete ich ihm das erstemal. Ich lernte ihn kennen als einen Mann der Tatkraft mit klarem Blick und zielstrebigem Denken. Ich lernte ihn schätzen als einen Priester und Mitbruder, gütig und bedachtsam, jederzeit zum Gespräch bereit. Weil er selbst durch eine harte Lebensschule gegangen war, verstand er die Menschen, konnte führen und raten. Weil er selbst sich mit großem Vertrauen an Gott festhielt – Dios solo basta –, konnten Menschen, die ihm begegneten, bei ihm Halt finden, seine Kameraden in schwerer Zeit, seine Freunde und Mitarbeiter im Dienst der Kirche.

Es ist ein verdienstvolles Werk, daß Frau Marianne Seewald, über viele Jahre Sekretärin des Bischofs und auch jetzt in der schweren Zeit seiner Erkrankung an seiner Seite, die vielen Zeugnisse dieses Buches gesammelt hat. Die Biographie über Bischof Schaffran besteht somit nicht nur aus trockenen Daten und Zeit- und Ortsangaben, sondern aus dem lebendigen Bekenntnis von Zeugen, die ihm begegnet sind und danken möchten.

Es ist zu wünschen, daß bald der zweite Band folgt, der die Jahre des Bischofsdienstes von Gerhard Schaffran nachzeichnen wird.

+ Bernhard Huhn
Bischof em.

Görlitz, im Juni 1995

Wann immer Gerhard Schaffran Begebenheiten aus seinem Leben erzählte, kam vom Zuhörer spontan die Aufforderung: Das müssen Sie aufschreiben! Ein früherer Lehrer in der Priesterausbildung, Prof. Dr. Erich Kleineidam, formuliert diese Aufforderung in seinem Glückwunschschreiben:

„… Zum Goldenen Priesterjubiläum sollten wir dem Jubilar etwas schenken. Doch wenn wir vor einem Umzug stehen, trachten wir sehr wenig auf neue Geschenke. Darum möchte ich lieber eine Bitte aussprechen: daß Sie in den kommenden, hoffentlich ruhigeren Jahren die Kraft und den Mut hätten, uns Ihre Lebensgeschichte zu schreiben. Kaum ein Priester oder gar Bischof hat in seinem Leben so viel erlebt wie Sie; ich schrieb schon zu Ihrem Geburtstag, daß es ein Roman, sogar ein sehr aufregender Roman ist, was Sie erlebt haben, von der frühen Jugend an, dann in der Studentenzeit, wo Sie den Umbruch an der Universität miterlebt haben, der Krieg, die Gefangenschaft, der neue Anfang. Damals hatten wir in der DDR neben dem Bischofskollegium eine Schicht junger Geistlicher, von der die Initiative für all die neuen Dinge ausging, die damals in unserem Gebiet aufgebaut wurden. Dazu gehörten Zinke, Aufderbeck, Sie und einige andere. Es ist die Schicht, die uns heute fehlt. Alle sind sie tot, und keiner hat uns einen Bericht hinterlassen …

Sollte das alles verlorengehen? …

Aber die Zeit drängt! Gott mag uns noch manches Jahr schenken, aber die Kraft, das Gedächtnis, die Konzentration nehmen naturgemäß ab, wir sollten uns darüber nicht täuschen! …"

Fünf Jahre lag dieser Brief – einer Mahnung gleich – auf dem Schreibtisch; Jahre, in denen Tagesereignisse für Bischof Gerhard Schaffran immer unwichtiger wurden, in denen vielmehr seine Gedanken zurückwanderten in die Vergangenheit und die Erinnerung Menschen aus dieser Zeit

„vor dem geistigen Auge Revue passieren ließ". In diesen Jahren habe ich verstehen gelernt, warum er diese Bitte nicht erfüllen konnte: Je mehr ein menschliches Leben verbunden ist mit Schicksalen anderer Menschen, je mehr ein Mensch da war für andere, desto unmöglicher wird es ihm, selbst davon zu schreiben.

Das können nur andere übernehmen. Und so habe ich versucht, den Stationen seines Lebens zu folgen. Aber ich war dabei nicht allein. Viele haben mir geholfen, die Spur nicht zu verlieren. Ich danke allen, die so bereitwillig ihre Genehmigung gaben, schon vorhandene Briefe und Berichte zu verwenden, und ich danke allen, die aus ihrer Erinnerung ihre Begegnung mit Gerhard Schaffran für diese „Lebensbeschreibung" aufgezeichnet haben.

Zu seinem 80. Geburtstag konnte ich ihm den hier vorliegenden Teil überreichen, und er hat noch mit innerer Bewegtheit gelesen, was Menschen mit ihm erlebt haben. Nun aber, da ich erleben muß, wie ihn seine eigene Erinnerung mehr und mehr im Stich läßt, fällt es mir schwer, das Begonnene zu vollenden. Viele aber, die am ersten Teil mitgeschrieben haben, konnten mich überzeugen, wenigstens diesen Teil schon zu veröffentlichen.

Die Spanne seines Lebens umfaßt beinahe das gesamte 20. Jahrhundert:
- geboren im Kaiserreich
- Kindheit und Jugend im I. Weltkrieg und in der Weimarer Republik
- Theologiestudent und junger Kaplan im Nationalsozialismus
- Pfarrer an vielen Fronten des II. Weltkrieges und fünf Jahre in russischer Gefangenschaft
- 40 Jahre in der sozialistischen DDR, als Seelsorger in verschiedenen Positionen (Kaplan, Rektor am Katechetenseminar, Mitglied des Bistumskonsistoriums, Studentenseel-

sorger, Dozent am Priesterseminar, Seelsorger in den Haftanstalten)

als Bischof in Görlitz

als Bischof von Meißen – und nach der Verlegung des Bistumssitzes Bischof von Dresden-Meißen

– Emeritus im vereinten Deutschland

Dem steten Wechsel in der politischen Landschaft des Jahrhunderts scheint sein „ruheloses" Leben angepaßt, denn bis zu seinem 60. Lebensjahr wohnte er nirgendwo länger als fünf Jahre. Aber diese Ruhelosigkeit ist nur äußerlich. Ruhende und zugleich tragende Kraft für sein Tun ist sein Glaube. Und dieser Glaube ist nicht zuerst ein „Für-wahr-Halten", sondern – wie Peter Wust sagt – „ein Sprung in den Abgrund, in der festen Zuversicht, in Gottes gütigen Armen zu enden".

Am Ausgang unseres Jahrhunderts hat es den Anschein, als würden Menschen, die den „Sprung in den Abgrund" wagen, immer weniger verstanden – und doch ist es gerade dieser Sprung, der uns vor dem Abgrund bewahrt.

Sollte jemand diese Aufzeichnungen lesen, der Gerhard Schaffran auch als unvollkommenen Menschen erlebt oder gar durch ihn Unrecht erfahren hat, so darf er wissen, daß gerade er im täglichen Gebet eingeschlossen ist: Gott möge heilen, wo verletzt wurde und vollenden, was unvollkommen blieb.

Dresden, am 4. Juli 1995

Marianne Seewald

Versprich mir in die Hand

Die frühesten Erinnerungen verbinden sich mit dem St. Annaberg, jenem Wallfahrtsort in Oberschlesien, der den Katholiken seit Jahrhunderten Zufluchtsort in bedrängten Zeiten war, Stätte des Gebetes, des Dankes und Lobes, vor allem aber Stätte der ungezählten vertrauensvollen Bitten. Nichts gibt so sehr Zeugnis vom Wesen des oberschlesischen Menschen wie der St. Annaberg. Hier wurde nicht nur die Mutter des Herrn um Hilfe und Fürsprache angefleht, sondern auch die Mutter der Mutter: die hl. Anna. Undenkbar, daß sie sich nicht fürsprechend bei ihrer Tochter verwandt hätte – und wie sollte sich erst der Sohn einer Bitte verschließen, wenn gleich zwei Mütter als mächtige Fürsprecherinnen hinter den Bittstellern standen?

Der Annaberg

Liegt hier vielleicht die Wurzel dessen, was man „oberschlesisches Gemüt" nennt?

Es kann wohl niemand, der in der Nähe des St. Annaberges seine Heimat hatte, dieses Gemüt ganz verlieren, – mag ihn das Leben auch weit weggeführt haben von diesem Berg – mögen Erziehung und Umwelt oder hohe berufliche Positionen auch andere Wesenszüge und Eigenschaften gefördert haben, tief im Inneren bleibt dieses „oberschlesische Gemüt", das bei vielen wichtigen Entscheidungen mehr Mitspracherecht hat als der sachliche Verstand.

In dem kleinen Städtchen Leschnitz, am Fuße des St. Annaberges gelegen, wurde Gerhard Schaffran am 4. Juli 1912 geboren. Seine Mutter nahm es gelassen, als Freude und Stolz des Vaters über den „Stammhalter" ein wenig größer waren als ein Jahr zuvor bei der Geburt der Tochter Hertha, stammte sie doch aus einer alten oberschlesischen Lehrerfamilie, in der seit Generationen jedes Kind als Geschenk und Gnade Gottes angesehen und auch so angenommen wurde.

Noch zwei Söhne wurden geboren, 1914 Herbert und 1916 Karl-Heinz.

Wenige ungetrübte Jahre waren den Eltern und der Familie bestimmt, denn mit dem Ausbruch des Ersten Weltkrieges wurde der Vater als „Reserveoffizier" eingezogen. Er war einer der jüngsten Hauptlehrer Schlesiens, kam selbst aber aus einer „technischen Familie", die im niederschlesischen Hirschberg zu Hause war und sich gegenüber ihren oberschlesischen Verwandten doch weit „aufgeklärter" und moderner vorkam.

Vielleicht hätte die Mutter nie die Einwilligung ihrer Eltern zur Heirat mit diesem „Eingereisten" erhalten – die Wahl der Namen für die Kinder schien ihrem Mißtrauen recht zu geben! –, wäre nicht der Beruf des Lehrers gewesen, der alle anderen möglichen Einwände aufhob.

Frühjahr 1916 in Leschnitz
Familie Schaffran: Hertha – Herbert – Gerhard

Der Hirschberger Großvater, Werkstättenvorsteher bei der Deutschen Reichsbahn, war schon eine imposante Erscheinung, zumal er keine Gelegenheit ausließ zu berichten, wie er als Lokführer einmal den Kaiser gefahren und die Tür zum Salonwagen auf den Zentimeter genau am roten Teppich zum Halten gebracht habe. Wer hatte schon einen Großvater, dem sogar eine Urkunde diese Fahrt mit dem Kaiser bezeugte und der die Macht hatte, seinen Enkel ein Stück auf der Lokomotive mitfahren zu lassen, auch wenn es nur im Rangierbahnhof war. Lokomotivführer zu werden war nach dieser Fahrt jedenfalls eine beschlossene Sache. Aber es hatte dann wohl doch der Großvater

11

mütterlicherseits, der nach dem Tod der Großmutter bei ihnen lebte, den nachhaltigeren Einfluß.

Wenige Wochen waren es – vielleicht auch nur Tage – an denen der Vater während der Kriegsjahre auf Heimaturlaub bei seiner Familie sein konnte. Anfang 1918 kam eine letzte Feldpostkarte, dann wochen-, monatelanges Schweigen auf der einen und banges Warten auf der anderen Seite. Und es war wieder der Annaberg, der in dieser Zeit eine so wichtige Rolle spielte. Wie oft mag die Mutter hinaufgestiegen sein – allein, aber auch mit den beiden Ältesten. Bis heute ist die Erinnerung lebendig, da er mit der Mutter an der Kommunionbank kniete, zu klein, um drüberzuschauen, aber durch die Gitterverzierungen konnte er hindurchschauen und während des langen Gebetes der Mutter den reichgeschnitzten Altar betrachten.

Am Ende des Krieges kam Tante Ida, eine unverheiratete Schwester des Vaters, die das Leschnitzer Postamt leitete. Auch sie bleibt als imposante Erscheinung in Erinnerung, weil sie dem Hirschberger Großvater ähnlich war und weil sie als Leiterin des Postamtes von den Leschnitzern als „Amtsperson" respektiert wurde – aber in Erinnerung bleibt vor allem dieser Augenblick, da gerade diese Tante ganz gegen ihre vornehme, sachlich-distanzierte Art eilig und völlig außer Atem, ein Telegramm schwenkend, zur Mutter gestürzt kam. Ein Telegramm, das nicht vom Postboten gebracht wurde! Und es war die langersehnte Nachricht, daß Vater lebte, schwer verwundet zwar in einem englischen Lazarett an der französischen Kanalküste, aber am Leben!

Wie kommt es, daß erwachsene Frauen im selben Atemzug lachen und weinen können?

Und zum Annaberg ging es wieder hinauf, als dann das zweite Telegramm kam, daß Vater an seinen Verwundungen gestorben sei. Jahrzehnte später schließt sich der

Kreis, als er – im nächsten, im Zweiten Weltkrieg selbst eingezogen – das Grab seines Vaters findet; am Rande eines englischen Soldatenfriedhofs in der Nähe der nordfranzösischen Stadt Boulogne befindet sich eine Reihe Gräber deutscher Soldaten; auf einer Tafel steht: Karl Schaffran – gestorben 28. 12. 1918.

Nun war sie allein, die 33jährige Witwe mit ihrer Sorge um die vier unmündigen Kinder. Diese Sorge ging über ihre menschliche Kraft. Im sogenannten „Kohlrübenwinter", als es kaum genug zum Essen für die Kinder gab, was blieb da für eine Mutter? Sie erkrankte an Tuberkulose und kam für Monate in eine Lungenheilstätte. Doch in der Not beweist sich die Kraft und Liebe einer großen Familie: sie war die Jüngste von sieben Schwestern – ihre Kinder wurden in den Familien der Schwestern untergebracht.

Was geht in einem Siebenjährigen vor, der allmählich begreifen lernt, daß der Vater nie wiederkommen wird. Allen Beteuerungen seiner Tante Wanda, die Mutter würde bald gesund sein, konnte er keinen rechten Glauben schenken. Die Liebe der Tante und das redliche Bemühen seiner sechs Cousinen und Cousins, ihm ein vorübergehendes Zuhause zu geben, konnten das schmerzhafte Alleingelassensein nicht heilen. Und so war auch seine Antwort auf alle Fragen nach seinen Wünschen: Ist mir egal!

Die Rückkehr der Mutter und die Heimkehr zu ihr und den Geschwistern brachte das kindliche Gemüt wieder ins Gleichgewicht. Aber nicht lange, denn die Wirren der Zeit nach dem Ersten Weltkrieg, die Abstimmung, ob Oberschlesien deutsch bleiben oder polnisch werden soll, die Kämpfe am Annaberg, spürte auch ein Kind an den sorgenvollen Gesichtern der Erwachsenen. Zumal auch die Dienstwohnung geräumt werden mußte, überlegte die Mutter, von Leschnitz wegzuziehen.

„... Inzwischen sind wohl 60 Jahre vergangen", schreibt ein Schulfreund zum 70. Geburtstag, „seit wir uns das letzte Mal gesehen und gesprochen haben. Es wird Dir wohl Schwierigkeiten bereiten, Dich noch an mich zu erinnern. Wir waren 4 Schulkameraden beim Lehrer Beier in der Klasse, welche alle Anfang Juli Geburtstag hatten. Erich Gisa am 2.7., ich am 3.7., Du und Georg Winkler am 4.7. Diese Daten sind bei mir fest haften geblieben. Als ich nun las, daß Du in diesem Jahr 70 Jahre wirst, erkundigte ich mich beim Erzbischöflichen Generalvikariat nach Deiner genauen Anschrift und so schreibe ich jetzt diese Zeilen an Dich. Als Gedächtnisstütze ein paar Erinnerungen. Meine Eltern hatten auf dem Ring, neben dem Kaufmann Glowatzki, ein Schuhgeschäft. Wahrscheinlich hast auch Du Schuhe aus diesem Laden getragen. Dein Weg zur Schule führte immer an dieser Ringseite vorbei. Im Schuljahr 1921/22 habt Ihr Leschnitz verlassen. An den letzten Schultag kann ich mich noch sehr gut erin-

Volksschule Leschnitz – Jahrgang 1919 mit Fräulein Drescher
Gerhard Schaffran – 1. Jungenreihe, ganz links sitzend

nern. Nach dem üblichen Schlußgebet hielt unser Klassenlehrer Beier eine kurze Abschiedsansprache. Anschließend sang die gesamte Klasse das Lied: Nun ade, du mein lieb Heimatland. Ich selbst bin etwas sentimental veranlagt, und so schäme ich mich auch nicht, noch jetzt einzugestehen, daß mir dabei die Augen feucht wurden.

In den vielen vergangenen Jahren – und auch jetzt noch – muß ich immer an diesen Tag denken, wenn irgendwo dieses Lied ertönt. Mit Handschlag hast Du Dich dann von uns allen verabschiedet. An Deine Schwester Hertha kann ich mich auch noch erinnern, die wegen ihrer Schönheit schon damals die Blicke von uns Knaben auf sich zog.

Anbei ein Foto von unserer alten Heimat. Nach der Größe der Kinder von Gisa zu urteilen, wird das Foto wohl so um 1913/14 entstanden sein (s.o.). Dein Weg zur Schule führte immer an diesen Häusern vorbei. Das Haus hinter Gisa gehörte 2 älteren Damen mit Namen Zolondek. Hier kauften wir unsere Schulbücher und Schreibhefte ein. Aus diesem Haus stammen auch der in Oberschlesien so bekannte und beliebte Prälat Glowatzki und der Pfarrer Zolondek ... Sei vielmals gegrüßt von Deinem Schulkameraden Erich Grzonka."

Eben dieser Schulkamerad Erich Grzonka schreibt 50 Jahre später seine Erinnerungen über den sogenannten „Polenputsch", den er als noch nicht 10jähriger in Leschnitz erlebt hat; hier ein Bericht über die Abstimmung und ein kurzer Auszug aus den Erinnerungen an den „Polenputsch":

„... Die Abstimmung war auf den 20. März 1921 festgesetzt. Wahlberechtigt war jeder Oberschlesier, der 21 Jahre alt war und seinen Geburtsort in Oberschlesien hatte. Schon lange davor begann eine rege Tätigkeit. Es wurden Versammlungen abgehalten und alle Oberschlesier im ganzen Reich aufgefordert, an dieser Wahl teilzunehmen. Das war natürlich mit großen Unkosten verbunden, denn nicht jeder hatte in der damaligen Nachkriegszeit das Geld, um die Reise zu bezahlen. So wurde zu Spenden aufgerufen. Mein Vater ging auch mit so einer Spendenliste von Haus zu Haus... Unter den Polen gab es die sogenannten Agitatoren, heute würde man Wahlkampfredner dazu sagen. Der Berüchtigste von ihnen war Korfanty, der jedem eine Kuh versprach, wenn die Wahl zu Gunsten Polens ausfällt. Aus diesem Grund wurde er von den Deutschen auch nur Kuhfanty genannt, und viele Karikaturen an den Häusern und Scheunentoren zeigten ihn mit einem Kuhkopf. Der Zeitpunkt der Abstimmung rückte immer näher, bei welcher sich dann jeder Oberschlesier für Deutschland oder für Polen entscheiden mußte.

Da den Polen niemand einen Versammlungsraum zur Verfügung stellte, hielten sie ihre Versammlungen unter freiem Himmel ab, und zwar in den Schluchten, die dem Bauern Kruppa gehörten, der sich offen als Pole bekannte. Diese Versammlungen verliefen nicht immer ganz reibungslos, trotzdem sie unter dem Schutz der „Apo" (Abstimmungspolizei) standen. Einige beherzte Deutsche schlichen sich an diese Schluchten heran und rollten Steine, wie einst die Germanen im Teutoburger Wald, die steilen Abhänge herunter und störten so die Zusammenkünfte der Polen. Hinterher waren sie immer „spurlos verschwunden". Im ganzen Reich wurden nun Sonderzüge zusammengestellt, welche die „heimattreuen Oberschlesier" in ihre Geburtsorte brachten. Die Wagen dieser Züge waren mit Blumen und Grünem geschmückt und mit Parolen „Oberschlesien ist deutsch und muß deutsch bleiben" oder „Wir bleiben heimattreu" versehen. Wir Jungen liefen dann zum Bahnhof nach Deschowitz, der kurioserweise den Namen „Bahnhof Leschnitz" führte und winkten begeistert diesen deutschen Frauen und Männern zu. Nun kam der 20. März, der Tag, der die Entscheidung bringen sollte.

Für die Deutschen stand der Ausgang dieser Wahl fest. Das Ergebnis zeigte dann auch, daß sich der überwiegend größere Teil der Oberschlesier zum Deutschtum bekannte ...

In den nächsten Wochen zogen für Oberschlesien dunkle Wolken am Himmel auf, denn die Polen unter Korfanty gaben sich mit dem Abstimmungsergebnis nicht zufrieden. Man sah fremde Männer durch die Orte ziehen, ... die der deutschen Sprache nicht mächtig waren. Später wußte man, daß es polnische Insurgenten waren, die sich heimlich sammelten und mit Waffen versehen wurden, die über die Grenzen geschmuggelt worden waren. Die Lehrer unserer Volksschule führten geheimnisvolle Gespräche, und so ahnten auch wir Kinder, daß irgend etwas in der Luft lag. Am 3. Mai verbreitete sich plötzlich die Nachricht, daß der Annaberg, die Dörfer Lichinia, Salesche und andere Orte von den Polen militärisch besetzt worden sind. Um sich Gewißheit zu verschaffen – und auch die Stärke der Polen zu erfahren – schickten unsere Lehrer zwei Schüler, sozusagen als Spione, mit einem Schreiben, welches sie in ihrer Kleidung versteckt hielten, zum Lehrer Wientzek nach Annaberg. Diese beiden Kundschafter kamen auch wieder unbehindert zurück und brachten die Bestätigung, daß starke polnische Verbände den Annaberg besetzt haben. Beherzte Männer, vor allem Frontkämpfer des Ersten Weltkrieges, fanden sich sofort zusammen und bildeten den sogenannten Selbstschutz ... auch mein Klassenlehrer Beier, der seine Leutnantsuniform wieder angezogen hatte. Gewehre besorgte ein Lehrer aus der Erziehungs-Anstalt. Man munkelte, daß dieser Lehrer, ein Offizier des Weltkrieges, ein geheimes Waffenlager irgendwo versteckt hält und daß der Platz des Versteckes dauernd gewechselt wird. Die Besatzungsmächte hatten ihre Truppen in größeren Städten zusammengezogen und gaben so den Polen die Möglichkeit, die grenznahen ländlichen Orte ungestört zu besetzen ... Am Nachmittag des 3. Mai versuchten die Polen aus Richtung Annaberg vorzufühlen. An der Gartenecke des Hauses Hudowski, in der Nähe des Friedhofes, wurde ein Maschinengewehr in Stellung gebracht und einige Feuerstöße in Richtung Annaberg-Kalvarie abgefeuert. Wir Jungen waren neugierig und abenteuerlustig und mußten halt überall dabei sein. Erst als wir auf den Ernst der Lage hingewiesen wurden, begaben wir uns in unser Elternhaus zurück. Am Donnerstag, dem 5. Mai, griffen die Polen aus Richtung Lichinia an. Die Selbstschutzkämpfer griffen sofort zu den Waffen und konnten die Angreifer nicht nur abwehren, sondern auch zurückschlagen ...

Ich kann mich erinnern, daß der Fleischermeister Paul Zingler einen großen Wäschekorb mit warmer Wurst und eine Bäckerei einen Korb mit Semmeln für die tapferen Selbstschutzkämpfer spendeten ...

Die Lage wurde immer unruhiger und kritischer ... Als dann die Insurgenten am Sonnabend, dem 7. Mai, mit einer starken Übermacht Leschnitz aus zwei Richtungen angriffen, waren die wenigen Selbstschutzkämpfer, um unnötige Verluste zu vermeiden und einer möglichen Umzingelung auszuweichen, gezwungen, Leschnitz aufzugeben. Als einer der Letzten verließ der Sohn vom Totengräber Kolonko – auf einem Feuerwehrhorn blasend – die Stadt. Der größte Teil der männlichen Bevölkerung befand sich ebenfalls auf der Flucht ...

Uns Kindern wurde ja nichts getan, und so konnten wir vieles beobachten. Die Polen hatten auch unsere Volksschule besetzt. Schränke, Hefte und Bücher wurden kurzerhand auf den Schulhof geworfen, der dann auch entsprechend wüst aussah. Der Globus wurde als Fußball benutzt. Auf dem Schulhof stand ein Lastkraftwagen mit einem scharf geladenen Maschinengewehr darauf, von den Polen streng bewacht. Als in den nächsten Tagen im Gebiet Heydebreck-Kosel schwere Kämpfe tobten und die Polen auf Lastwagen Verwundete nach Leschnitz brachten, breitete sich unter den Insurgenten eine Unruhe aus. Eiligst wurden die Lastwagen mit Truppen beladen und an die bedrohte Front geworfen ... Zwar gelang es den Eindringlingen bis an die Kalköfen von Gogolin vorzustoßen, aber dort wurde ihnen ein energisches Halt entgegengesetzt ... Am 21. Mai konnte man bereits feststellen, daß die Polen sich auf der Flucht befinden. Wagen, Pferde und Insurgenten, teils barfuß, durchzogen eiligst unser Städtchen ... Bald darauf wurden die Brücken gesprengt ... Nun war Leschnitz feindfrei. Wir Jungen wollten auf keinen Fall versäumen, die ersten Selbstschutzkämpfer in unserer befreiten Stadt zu begrüßen. Wir liefen zu der gesprengten Brücke an der Padole, und es dauerte nicht lange, da kamen sie, unsere tapferen Selbstschutzkämpfer. Unter ihnen mein Klassenlehrer Beier, mit der Pistole in der Hand ... Die Kirchenglocken läuteten, Fahnen wurden gehißt, ein unbeschreiblicher Jubel erfaßte die Bevölkerung. Lehrer Beier war so erbost, daß er die Schaufensterscheiben von zwei polnisch-gesinnten Kaufleuten einwarf. Mir ist auch eine Familie bekannt, in welcher der Vater Pole war, während der Sohn aktiv an der Bekämpfung der Insurgenten beteiligt war. Leschnitz wurde dann von den Freikorps besetzt ... Keiner von uns Jungen konnte damals ahnen, daß uns das Schicksal später in ein viel größeres Völkerringen hineinreißen würde, das vielen Menschen bitteres Leid und uns den Verlust der Heimat gebracht hat."

Die turbulenten Wochen und Monate vor der Abstimmung über das Schicksal Oberschlesiens hat Familie Schaffran in

Leschnitz erlebt, den Abstimmungstag selbst aber nicht mehr. Die Mutter verließ das unsicher gewordene Oberschlesien und zog mit ihren vier Kindern nach Günthersdorf, Kreis Lauban, weil hier eine ihrer Schwestern mit dem Lehrer und Kantor verheiratet war; vor allem aber wohl deshalb, weil auch ihre Eltern Oberschlesien inzwischen verlassen hatten und in dieses Dorf gezogen waren.

„Ich nehme mir heut mal den Mut, um an Sie zu schreiben. Es drängt mich schon lange dazu; erst kürzlich hörte ich wieder am Fernseher Ihren Namen. Ich stelle mich mal kurz vor: Ich bin die zweitälteste Tochter vom Fleischer Ende; wir wohnten damals im Haus vor der Windmühle in Günthersdorf. Ihre Mutter wohnte damals mit Ihrer Familie oben im ersten Stock der Windmühle …

Der Blitz war in die Flügel eingeschlagen, so daß die Windmühle nicht mehr in Betrieb war …

Das war außerhalb des Dorfes. Der Weg hieß Windmühlenweg. Von der Kirche rechts war ein Haus, das nächste Haus kam nach etwa 500 m, dann wieder nach 500 m ein weiteres Haus – und nach nochmals 500 m die Windmühle; dazwischen waren Felder und auch auf der gegenüberliegenden Wegseite nur Felder und einige Obstbäume, die dem Pfarrer gehörten; er pflückte das Obst auch immer selbst. Ja, wir wohnten in Günthersdorf so richtig in Gottes freier Natur. Sie und Ihre Geschwister mußten zur Schule immer an unserem Haus vorbei. Ihr Onkel Weigert war ja auch Kantor, spielte die Orgel und leitete den Kirchenchor. Und der andere Onkel wohnte oben im Schulhaus, weil er zunächst keine Anstellung als Lehrer bekam. Als Kind gefiel mir seine Frau so gut; sie war so hübsch, groß und blond und hatte die Haare in Zöpfen um den Kopf gelegt. Die Großeltern wohnten im Mitteldorf, etwas abseits von der Straße, mitten im Feld. Das Häuschen hatte noch ein Strohdach. Die Familien sind ja alle weggezogen, aber Ihre Mutter kam auch dann immer noch regelmäßig nach Günthersdorf an das Grab ihrer Eltern, dabei besuchte sie dann auch immer meine Mutter und kaufte auch immer etwas in unserer Fleischerei ein. Ihre Mutter war eine einfache, aber sehr vornehme Frau, sie trug immer dunkle Kleidung, so daß meine Mutter einmal sagte: Frau Schaffran trauert ihr ganzes Leben um ihren lieben Mann. Ich kann mich, obwohl das nun beinahe 70 Jahre her ist, noch sehr gut an Ihre Familie erinnern …"   Hilde Drabant-E.

„… als Mitschülerin im 4. Schuljahr erlaube ich mir, Dir zu schreiben. Unser gemeinsamer Schulalltag dauerte zwar nur ungefähr ein Jahr, trotzdem sind wir Deinen Lebensweg immer mitgegangen. Vielleicht erinnerst Du Dich noch an Günthersdorf, wohin Du mit Deiner Mutter und Deinen drei Geschwistern geflüchtet warst … Ich erinnere mich gut an Deine Großeltern Porada, die auch dort beerdigt sind, an Kantor und Lehrer Weigert und Deine Tante; auch an Deinen Onkel Porada, der in Hirschfeldau Lehrer war …"   Gertrud M.

„… mit dem Stichwort ‚Hirschfeldau' hast Du die Erinnerung an den Ursprung unserer Verbundenheit wieder wachgerufen. Es war für uns (noch) Kinder eine glückliche, unbeschwerte Zeit. Ich sehe alles noch vor mir: die Kirche, den Zugang über den Kirchhof, das Pfarrhaus und den großen Hof mit dem mächtigen Nußbaum, der den Misthaufen überschattete, die alte Linde vor dem Tor, das Schulhaus und den etwas abfallenden Weg dorthin. Von der Bahnstation zogen wir immer mit dem Leiterwagen an der Mühle vorbei und unten über den Graben durch den Obstgarten, wo wir in den großen Ferien als erstes auf den Kirschbaum kletterten und solche großen Mengen Kir-

schen futterten, daß gleich die große Warnung erging: Ja
kein Wasser darauf trinken ..."   Georg Pelchen

Onkel Otto, Mutters jüngster Bruder, konnte es wohl auch
in den Großen Ferien nicht ohne seine „Schulklasse" aus-
halten; so waren seine beiden eigenen Jungen, seine drei
Neffen und die beiden Neffen von Pfarrer Pelchen der rechte Ausgleich. Er steckte voller Einfälle: Einmal hatte er für
jeden Jungen ein Kaninchen besorgt, ein anderes Mal versuchte er, sie zu Imkern auszubilden, auch als Taubenzüch-
ter haben sich alle versucht. Seine Frau, die von allen
geliebte, immer freundliche, alles verstehende Tante Anni
meinte, daß er ohnehin der größte unter den sieben anderen Lausbuben sei. Und der großzügige, herzensgute Pfarrer Pelchen öffnete für alle weit die Türen und Tore zum
Pfarrhaus und zum Garten.

„ ... In einer Kirchenzeitung las ich Deine Biographie, die
ich so nicht hinnehmen möchte, denn als ‚wilden Jungen'
kannten wir Dich nicht, im Gegenteil, Du warst ein stiller,
ruhiger Junge im Gegensatz zu uns wilden Dorfkindern.
Deine Mutter war eine sehr fromme Frau und meist in der
täglichen Messe anzutreffen ..."   Gertrud M.

Das aber hinderte die Mutter nicht zu „kämpfen", wenn es
um ihre Kinder ging. Am Ende des 4. Schuljahres kam
Gerhard nach Hause mit der Nachricht: Ich bin nicht versetzt. Auf die Frage nach dem erstaunten Warum, war die
Erklärung: Der Lehrer hat gesagt, ich bin noch zu jung!
Sein Vater hatte ihn schon mit fünf Jahren einschulen lassen, so daß er nun ein Jahr jünger war als seine Klassenka-
meraden. Die Mutter nahm ihr schwarzes Umschlagtuch,
warf es mit einer entschlossenen Bewegung über die
Schulter und eilte zum Lehrer. Was sie mit dem Lehrer

22

gesprochen hat, erzählte sie nie, sie sagte nach ihrer Rückkehr nur den einen Satz: Du bist versetzt. Dieses Erlebnis aber machte ihr mehr und mehr deutlich, daß es in diesem Günthersdorf keine entsprechende Schulbildung für ihre Kinder geben würde.

Eines Tages las sie in der Zeitung, die ehemalige Kadettenanstalt in Berlin würde als Staatliche Bildungsanstalt ihre Pforten wieder öffnen und vorzugsweise Söhne von gefallenen Offizieren aufnehmen, um sie bis zum Abitur zu führen. Die Pensionskosten erschienen erschwinglich. Sie nahm ihr kleines blaues Oktavheftchen zu Hilfe. Wie oft in den vergangen Jahren hatte sie spät abends davorgesessen, den einen oder anderen Groschen von der Ausgabenseite gestrichen und auf die „Sparseite" geschrieben – vielleicht würde es doch in diesem Herbst noch für ein Paar Schuhe wenigstens für eines ihrer Kinder reichen! Schon am anderen Tag schrieb sie an die Leitung der Bildungsanstalt. Wenige Wochen darauf fuhr sie mit ihrem Zehnjährigen in die Großstadt Berlin; sie, die bisher nur in ländlichen Gemeinden gelebt hatte, nahm allen Mut zusammen und machte sich auf den Weg nach Berlin-Lichterfelde. Welchen Respekt mag beiden dieser riesige Gebäudekomplex eingeflößt haben!

Während der Aufnahmeprüfung suchte sie die nächstgelegene katholische Kirche, führte ihren Sohn nach der bestandenen Prüfung hierher und ging mit ihm – wie einst am St. Annaberg – nach vorn bis zur Kommunionbank. Nach dem gemeinsam gebeteten Vaterunser und Ave-Maria wurde folgender denkwürdiger Dialog geführt, der die Treue zum gegebenen Wort grundlegen sollte für das ganze spätere Leben:

– Du weißt, wer im Tabernakel wohnt?

– Aber ja, Mutter!

– Du weißt auch, daß ich dich hier in Berlin nie werde besuchen können, dafür haben wir kein Geld?

– Ja, Mutter!

– Versprichst du mir in die Hand, daß du jeden Sonntag in die Kirche gehst?

– Ich verspreche es!

Sie würde nun weit weg sein und konnte ihm die Treue zum Glauben nicht mehr vorleben; jetzt mußte er erwachsen genug sein, das ihm anvertraute Gut selbst zu bewahren.

In den nächsten Jahren kletterte er ungezählte Male auf dem Weg zu dieser Kirche (Kornmesserstr. 2) über die Mauer der Stabila, um sich den entschieden weiteren Weg über den offiziellen Ausgang zu sparen.

„ ... Nun möchte ich Dir noch eine kleine Episode erzählen. Du hattest einen Brief an Deine Mutter geschrieben, der Dir wohl nicht ganz gefallen hat. Du hast ihn zerrissen und in den Papierkorb geworfen. Neugierig – wie wir waren, haben wir die Schnipsel rausgesucht und zusammengesetzt. Da erinnere ich mich an einen Satz: Du fragtest Deine Mutter, ob Du am Sonntag Deine Schularbeiten zuende machen dürftest. Du seiest am Samstag nicht ganz damit fertig geworden. – Ich meine, es war nicht nur Prälat Beyer, der Dich angeregt hat. Du hast Dir schon früh Deine eigenen Gedanken über das religiöse Leben gemacht ..." Ulrich J.

Prälat Beyer, Pfarrer eben jener Kirche, in die ihn die Mutter am ersten Tag geführt hatte, gab in der Anstalt Religionsunterricht für die katholischen Jungen. Es wurden die Sakramente durchgenommen, und als die Reihe an die Priesterweihe kam, meinte er lakonisch: Das können wir weglassen, von euch wird sowieso keiner Priester! Sicher, es war nicht ausschlaggebend diese Bemerkung, die ihn über die eigene Priesterberufung nachdenken ließ, aber damals kam doch zumindest der Gedanke: warum eigentlich ich nicht?

24

„Im Religionsunterricht saßen wir oft nebeneinander, zu
Füßen von Prälat Beyer und warteten auf sein Erwachen.
Erinnerst Du Dich noch?"   Walter K.

Sicher hat der seelsorgliche Eifer um seine große Gemeinde ihn so ermüdet. Die Jungen mochten ihn aber gern, den
sehr beleibten, freundlichen schlesischen Priester. Obwohl
Gerhard Schaffran gerade von ihm den ersten Tadel erhielt. Wie das kam? In der Stabila – wie die Staatliche Bildungsanstalt kurz genannt wurde – gab es sehr wenige
Katholiken, es gab sogar mehr Mohammedaner damals, da
der König von Afghanistan seine Söhne und die Söhne der
Großen seines Landes nach Europa schickte zur Ausbildung, nach Berlin und Paris vor allem. Was mag aus seinem Freund Al Raschid, dem geschickten Speerwerfer,
wohl geworden sein? So war ein geflügeltes Wort, anstelle
von „ich bin doch nicht verrückt" zu sagen, „ich bin doch
nicht katholisch". Das wurmte. Ändern aber konnte man
nur etwas, wenn man Stubenältester war. Das wiederum
konnte man nur werden, wenn man alle (zu jeder Stube
gehörten 8 „Mann") besiegt hatte. Beim Zweikampf mußte
man den anderen einige Sekunden mit der Schulter auf den
Boden drücken. Er konnte die Schulpausen kaum abwarten,
denn er mußte alle besiegen. Als er Stubenältester war, sagte
niemand mehr: „Ich bin doch nicht katholisch!" Dafür aber
reichte auf den Zeugnissen bei ihm der Platz nicht aus für
die Bemerkungen in den Spalten „Fleiß – Betragen – Aufmerksamkeit". Nie hatte die Mutter ein mahnendes oder
gar scheltendes Wort gesagt, als sie diese Bemerkungen
gelesen hatte, denn zuvor konnte ihr Sohn ihre Frage „warst
du jeden Sonntag in der Kirche?" mit offenem Gesicht beja-
hen. Die Mutter maß alles an einer Werteskala, die auch für
ihn in späteren Jahren Gültigkeit bekommen sollte. Als er
erwachsen war erst, verriet ihm die Mutter, wie sehr sie

diese Zeugnisse schmerzten: Hatte sie ihm denn nicht einmal Benehmen beibringen können? Und auch er erzählte viel später erst der Mutter, daß seine von den Lehrern unverstandene Verteidigung der Ehre seines Glaubens der Grund für diese wenig rühmlichen Bemerkungen war.

Und so war es wohl auch Erzpriester Beyer nicht zu verdenken, wenn er ernste Zweifel hegte, daß aus dieser Umgebung eine Priesterberufung würde hervorgehen können. Die Erziehungsmaßstäbe, die hier angelegt wurden, schienen seine Zweifel zu rechtfertigen. Unausgesprochen war Sport das Hauptfach. Bei Wind und Wetter und zu jeder Jahreszeit begann der Tag mit einem Lauf zur Südfront, um Freiübungen zu machen, und er endete mit den obligatorischen Klimmzügen. Eigens dafür war zwischen den Türpfosten jeder Stube eine Holzstange angebracht, die von den Jungenhänden nicht umspannt werden konnte. So hingen sie mit den Fingesspitzen an der Stange, was die Übungen noch zusätzlich erschwerte. Peinlich genau hatte der Stubenälteste über die Anzahl der Übungen Buch zu führen. Wer unter 20 blieb, machte sich schon verdächtig, jemals ein „richtiger Kerl" zu werden. Der Wunsch aber, dies zu werden, gab den Jungen ungeahnte Kraft und Ausdauer. So lernten zum Beispiel in der anstaltseigenen Schwimmhalle die Nichtschwimmer sehr schnell, sich über Wasser zu halten. In der ersten Schwimmstunde sortierte der Sportlehrer seine Schützlinge nach Schwimmern und Nichtschwimmern, zeigte letzteren an einigen Bewegungen in der Luft wie diese dann im Wasser auszusehen hätten und ließ alle der Größe nach am Bassinrand Aufstellung nehmen. Dann faßte er einen nach dem anderen mit der flachen Hand am Podex und warf ihn in hohem Bogen ins Wasser. Ungerührt stand er am Bassinrand und streckte denen, die seiner Meinung nach schon genug Wasser geschluckt hatten, eine lange Stange entgegen, um sie damit ans rettende Ufer zu ziehen. Nach der zweiten

Schwimmstunde gab es keine Nichtschwimmer mehr. Überhaupt gab es nur Männer in dieser Ausbildungsanstalt: die Lehrer und Erzieher, die Bediensteten für die Reinigung der Gebäude und Stuben etc. – bis auf wenige Ausnahmen, eine davon war Schwester Hedwig: Jede Kompanie – das waren ungefähr 100 Jungen – wurde von einer Rot-Kreuz-Schwester betreut; sie kontrollierte in regelmäßigen Abständen den allgemeinen Gesundheitszustand der Jungen oder auch die Sauberkeit von Ohren, Hals und Fingernägeln.

„... Kannst Du Dich eigentlich noch an unsere gestrenge Schwester Hedwig erinnern? Wir nannten sie damals nur die Ziege. Sie hatte ja im 1. Weltkrieg an vorderster Front gedient und behandelte uns wie alte Landser. Wenn sie kam, mußten wir vor ihr strammstehen und die Hände vorstrecken. Ich sehe heute noch ihre in Falten gezogene Stirn, wenn sie unsere Fingernägel inspizierte. Meine erschienen ihr einmal zu lang; nach ihrer Behandlung jedenfalls waren sie dann so kurz, daß ich sie einige Wochen lang überhaupt nicht mehr säubern mußte ... Es gab eigentlich nur zwei Medikamente, jedenfalls kann ich mich an kein anderes erinnern. Im Frühjahr und Herbst – manchmal auch dann, wenn sich bei irgendeinem von uns eine Erkältung anbahnte – mußten wir unseren Schnabel weit aufmachen, und sie fuhrwerkte mit einem ziemlich langstieligen Pinsel in unserem Hals herum. Den Pinsel steckte sie abwechselnd in Jod bzw. in ein Desinfektionsmittel. Das andere Mittel war Rizinus. Nach der ersten Prozedur damit hat sich von uns keiner mehr gemeldet, auch wenn Bauch und Därme einen noch so lauten und schmerzhaften Tanz aufführten ... Hart im Nehmen waren wir Jungen schon, das wurde uns ja auch beigebracht. Weinen gehörte ja mit zu den größten ‚Todsünden' ... Und dann schauten wir voller Neid auf unsere Nachbarkompanie, die eine so nette, und vor allem fröhliche Rot-

Kreuz-Schwester hatte … Wenn ich heute – Jahrzehnte danach – an diese Zeit denke, muß ich sagen: Schade jedenfalls habe ich davon nicht genommen! Die echten Jungenfreundschaften haben uns wohl davor bewahrt. Ich werde den Augenblick nie vergessen (wir hatten uns wohl 1926/27, als Du die Schule wechseltest, zum letzten Mal gesehen und waren beide ungefähr 14 Jahre alt), als ich 1942 in der Nähe von Rshew auf dem Hauptverbandplatz lag und Du Dich plötzlich über meine Trage beugtest. Dein Gesicht war mir nach so vielen Jahren noch so bekannt und vertraut, und mir war damals, als hätte ich jemanden aus meiner Familie getroffen … Hab Dank auch dafür …"   Herbert S.

Nicht nur die körperliche Ertüchtigung, sondern vor allem auch Kameradschaft und Rücksichtnahme, Wahrhaftigkeit und Treue zum gegebenen Wort waren Tugenden, die vom ersten Tag an gelebt wurden. Es gab ja viele Schüler, deren Väter im Krieg gefallen waren und deren Mütter die Pensions- und Schulkosten nur unter großer persönlicher Einschränkung zahlen konnten. Aber ebenso gab es Kinder von sehr wohlhabenden Eltern, hatte die Schule als Bildungsstätte doch einen sehr guten Ruf. Dennoch erhielt jeder – gleich was die Eltern hätten zahlen können – pro Woche 50 Pfennig Taschengeld. Nach Abzug der Kosten für Schulhefte, Federn etc., die jeder selbst kaufen mußte, blieben 10 – 15 Pfennig übrig, später, wenn man sich eine immer kleinere Schrift angewöhnt hatte, manchmal sogar bis 20 Pfennig. Dann galt es zunächst, eifrig zu sparen für das Notwendige wie Objektiv, Balg und Verschluß, um einen Fotoapparat selbst zu bauen. Gebannte Jugendgesichter über dem Fixierbad und lautstark geäußerte Freude, wenn auf der Glasplatte die ersten Umrisse des Negativs sichtbar wurden.

Auch das erste Radio war ein selbst hergestelltes – bessere Antennen als die Zinkfensterbretter hätte es nicht geben können. Und wenn dann der eine, der das große Glück hatte, als erster sich den kleinen Lautsprecher an das Ohr halten zu können, mit freudestrahlendem Gesicht verkündete: ich höre etwas knattern! – dann war alles andere vergessen: Jod und Rizinus, die ungeweinten Tränen, das vertrocknete Brötchen im Spind, letzte heimwehgeladene Erinnerung an die schon lange zurückliegenden Ferien zu Hause – dann war man stolz und glücklich im Kreis der Kameraden, denn man hatte gemeinsam wieder ein Stück Welt erobert.

Gerhard in der Mitte
Eines der ersten Fotos mit der selbstgebauten Kamera

An einem Wochenende im Monat konnten die Jungen entweder nach Hause fahren, Verwandte oder Bekannte in Berlin besuchen oder selbst Besuch empfangen. Daß keine dieser Möglichkeiten für ihn in Frage käme, hatte die Mutter ihm ja eindringlich genug erklärt. Aber dieses Schicksal teilte man ja noch mit anderen. Als die Großstadt Berlin mit ihrem hektischen Verkehr und lauten Getriebe den Jungen aus der Provinz nicht mehr erschrecken konnte, waren es gerade diese, zunächst so gefürchteten „Heimfahrt-Sonntage", die es ihm ermöglichten, Bekanntschaft mit Berlin zu schließen. Am interessantesten waren die Stadtviertel im Norden, der Wedding zum Beispiel mit seinen Rummelplätzen. Am Schalter der U- oder S-Bahn machte er sich so klein wie möglich, um noch nicht den Fahrpreis für Erwachsene zahlen zu müssen. Schließlich war eine Fahrt dann um die Hälfte billiger und mit dem eingesparten Groschen in der Hosentasche konnte er sich auf allen Rummelplätzen der Stadt wie ein Krösus fühlen: eine Karussellfahrt wurde möglich oder auch der Kauf von 10 Stück Kanold's Sahnebonbons. Das war schon eine schwere Entscheidung. Nachdem aber an einigen Sonntagen die Karussells ausprobiert wurden, entschied er sich dann doch für die Sahnebonbons; sie klebten so wunderschön am Gaumen und zwischen den Zähnen, und wenn er sich ein wenig beherrschen konnte – das war ja auch eine der Tugenden, die täglich geübt werden mußte –, reichten sie bis zum Abend.

Aber auch in den kurzen Ferien konnten viele der Jungen nicht nach Hause fahren, entweder, weil sich die weite Fahrt nicht lohnte oder – wie in seinem Fall – weil das Geld für die Fahrkarte nicht reichte. Dann war derjenige glücklich zu schätzen, der von einem in der Nähe Berlins wohnenden Freund mitgenommen wurde, so wie er von der verwitweten Mutter seines Freundes Gerhard Schulz oder einmal in den Pfingstferien von den Eltern seines Freundes Ulli Just eingeladen war.

Nichts aus dieser Berliner Zeit aber ist in so nachhaltiger Erinnerung geblieben wie die Tage der Heimreise. Die dunkelblaue Uniform der ehemaligen Kadettenjahrgänge – die Jungen der Stabila trugen noch diese Uniformen – konnte nicht schnell genug zugeknöpft sein. Die schwarzen Lederstiefel glänzten wie an einem Festtag. Der kleine Holzkoffer, der seit dem Abend gepackt vor dem Bett stand – zu schwer eigentlich für einen kleinen Jungen –, war leicht, weil er mit allen Sehnsüchten und Erwartungen gefüllt war, die ein Kinderherz über Monate in der Fremde nur ansammeln kann. Unweit des großen Eingangstores war die Haltestelle der Elektrischen, die ihn zur S-Bahn brachte; mit ihr fuhr er bis zum Schlesischen Bahnhof. Hier stand schon der Personenzug Richtung Osten mit den Vierte-Klasse-Wagen, in denen zwei Bankreihen sich gegenüberstanden. In der Mitte zwischen den Bankreihen war viel Platz für die Körbe und Rucksäcke, jetzt meist leer, denn die Spreewald-Bäuerinnen hatten ihre Waren auf den Berliner Märkten feilgeboten. Dafür war das Abteil gefüllt mit Schnattern und Lachen und mit einem Geruch, der nicht mehr zur Großstadt Berlin gehörte: Es roch in diesen Vierte-Klasse-Wagen nach Kornfeldern und blühenden Wiesen, nach Kühen und Pferden, nach ...

Und so saß er auf seinem kleinen Holzkoffer, gab bereitwillig Auskunft auf alle Fragen nach dem Woher und Wohin, nach der Herkunft der schmucken Uniform und dem Ergehen eines kleinen Jungen so weit weg von zu Hause. Dazwischen blieb Zeit genug, die Stationen zu zählen, die Namen der Orte zu lesen, an deren Bahnhöfen der Zug hielt; noch heute könnte er sie alle aufzählen. Endlich Görlitz – umsteigen in den Zug nach Kohlfurt, von hier nach Gersdorf-Waldau. Sicher wartete schon die Mutter und eines seiner Geschwister mit dem Leiterwagen für seinen Holzkoffer, denn die letzten Kilometer mußten zu Fuß zurückgelegt werden, da es in Günthersdorf keine Bahnstation gab. Nun hielt ihn nichts mehr auf seinem provisorischen Sitz. Am Bahnsteig wurde die dunkelgekleidete Gestalt der Mutter sichtbar, und vergessen war die Kadetten-Uniform, die Haltung und Würde verlangte: Er lief den ausgebreiteten Armen der Mutter entgegen.

... und so unbeschwert jung

Vier Jahre wurde Gerhard Schaffran von Geist und Erziehung der ehemaligen Kadettenanstalt geprägt. Und dann war es eigentlich Onkel Julius, der Halbbruder seines Vaters, der seiner „Kadetten-Zeit" – und damit auch der Zeit der Kindheit – ein Ende setzte. Dennoch aber verbindet sich mit dem Namen Onkel Julius zunächst ein ganz anderes Erlebnis: Er ließ es sich nicht nehmen, jedes Jahr kurz vor Weihnachten in das entlegene Günthersdorf zu kommen. Mindestens eines der Kinder, die ja schon tagelang in großer Erwartung Ausschau nach ihm hielten, entdeckte ihn, wenn er an der Kirche den Weg zu ihrem Haus einbog. Er stapfte durch den tiefen, frostknirschenden Schnee, schwer atmend – der weiße Atemdampf tanzte wie eine kleine Rauchwolke vor ihm her –, denn das Paket auf seinen Schultern war so schwer wie sein Umfang vermuten ließ. Und so waren auch an diesem Heiligen Abend die Gaben reichlicher bemessen, als die Mutter angekündigt hatte.

Onkel Julius besaß in Görlitz eine kleine Fabrik, in der von ihm entwickelte und als Patente anerkannte Holzverarbeitungsmaschinen hergestellt wurden. Auf seinem Betriebsgelände befand sich eine Sommerwohnung, die er – bis sich eine bessere Lösung gefunden hatte – seiner Schwägerin anbot. – Die Mutter griff dieses Angebot nur zu gern auf, konnte sie doch nun in eine Stadt ziehen, in der es eine große Auswahl an Schulen gab. Wie lange mag sie auf diesen Augenblick gewartet haben, ihre Kinder alle wieder „einzusammeln": Tochter Hertha, die Onkel Julius schon vor einiger Zeit in seine Familie aufgenommen hatte, damit sie eine Lehre beginnen konnte – die Söhne Gerhard aus Berlin und Herbert, den sie in das weniger entfernte Walstatt bei Liegnitz zur Schule geschickt hatte; nur Karl-Heinz besuchte die Günthersdorfer Volksschule: Das jüngste ihrer Kinder hatte sie noch nicht zur Ausbildung „in die Fremde" geben müssen.

Gerhard kam auf die Ober-Realschule, die nach der Farbe der Penälermützen als die „Grüne" bezeichnet wurde. Die besondere Betonung lag auf den naturwissenschaftlichen Fächern, was seiner Begabung und Neigung besonders für das Fach Mathematik entgegen kam und sich später in russischer Kriegsgefangenschaft als lebensrettend auswirken sollte: Durch Hunger und Schwerstarbeit im Steinbruch litt er unter Dystrophie und konnte sich ausrechnen, wie lang die Lebenserwartung noch sein würde. Da wurde ein Vermessungsingenieur gesucht; mit dem Theodoliten umzugehen, hatte er in der Ober-Realschule gelernt, warum sollte er sich nicht melden? Der immer wieder gern vorgetragene Satz ganzer Lehrergenerationen, „Non scholae, sed vitae discimus" hat sich in seinem Leben jedenfalls als beweiskräftig erwiesen.

1980 schreibt ein ehemaliger Mitschüler aus dieser Zeit: „Die der hiesigen Tagespresse entnommene Nachricht ..., veranlaßt mich, endlich eine schon länger gehegte Absicht zu verwirklichen und Sie mit dieser Zuschrift zu behelligen. Denn ich irre doch wohl nicht, wenn ich in dem Bischof von Dresden-Meißen denjenigen ehemaligen Mitschüler vermute, der, um das Jahr 1928 herum, eine zeitlang auf der ‚Grünen' in Görlitz mit mir in einer Klasse die Schulbank drückte ... Ihre Frau Mutter wohnte damals an der Rauschwalder Straße, und da meine Eltern in Rauschwalde lebten, haben wir uns nach meiner Erinnerung zuweilen auf dem Schulweg getroffen.

Als Pennäler mit Schwester Hertha

Das ist nun über ein halbes Saeculum her, als höheres Semester denkt man ja gern und häufiger an die ‚Anfänge‘ zurück ... In Mathematik waren Sie ja unschlagbar, und ich erinnere mich an den jungen Studienrat Hasenfelder, der es einfach nicht begreifen wollte, daß Sie nicht Mathematik sondern Theologie studieren wollten ... In Deutsch aber waren unsere Leistungen ebenbürtig, und ich weiß noch, mit welcher Spannung wir die Rückgabe unserer Aufsätze erwarteten, um an den Beurteilungen zu messen, wer in diesem Fach wieder die Nase vorn hatte ..."   Prof. Dr. K.

In der Ober-Realschule wurden als Sprachen neun Jahre Englisch und sechs Jahre Französisch gelehrt, kein Latein. Als der Entschluß für ihn, Priester zu werden, feststand, wechselte er kurzentschlossen in das Reformrealgymnasium über, das sich im selben Schulgebäude befand. In der sogenannten „Roten" wurde als dritte Sprache Latein gelehrt. Die Mitschüler lasen schon Ovid, und er quälte sich mit den Anfängen dieser Sprache herum. Um ihm – wie der Klassenlehrer mitfühlend sagte – das erste Zeugnis in dieser Schule nicht zu verderben, gab man ihm in Latein keine Note. Bald aber hatte er das Fehlende nachgeholt, denn ein Mitschüler erinnert sich:

… Meinerseits kann ich nur sagen, daß unser Gerhard ein braver , guter Schüler war, auf den man sich verlassen konnte, besonders in Latein war er „Spitze" (wir sagten früher „knorke"). Wenn die Wogen in der Klasse hochgingen, ob im guten oder bösen Sinne, war er uns stets überlegen …, wobei er aber weder ein Musterschüler noch ein Spielverderber war … Er kam auf Veranlassung von Rektor Lepke, dem er schon als guter Vorschüler aufgefallen sein soll, zu uns auf die „Rote Penne". Vielleicht hätte er sich auf dem Gymnasium Augustum wohler gefühlt als in unserer „Rabaukenklasse" … überhaupt war das Niveau unserer Klasse nicht zum Besten. Gerhard Schaffran und Hans Gretz, der aus einer jüdischen Familie stammte, die sich dann rechtzeitig nach Amerika absetzen konnte, waren die besten in der Klasse … Beim Verteilen der Klassenarbeiten (blaue Hefte) verlas „der kleine Cohn", wie wir unseren Lateinlehrer nannten, mit Genugtuung die Noten mit Namen. Bei der Klasse hatten sich dabei „geflügelte Worte" stereotypisch eingebürgert. Wenn der Lehrer zum Beispiel verkündete: „Glätzner eine Fünf", kommentierte die Klasse murmelnd, so daß der Pauker es nicht verstehen konnte: „Und die Eltern, so liebe, nette Leute, und der Lehrkörper eine Seele von Mensch!" Das war schon eine

Seelentröstung für den armen Kerl! Peter Glätzner, Sohn eines „Star-Rechtsanwaltes", war schon eine Type: Was er in seinem Musterkoffer an Kladden (Schulheften), Übersetzung von Cäsar, Ovid bis zu den Metamorphosen hatte, das hatte Gerhard Sch. alles im Kopf. Da Peter G. nur ein Exemplar der begehrten Übersetzung hatte, mußte dieses während der Klassenarbeit unter dumpfen Rippentrillern geschickt weitergegeben werden. Ein Glück, wer da neben oder hinter Gerhard sitzen durfte! Nur in Algebra fiel es auf, wenn man alles falsch gerechnet hatte, aber das richtige Resultat vorweisen konnte! Dr. Herbert Jahn

Selbst in Latein gehörte er bald zu den Mitschülern, die sich bei Klassenarbeiten großer Beliebtheit erfreuten. Noch begehrter aber war der Platz neben oder hinter ihm in Mathematik, war dies doch nach wie vor sein Lieblingsfach. Alle Hausaufgaben erledigte er nach Möglichkeit gleich nach Schulschluß, nur die Aufgaben für das Fach Mathematik hob er auf, gleichsam als „Bonbon" des Tages. Aber ausgerechnet mit dem Mathematiklehrer, einem alten Oberstudienrat, stand er auf „Kriegsfuß". Vermutlich gab er diesem Lehrer deutlich genug zu verstehen, daß alles, was er hier in der Oberprima gelehrt bekäme, Studienrat Hasenfelder in der Oberrealschule schon in der Untersekunda durchnähme. Welcher Lehrer läßt so etwas ungestraft! Kein Wunder also, daß Gerhard Schaffran Klassenarbeiten, bei denen alle Aufgaben richtig gelöst waren, gelegentlich zurückbekam mit der Note: durchaus Zwei. Auf seinen Protest erhielt er die lakonische Antwort, daß es kürzere Wege zur Lösung der Aufgabe gäbe. So erhielt er im Abitur als Vorzensur in Mathematik nur eine Zwei, schrieb die Arbeit, die ja nun der Mathematiklehrer nicht allein bewerten konnte, erwartungsgemäß sehr gut und kam in die mündliche Prüfung. Er löste die

Prüfungsaufgabe in einer Weise, die sogar dem Fachlehrer unbekannt war und die Prüfungskommission in Erstaunen versetzte. Natürlich erhielt er auf dem Abiturzeugnis die Eins.

Entscheidend aber für sein weiteres Leben war nicht so sehr die Schule, sondern – wie sich zwei Freunde aus seiner ehemaligen Gruppe erinnern:

Besonders hat uns die katholische Jugendbewegung und die damit gegebene Bindung an junge Priester und die geistliche Führung durch Jesuiten geformt. Gerhard ist drei Jahrgänge älter als ich. Auf Grund der damaligen Planung des Religionsunterrichtes, den der Kaplan von St. Jakobus in den Gymnasien des Stadtteiles hielt, ergab es sich, daß ab Untersekunda bis zur Oberprima – in der sogenannten Oberstufe – gemeinsam unterrichtet wurde. So erlebte ich Gerhard auch noch als Schüler. Der arme Kaplan Kurschatke, den wir damals als Religionslehrer hatten, mußte sich sehr seiner Haut wehren, denn die Herren Oberprimaner setzten ihn mit ihren Fragen und Problemen arg unter Druck. Wir kleinen Sekundaner hatten unsere Freude daran, und einer meinte mal: „Schaffran wird bestimmt mal Bischof", womit er auch recht hatte.

Ganz so arg kann es mit Gerhard Schaffran im Religionsunterricht aber nicht gewesen sein, denn sein ehemaliger Religionslehrer, Kaplan Kurschatke, schrieb ihm zu seinem „Goldenen Weihejubiläum" 1987:

„... Ich denke oft an den Karfreitag 1931, als ich auf dem Bahnsteig in Görlitz stand und Ihr mich abholtet und ins Ottostift führtet. Und wenn ich an Görlitz denke, da sehe ich immer die Klasse in der „Roten", wo Ihr kritisch auf den jungen Kaplan schautet. Ich sehe Dich vor mir, meist auf der linken Seite von mir aus gesehen. Es wäre ein leichtes gewesen, wenn die „Klasse" aus zwei Schulen und in vier Jahrgängen es gewollt hätte, mich aufs Glatteis zu führen. Ich glaube, daß ich es Dir verdanke, daß ich bei den ersten Gehversuchen nicht gescheitert bin ...

Eine Priestergestalt aber war in dieser Görlitzer Zeit für alle Jungen ein großes Vorbild: Kaplan Jungnitsch. Er war es auch, der durch die kleine Bemerkung, hast du dir schon einmal überlegt, ob du nicht auch Priester werden könntest, den Anstoß für das Nachdenken über diese Berufung gab. Aus dem Abiturjahrgang 1932 haben damals außer ihm noch zwei, Rudolf Schiptur und Heinz Gonschior, Theologie studiert – auch in ihnen hatte Kaplan Jungnitsch die Berufung geweckt.

... Kaplan Jungnitsch, nach dem Krieg als Pfarrer von Heidenau gestorben, gründete 1929 eine Gruppe des katholischen Bundes für höhere Schüler „Neudeutschland", zu der wir gehörten. Diesem Kaplan verdanken wir die Anregung, Priester zu werden, er hatte dafür einen eigenen Kreis, die „Futuri sacerdotes".

Zu den Führern gehörten Rudolf Schiptur, Heinz Gonschior und Gerhard Schaffran, die zwar in verschiedenen Schulen, aber in derselben Klassenstufe waren, 1932 das Abi bauten und 1937 zum Priester geweiht wurden. Schiptur, genannt „Schipl", ein musischer Typ und guter Flötist, führte die Gruppe, während Gerhard als Sportler und Organisator das „Fähnlein" der Knappen führte. Er imponierte uns Jüngeren wegen seiner Kenntnisse und Fähigkeiten ... An unseren Abenden haben wir uns die „Neue Lebensgestaltung in Christus", wie unser Programm hieß, erarbeitet. Diese wurde lebendig durch aktive Gemeinschaft in

Gründer der ND-Gruppe Kaplan Jungnitsch
rechts von ihm Gerhard Schaffran mit Rudolf Schiptur, „Schipl"

der Freizeit mit wöchentlicher Gemeinschaftsmesse, Teilnahme an Exerzitien, Ferienfahrten, Bundestreffen und Schulung für den Führerdienst. Gerhard und seine Altersgruppe machte damals unter anderem eine fünfwöchige Fahrt mit dem Fahrrad bis in die Alpen und zurück.

Die Jugendzeit in Görlitz war voll ausgefüllt mit den Aufgaben in der katholischen Jugendbewegung. Als „Fähnleinführer" engagierte er sich für die drei Jahre Jüngeren. In der eigenen Gruppe übernahm er alle Aufgaben, die seinem Organisationstalent entsprachen. Als der von allen geschätzte Kaplan Jungnitsch im April 1929 versetzt wurde, kam an seine Stelle Kaplan Ziegler, der die Jungen durch seine hohe Musikalität zu begeistern verstand. Unter seiner Leitung wurde ein Orchester gebildet. Gerhard Schaffran gehörte zwar nicht zu den etwa 15 Musikanten, aber er übernahm oftmals das

Organisatorische. So wurden einmal zu einem Konzert Kesselpauken benötigt, die er sich von der Reichswehr auslieh. Pfarrer Herbert Ulbrich und Alfons Bockisch

Wie sehr Pfarrer und Kapläne die Eigenständigkeit der Jungen förderten und sie selbständig Entscheidungen treffen ließen, wird sichtbar an der Errichtung des „Clemens-Neumann-Heimes". Schon lange war es ein bisher unerfüllter Wunsch der Jungen, über ein eigenes Jugendheim zu verfügen. Platz genug, um es zu bauen, war auf dem Gelände neben der St.-Jakobus-Kirche vorhanden.

Da erfuhren sie, daß der Tennis-Club in Görlitz-Ost ein neues Club-Haus bauen wollte. Das alte war eine Nachbildung der kleinen Teichbaude aus dem Riesengebirge. Sofort nahm Gerhard die Verhandlungen mit der Leitung des Tennis-Clubs auf. Mit dem Kaplan hatte er es vorher abgesprochen und auch die Genehmigung von Pfarrer Scholz erhalten. Er machte diese Genehmigung allerdings davon abhängig, daß die Pfarrei keinen Zuschuß geben mußte. Das war versprochen.

Mit Feuereifer waren die Jungen nun bei der Sache. Da sie die „Kleine Teichbaude" selbst abrissen, forderte der Tennis-Club einen angemessenen Preis, der ihnen erschwinglich erschien. Nach der Schule konnte man nicht schnell genug „bei der Arbeit" sein. Die Knappen schaufelten neben der Jakobus-Kirche das Fundament; sorgfältig wurde jedes Brett, jedes Fenster, jedes Teil gekennzeichnet, damit alles beim Aufbau an die richtige Stelle käme.

Und – wie Pfarrer Scholz in weiser Voraussicht geahnt hatte – das Geld wurde knapp. Eiligst veranstaltete man einen Elternabend, an dem gesungen, musiziert und von der letzten Gruppenfahrt erzählt wurde. Obwohl keiner der Eltern am Ausgang des Saales an den beiden Jungen mit dem Körbchen vorbeikam, ohne einen Obulus hineingetan zu haben, konnte das Defizit in der Gruppenkasse nicht gedeckt werden.

Es war schon ein schwerer Gang zum Pfarrer. Er kam beinahe einer Niederlage gleich. Aber das Projekt war inzwischen so weit gediehen, die „Kleine Teichbaude" nahm neben der St.-Jakobus-Kirche schon erkennbare Gestalt an, so daß nun – mit welcher Hilfe auch immer – weitergemacht werden mußte.

Pfarrer Scholz hatte in den betriebsamen Wochen seiner Jungenschar schon eigene Pläne entwickelt; das einzige, was ihn erstaunte, war, daß die Jungen es ohne fremde Hilfe schon so weit gebracht hatten. Nun aber waren sie auf ihn angewiesen, und er konnte seine Bedingungen stellen.

Es war nur eine, aber die war niederschmetternd: Wenn das Heim fertig wäre – und er würde nun gern das Fehlende dazugeben – müßte auch die Marianische Kongregation einen Raum bekommen. Ausgerechnet – die Mädchen! So unannehmbar diese Bedingung eigentlich war, ihnen blieb nichts übrig, als sie zu akzeptieren.

Die Erbauer vor ihrem Clemens-Neumann-Haus

Ihrerseits aber stellten sie auch eine Bedingung, die Pfarrer Scholz schmunzelnd annahm: Die Mädchen sollten den Raum unten bekommen; die Jungengruppe würde nach oben ziehen, denn auf dem Kopf wollten sie sich schließlich doch nicht herumtrampeln lassen!

Die größten und eindrucksvollsten Erlebnisse aber waren die gemeinsamen Fahrten. Ein bis zwei Mehrtagesfahrten wurden im Jahr mit dem Fähnlein unternommen, zünftig mit Zeltbahnen, Decken und Kochgeschirr. Der Zeltplatz wurde ausgewählt nach der Formel: $W^3 = Wald - Wiese - Wasser$.

Unterwegs mit dem Fähnlein

Jedes Jahr unternahm er eine große Radtour in den Sommerferien – bzw. dann als Theologiestudent in den Semesterferien – mit seinem zwei Jahre jüngeren Bruder Herbert und/oder mit ein bis zwei Freunden, zumeist mit Rudolf Schiptur, der im Zweiten Weltkrieg als Kaplan eingezogen wurde und gefallen ist, und mit Gerhard Wache, der ein Jahr nach ihm geweiht wurde. Das Fahrrad hatte er sich

Auf
Fahrradtour

zusammengespart durch Nachhilfe-Unterricht in Mathematik, den er bis in die eigene Klasse hinein gab.

Für seine Gruppenkameraden gab er den Nachhilfe-Unterricht selbstverständlich kostenlos, aber ansonsten war er nicht billig: Die Stunde 1,00 bis 2,00 Mark – je nach Geldbeutel des Papas, denn zumeist hatten ja die Schüler von gut situierten Eltern den Nachhilfe-Unterricht nötig! Voraussetzung für diese großen, etwa vier bis sechs Wochen währenden Radtouren war, daß jeder pro Tag eine Mark mitbrachte. Damit würden sie – zumal es immer auch Gelegenheiten gab, sich von den „Früchten der Erde" zu ernähren – alle unterwegs entstehenden Kosten begleichen können. Sein Freund „Schipl" kam einige Tage vor einer dieser Fahrten und mußte gestehen, daß er die 60 Mark nicht aufbringen könne. „Schipl", der Älteste von mehreren Geschwistern, kam aus einer sehr armen Familie. Der Vater war Transportarbeiter bei der Reichsbahn und sein Verdienst reichte nicht einmal aus, um das Schulgeld für seinen Sohn zu zahlen. Der Pfarrer hatte die hohe Begabung des Jungen aber erkannt und sich dafür eingesetzt, daß er die höhere Schule besuchen konnte. Trotz der bescheidenen Verhältnisse herrschte in der Familie eine Atmosphäre der Lebensfreude und Zufriedenheit, getragen von der tiefen Frömmigkeit der Eltern, die „Schipl" prägte und seine Freundschaft so wertvoll machte.

Bruder Herbert hatte dann den rettenden Einfall, wie die Reisekasse aufzufüllen wäre: Er wollte unterwegs Aquarelle malen und sie verkaufen; einige ist er dann auch tatsächlich losgeworden! Überhaupt war die Einteilung der Pflichten auf diesen Fahrten einfach, wenn Herbert mitkam: er übernahm sofort und freiwillig den Kochdienst, und brachte es an Sonntagen fertig, mit nur einem Kochtopf über dem Kohlefeuer ein Gericht mit drei Gängen (Fleisch, Kartoffeln, Gemüse) zu zaubern.

Von der Untersekunda bis zum Jahr vor der Priesterweihe – also ca. achtmal – wurde eine solche Radtour unternommen. Es gab keine deutsche Stadt über 50.000 Einwohner von der Nord- und Ostsee bis zu den Alpen, durch die Gerhard Schaffran in diesen Jahren nicht geradelt wäre, und auch alle Nachbarländer lernte er auf diese Weise kennen. Die Mutter stellte als Auflage für diese Fahrten: Er sollte einmal in der Woche eine Karte schreiben und ihr die größeren Städte nennen, durch die sie kämen, damit sie selbst dort postlagernd eine Nachricht hinsenden könnte. Auf der am sorgfältigsten vorbereiteten Fahrt – weil sie über die Nachbarländer hinaus bis nach Italien führen sollte – passierte dann ein Mißgeschick, das sie zwang, die Reise abzubrechen: Kurz hinter San Remo bekam sein Reisebegleiter einen regelrechten Durchmarsch. An durchwachten Nächten kann es nicht gelegen haben, denn die Spielcasinos von Monte Carlo hatten sie zwei Tage vorher nur von außen gesehen! Vermutlich lag die Ursache für dieses Übel darin, daß sie sich in den letzten Tagen fast ausschließlich von Weintrauben ernährt hatten. Die Weinbauern in Südfrankreich und Monaco hatten die beiden Studenten, als sie erfuhren, woher sie kamen, mit der sprichwörtlichen südländischen Gastfreundschaft Trauben im Überfluß pflücken lassen. Der Erfolg war nun durchschlagend!

Drei Tage und drei Nächte lag sein Freund im Zelt und wurde von ihm mit Weißbrot und Rotwein behandelt. Es half. Dennoch aber war er nach diesen drei Tagen so mitgenommen und körperlich geschwächt, daß eine Weiterfahrt auf dem Fahrrad undenkbar war. Es brauchte keiner allzugroßen Überredungskünste, seinem Freund das klarzumachen. Das Geld reichte gerade für die Fahrt nach Hause. Und Gerhard Schaffran machte sich nun vom Mittelmeer aus durch die Po-Ebene, über die Alpen allein auf den Heimweg. Als segensreich erwies sich nun das Empfehlungsschreiben des Görlitzer Kaplans für den äußersten Notfall, denn ohne gelegentliche Aufenthalte in Pfarrhäusern wäre die Heimfahrt mit fast leerem Geldbeutel kaum zu schaffen gewesen. Von einer seiner letzten Fahrten ist ein Reisetagebuch vorhanden:

Fahrt 1935

Donnerstag, 25. VII.
Fahrt bis Dresden – in der Jugendherberge übernachtet.

Freitag, 26. VII.
Heute früh in der Hofkirche. Fahrt nach Meißen – stiegen hinauf zur Albrechtsburg. Weiter Riesa – Strehla. Hinter Strehla rasten wir jetzt. Das Zelt steht. Ich freue mich auf diese Fahrt und den offenen, geraden Charakter von Gerhard Wache (seinem Reisebegleiter).

Sonnabend, 27. VII.
Ohne gewaschen zu sein – ab. Unterwegs machen wir uns dann für den Sonntag kulturmäßig (Rasieren etc.). Es begann zu regnen, und in Wittenberg bleiben wir. Schon, um am nächsten Tag in die Kirche zu gehen. Abends Makkaroni – und dann auf den Rummel in Wittenberg, großes Schützenfest.

Sonntag, 28. VII.
Heute früh zunächst in der Kirche in der alten Lutherstadt – die zerbrochene Einheit. – Dann Abfahrt bei Regen. Gegen Mittag klarte es auf, aber ein starker Gegenwind kam auf. Über Dessau, Zerbst nach Magdeburg. Zelt hier in der Jugendherberge. (Oftmals waren die Jugendherbergen überfüllt und kein Schlafplatz mehr vorhanden, dann wickelten sie sich einfach in eine Zeltplane und schliefen auf dem Fuß-

boden; das war – besonders bei Regen – angenehmer, als das Zelt, das ja keinen Boden hatte, auf nassem Rasen aufzuschlagen.)

Montag, 29. VII.

Heute früh von Magdeburg los – mit einer Schulklasse aus Ostfriesland ein Stück zusammen – eine pfundige Gemeinschaft. In Halberstadt blieben wir in der Jugendherberge zu Mittag. Als ich in einer Fleischerei Halberstädter Würstchen verlangte, bedauerte man – man hatte nur Braunschweiger Ware. Aber schließlich kommen wir doch noch dazu! – Die 20 km nach Wernigerode fuhren wir etwa 2 Stunden! Kommentar überflüssig. Hier in W. eine schöne, saubere Jugendherberge.

Dienstag, 30. VII.

Heute früh am Nordharz entlang über Ilsenburg, Harzburg, Goslar. Dort Station. Mittagsrast an der Kaiserpfalz. Vom alten Dom sahen wir uns die übriggebliebene Vorhalle an (frühromanisch). Sehr schön die Straßenzeilen – alle in altdeutschem Bürgerstil. Von Goslar aus weiter. Starker Gegenwind. Kurz vor Hildesheim mußten wir noch tüchtig einregnen. Aber nun sind wir in der Jugendherberge in der alten Bischofsstadt – der Stadt, von der jeder Winkel und jedes Gäßchen unseren Herrn Kardinal anzieht. (Kardinal Bertram war zuvor Bischof von Hildesheim.)

Mittwoch, 31. VII.

Früh im Dom zur Missa. Nachher Stadtbesichtigung. Dann Fahrt nach Hausberge bei Minden, an Hameln vorbei – Bückeburg. Der Wind ließ nach, dafür wieder Regen. In Minden erhielt ich eine Karte von Mutter. In Hausberge an der Porta Westfalica wird die Jugendherberge geleitet von Plattdeutschen aus dem Ostfriesland.

Donnerstag, 1. VIII.

Ein beständiges Wetter heute – ohne Wind und Regen – sind es gar nicht mehr gewöhnt! Zunächst am Mittellandkanal Mittagessen. Jetzt haben wir schon echt westfälisch gegessen: Schwarzbrot mit Schinken. Wollen heute noch nach Münster – Eben in Osnabrück gewesen: Dom – romanisch. – Über den Teutoburger Wald – lange, gerade Straßen in scharfem Tempo – nach Münster. Hier in der Jugendherberge in einer Schule, aber trotzdem brauchbar. In den Jugendherbergen ist jetzt viel Hitlerjugend, sehr jung. Vor zwei Jahren war ich noch der Jüngste ... Gestern regte sich ein kleiner Ostfriese auf, daß wir nicht mehr ganz jugendlich seien, da wir doch schon bärtig sind! Auch der Ton ist anders geworden.

Freitag, 2. VIII.

Heute früh in der Missa. Am Vormittag sahen wir uns die Stadt an: Lambertus-Kirche, dann Uni, Rathaus. Eine Karte schrieb ich nach Hause. – Zu Mittag kochten wir in der Jugendherberge (Kartoffeln mit Bismarckheringen). Jetzt am Nachmittag glänzende Fahrt bei Rückenwind. Z. Z. am Dortmund-Ems-Kanal entlang. – Eben läßt Gerhard Wache seinen Affen reparieren, und ich stehe hier und schreibe auf der Lenkstange mitten auf dem Marktplatz der Stadt „Alfen" (ich glaube so heißt das Nest). – Der Meister war unterdes fertig geworden – ein echter Westfale, der auch schon überall war. Er verlangte 10 Pf. – um unsere Reisekasse nicht zu sehr zu schmälern. Er zeigte uns dann noch einen Weg zu einem guten Zeltplatz, wo es keine Kohle, sondern nur Sand, Wald und Karnickel gibt. In einer Waldschneise stand unser Zelt.

Sonnabend, 3. VIII.

Heute früh wurden wir von einem Arbeiter geweckt: Aufstehn, Wetter schön, schwimmen gehn! – Bald saßen wir wieder auf den Sätteln bzw. schoben die Räder durch den Sand. Fast dauernd huschten die kleinen Karnickel über den Weg. Im nächsten Dorf kauften wir ein halbes Brot und hielten Rast. Von Ferne sahen wir das ganze Industriegebiet liegen. Dann weiter durch Recklinghausen, Essen – eine schreckliche Stadt – in Essen auf die Schnellverkehrsstraße Ruhr nach Düsseldorf. Hier in der Jugendherberge.

Sonntag, 4. VIII.

Heute früh in der Missa. Wie selbstverständlich ist hier in Deutschland der Kommunionempfang – und wie war es voriges Jahr in Frankreich! – Nach dem Frühstück noch eimal an den Rhein und dann in die Ausstellung für christliche Kunst. Ein Holzrelief von Schaumann und Kanontafel von Riedel gefallen mir besonders gut. – Jetzt haben wir gerade Mittag gegessen – den Pudding, den wir uns gestern Abend noch gekocht haben und Schwarzbrot mit Leberwurst. Zusammenstellung! Aber geschmeckt hat es doch, auch wenn der Pudding noch etwas zu „wabblig" war, weil wir wohl etwas zu viel Wasser hineingegeben haben. Nachmittag Weiterfahrt über Leverkusen nach Köln. Hier gerade Kirmistag und daher ziemliche Irrfahrt zur Herberge. Dann den Dom besichtigt. – Eigenartig, daß man selbst schon „besichtigen" schreibt. Dann noch die Kirche der 12 Apostel. Abendessen 25 Pf. pro Portion und in die Klappe. –

Montag, 5. VIII.

Heute früh noch Geld tauschen und dann Richtung Neuß – Moers – Schöner Blick auf eine Kastanienbaum-Allee. Äste greifen wie gotische Bogen ineinander wie im Kölner Dom – Straße führt immer in der Ebene entlang. – Jetzt hier in Xanten in der Jugendherberge im Kolpingshaus.

Dienstag, 6. VIII.

Es ist wundersam friedvoll hier. Sitze an einem klaren Tümpel, wo wir eben unsere Wäsche gewaschen haben. Die großen Blätter der Wasserrosen liegen auf ihm. – Heute früh in der Missa im Dom. – Am Mittag schickte ich meinen Apparat ab (gestern erhielt ich von Herbert die Ikonta). Dann gingen wir in den Dom. Mann an der Kasse!! „Es stehen 24 Altäre drin, die müssen Sie sich halt ein bissel ansehen" – seine Antwort auf unsere Frage nach dem Besonderen – dann jedoch fragen wir den Küster, der sich wirklich Mühe mit uns gab und uns alles zeigte. In Marienbaum setzten wir mit der Fähre über nach R., und jetzt sind wir nach einer kleinen „Irrfahrt" hierher geführt worden. Die Wäsche trocknet gerade auf dem Brückengeländer. An dieser schönen Stelle will ich auch den Zeltstab lassen, der mich bisher so treu begleitet hat und der aus Frankreich stammt – aber in Holland werden wir doch nicht zelten können. Der Stock verschwand im hohen Bogen im Wasser. Die Kiebitze fliegen ganz erschreckt auf. – Nach dem Trocknen der Wäsche auf dem Geländer weiter nach Emmerich. Wir haben eben noch einen kleinen Bummel an den Rhein unternommen. Die Landschaft ist schon ganz holländisch.

Mittwoch, 7. VIII.

Utrecht – hier abends in der Jugend-Herberge. Alles singt die holländischen Lieder. Es ist eine fabelhafte Stimmung. Alle Menschen so echt fröhlich. Die deutschen Lieder in fremder Sprache. Schade, daß man nicht mitsingen kann, selbst wenn man die Melodie kennt. Die Paßkontrolle früh war schnell erledigt. – Fahrt auf den glänzenden holländischen Straßen. Zunächst Arnhem, dann nach Doorn und Utrecht. Abends haben wir uns den Dom noch angesehen. Der Dom (gotisch) mit freistehendem Turm.

Mit dem Fahrrad in Holland

Donnerstag, 8. VIII.

Heute früh zunächst Großreinemachen – aber gründlich! Dann Fahrt Richtung Rotterdam. Links und rechts immer mehr Gräben. Die Kanäle z. T. höher als die Straße. Jetzt sitzen wir 10 km vor Rotterdam bei einem Glase Milch. Jedesmal wenn ein schnelles Auto vorbeifährt, wackelt der ganze Boden, so weich ist er. Die Straße immerhin noch ca. 10 m entfernt. Selbst die Blumen sieht man deutlich mitschwingen. – Rotterdam. Das viele Wasser überall. – Die glatte Straße weiter nach Haag. – Ein Holländer spricht uns an und bringt uns am Friedenspalast vorbei in die Jugendherberge – Jetzt sitze ich auf dem Geländer am Strand von Schwemmingen. Auf der Straße wimmeln die Radfahrer und hier am Strand viele Menschen, die promenieren. Heute abend ist großes Feuerwerk, und da ist alles auf den Beinen. – Gerade ist die Sonne untergegangen, leider hinter einer dunklen Wolkenwand, das nicht auf das beste Wetter morgen schließen läßt – wo wir doch baden wollten. – Der Leuchtturm sendet auch schon seine blinkenden Lichter über das Meer. – Vor mir die eleganten Häuser, alle mit vielen bunten Lichtern. – Die Jugendherbergen sind in Holland schmuck, aber für uns etwas zu teuer. Abends wird gewöhnlich sehr gut gegessen, aber die Deutschen können da mit ihrer weniger dicken Börse nicht mit. Außer uns noch 3 Deutsche in der Jugendherberge.

Freitag, 9. VIII.

Mittag Aufbruch – Richtung Haarlem. Blumen! – Floxbeete. – Dann weiter nach Amsterdam. Jetzt hier in der Jugendherberge. Ziemlicher Betrieb. Auf dem Klavier versuchen sich 2 junge Holländer mit dem Flohwalzer – bis jetzt klang der Schluß einigermaßen, aber mit Übung werden sie das andere auch schon noch bringen. –

Sonnabend, 10. VIII.

Eben sind wir von der Besichtigung Amsterdams zurück – mit 2 Museumsbesuchen haben wir uns ziemlich müde getippelt. Dann noch das Rijn-Museum – die Rembrandt-Ausstellung kostete leider 1 Gulden – für uns ganz unerschwinglich. – Habe gerade zu Mittag gegessen: Milch, Brot, Leberwurst, Käse und obendrauf eine Marmeladenschnitte als Abschluß! – Fahrt von Amsterdam in Richtung Volandamm – wunderschöne Trachten! – Am Zuidersee entlang nach der Jugendherberge in Andijk bei Enkhuizen. Ganz fabelhaft – selbst für holländische Verhältnisse. Sitzen hier bei Tee und alter Dorfmusik. Der Blick am Abend über den See. Am Abend dann die ganze Jugendherberge am Deich entlang.

Sonntag, 11. VIII.

Aufstehen – Frühstück war gleich mit für uns gedeckt. Tischgebet. Missa – leider nach dem Frühstück ohne Kommunionempfang. Fast alle Männer gingen zum Tisch des Herrn. – Fahrt durch die Polder – der Alsluidijk – 40 km zum Aussichtsturm: „Hier war der Deich ganz gefloten 1932" sagt uns der Wächter. Baden im Zuidersee (Eisselmeer). Überall konnte man stehen, ca. 1,50 m tief. Wir waren beide noch im Wasser, als Gerhard mir zurief: Sieh da die Kuh auf dem Deich. Rette unsere Sachen! Ich kam gerade noch zurecht zu sehen, wie mein einer Strumpf zerkaut wurde. Den anderen habe ich dann noch zur Nachspeise dagelassen. 2 Burschen riefen uns zu, die Kuh zu melken; vielleicht wollten sie damit sagen, daß wir nun ein Anrecht auf 1/4 l Milch haben. Doch das konnten wir auf den Gütern billiger kaufen! Durch Friesland zur Jugendherberge Hemrik.

Montag, 12. VIII.

Es ist zwar heute schon Dienstag – aber ich will noch schnell nachschreiben: Gestern etwa 130 km heruntergetreten. Über Groningen nach Niewe Schans (Zollstation). Die Holländer haben uns gar nicht kontrolliert – die Deutschen kurz Gerhards Affen. Die restlichen Cents haben wir in Holland mit Eis, Schokolade etc. klein gekriegt. Vor Emden übersetzen – in Emden Jugendherberge.

Dienstag, 13. VIII.

Gerhard ist beim Fahrradhändler – seine Decke hat gerade so durch Holland gehalten. Heute Vormittag kamen wir nur langsam vorwärts – die Straße nach Leer sehr schlecht und dann Landregen! Zeltbahnen um und los ging es. – Jetzt in der Jugendherberge in Oldenburg. Einige spielen Schach, einige Mühle, einige schreiben, unterhalten sich. Nichts Gemeinsames, wie wir es in Holland erlebt haben.

Mittwoch, 14. VIII.

Sitze hier in der Küche von Rotenburg und will Makkaroni mit Tomatensoße kochen. Heute Mittag waren wir in Bremen – Dom, Hafen. – Es ist kalt und unfreundlich.

Donnerstag, 15. VIII.

Früh nach Hamburg-Altona. Besuch bei Gerhards Verwandten.

Freitag, 16. VIII.

Haben die Stadt besichtigt.

Sonnabend, 18. VIII.

Gestern Nachmittag bis Itzehoe. Jugendherberge in der Schule. – Einkäufe.

Sonntag, 18. VIII.

Liege hier am Kaiser-Wilhelm-Kanal. Das Heidekraut ist eben aufgeblüht. Schöne weiße Haufenwolken am Himmel. Lasse mich noch etwas trocknen vom Bad im Kanal. Das Wasser ist ziemlich salzig. – Heute früh in der Missa. – Jetzt warte ich schon einige Stunden auf Gerhard, der hier im Nachbarort seinen Geburtsort aufsucht. „Sie konnten einander nicht finden!" – Ich warte bis 5 Uhr, dann fahre ich ab nach Büsum. – Doch nach ca. 40 km freudiges Wiedersehen, und G. erzählt, daß er mich um 2 Uhr und dann um 5 Uhr suchte – und nicht fand! Jugendherberge in Büsum überfüllt. Am Abend noch ein Spaziergang am Strand.

Montag, 19. VIII.

Heute früh um 1/2 4 Uhr aufstehen – um 1/2 5 Uhr ging der Dampfer nach Helgoland. Der Spaß kostet uns 4 RM – oh armer Geldbeutel! – Sonnenaufgang – vier Stunden Überfahrt. Die See sehr ruhig. – Zollfreie Ware (Zigaretten, Rum, Butter, Zucker) sehr billig – Wasser aber teuer – für die Gerichte aus Regenwasser oder aus Cuxhafen. Jetzt brennt die Sonne vom blauen Himmel – Abends dann in der Jugendherberge schnell packen und Weiterfahrt bis Lunden. Hier eine ganz fabelhafte Jugendherberge.

Dienstag, 20. VIII.

Von Lunden über Husum nach Flensburg. Von Husum fuhr ich hinüber nach Nordstrand. Landgenehmigung. Abends kamen wir hier in Flensburg an. Ganz glänzend aufgenommen bei Gerhards Verwandten.

Mittwoch, 21. VIII.

Am Vormittag sahen wir uns die Stadt an und gingen auf den Friedhof – G. Freund liegt hier. Nachmittag nach Dänemark mit Gerhards Vetter – an der Flensburger Förde. Baden, gutes Eis!

Donnerstag, 22. VIII.

Radfahrt an der Förde entlang – Mürwick – Glücksburg bis an die Nordspitze der Halbinsel – zurück über Glücksburg.

Freitag, 23. VIII.

Wir sitzen hier und bereiten uns so langsam zur Weiterfahrt vor. Wäsche gewaschen – alles ist wieder sauber – ein wonniges Gefühl! Abends in der Jugendherberge Eckenförde. Die Fahrt ging über Schleswig – Dom – dicht bei Schleswig Ausgrabungen einer alten Wikingerstadt.

Sonnabend, 24. VIII.

Weiterfahrt nach Kiel. Besuch von G. Verwandten. Nachmittag am Hafen entlang; U-Boote, Schnellboote, Panzerkreuzer etc. – Abends in der Jugendherberge.

Sonntag, 25. VIII.

Früh Missa – dann Weiterfahrt über Lütjenburg nach Heiligenhafen zur Fähre nach Fehmarn – bei einem Vetter von Gerhard gut angekommen.

Montag, 26. VIII.

Heute haben wir uns den ganzen Tag ausgeruht, nur die Ställe und Felder von Gerhards Vetter besichtigt.

Dienstag, 27. VIII.

Heute Vormittag nach Marienleuchte gefahren – Brandung. Jetzt nach dem Mittagessen sitzen wir auf der Bank vor dem Haus und schlagen die Zeit tot – schön, wenn man wie zu Hause sein kann! – Ich sitze jetzt auf unserer Stube auf Johannesberg. Der Regen rauscht und der Wind treibt sich durch alle Äste und Blätter. Dichte linnene Vorhänge nehmen noch das schon dämmrige Licht des Zimmers. Ich denke über manches nach: Über das Leben – was ist das Leben? – Über das ewige Leben …

Mittwoch, 28. VIII.

Heute waren wir bei G. Verwandten in Burg zum Mittag eingeladen.

Donnerstag, 29. VIII.

Heute früh nach dem Frühstück und einer dicken Zigarre zogen wir los. Vorher mußten wir noch alle Fressalien – Schinken, Wurst, Käse, Eier, Brot etc. –, die Gerhards Verwandte uns mitgaben, in die Affen packen. „Schweren Herzens" mußten wir einiges dalassen, da beim besten Willen nicht alles hineinpaßte. Mit der Fähre nach Heiligenhafen – Oldenburg nach Lübeck. Jetzt hier in der Jugendherberge. – Jetzt sehne ich mich doch schon wieder etwas nach Hause. Wenn wir nicht so starken Gegenwind haben, wollen wir es in 4 Tagen schaffen. – G. flickt sein Rad. Wir hatten heute beide etwas Pech gehabt – mir ging plötzlich die Puste aus – und ich stand auf „Platten". Beim Flicken sah ich, daß ein ganzes Stück herausgeplatzt war und der Schlauch doch nicht mehr lange halten würde. Also wohl oder übel jetzt einen neuen besorgen.

Freitag, 30. VIII.

Sitzen zwischen Schwerin und Ludwigslust. Gerhard ist ziemlich schlapp und hat sich lang hingelegt. Hoffentlich geht es ihm bald besser. Heute von Lübeck über Ratzeburg, Gadebusch, Schwerin nach Ludwigslust, das allerdings noch reichlich 20 km vor uns liegt. – Die Strecke ist so still und versonnen – schnurgerade durch den Wald. Es ist eine Einsamkeit – nur das Rauschen des Windes, daß die Gedanken Gott zuwandern. – Abends in der Jugendherberge in Ludwigslust.

Sonnabend, 31.VIII.

Heute früh bei Regen und Gegenwind auf einer kleinen Gewalttour. Wir sitzen jetzt hier in Kyritz im Park. Gerhard ist sehr schlapp, aber wir müssen noch nach Nauen, um dort morgen zur Messe gehen zu können. – Das „Müssen" war hypothetisch, d. h. Gerhard schaffte es nicht mehr, da er krank war. Fieber. Wir gingen gleich in Kyritz in die Jugendherberge. G. legte sich bald hin. Am Abend schaffe ich noch sein Rad zur Bahn.

Sonntag, 1. IX.

Heute Morgen Marsch zur Missa. Um 1/2 10 begann die Predigt und dauerte bis 1/2 11. Gerhards Zug ging um 1/2 12. – Da stand ich nun allein auf weiter Flur! Das Fahren allein fällt doch „schwer". Fahrt über Döberitz – Staaken, an der ausgebauten Halle der Funkausstellung vorbei zur Herberge Albrechtstr. Natürlich mußte ich erst in die Albrechtstr. nach Steglitz. Dazu schleifte die Karre, da einige Speichen rissen. – Jetzt komme ich gerade von einem kleinen Rundgang zur Kadettenanstalt: die Straßen, die Geschäfte, in denen ich früher die Sahnebonbons, Federn und Hefte und die vielen Kleinigkeiten gekauft habe. Alles noch da. Fast 10 Jahre – als Bub bin ich hier gelaufen. Was ist eigentlich Zeit? Wie wenig können wir doch diesen Begriff zusammendenken.

3. IX.

… wieder zu Hause!

Adsum

Im Herbst 1932 begann Gerhard Schaffran sein Studium an der Theologischen Fakultät der Universität Breslau. Die erste Vorlesung in Philosophie bei Prof. Baur, einem Württemberger, wird unvergessen bleiben. Aus Erfahrung wußte Prof. Baur, wie sehr gerade angehende Priesteramtskandidaten davon überzeugt waren, auf dem Gebiet der Philosophie schon hervorragende Kenntnisse zu besitzen. Er belehrte sie eines Besseren, und zwar gründlich: Die erste Stunde begann mit einer Vorlesung aus den höheren Semestern, wobei Prof. Baur ganz bewußt mit Begriffen aus der Metaphysik jonglierte und über die Köpfe seiner Zuhörer hinwegredete. Nach 45 Minuten verließ er die frischgebackenen Studenten in einem ziemlich verwirrten Zustand.

Später übernahm er dann zwar in Dogmatik bei Prof. Poschmann eine Arbeit über das Thema „Die Verzeihung der läßlichen Sünden" – aber Philosophie blieb neben Dogmatik während der gesamten Studienzeit das Lieblingsfach. Prof. Baur verstand es in unnachahmlicher Weise, gerade auch in den Seminaren die Studenten herauszufordern und sich den schwierigsten Fragen zu stellen. Er regte Gerhard Schaffran dann auch an, das Freisemester an der Universität Freiburg im Breisgau zu belegen. Hier war Prof. Martin Heidegger Lehrstuhlinhaber für Philosophie. Sein Werk „Sein und Zeit", in dem er die Frage nach dem Sein aufgreift, das er vom Seienden geschieden wissen will, bewegte die Gemüter der Philosophiestudenten aller Universitäten. Diese Strömung der Philosophie nimmt das menschliche Dasein (Existentialphilosophie) zum Ausgangspunkt, während Prof. Baur die von Aristoteles begründete Philosophie vertrat. Es war eine Zeit der großen geistigen Auseinandersetzungen, zumal für einen jungen Studenten, der sich zudem auch noch mit den Ideen des Nationalsozialismus konfrontiert sah.

Als Theologiestudent ... war Gerhard in den Ferien immer wieder bei uns (bei der ND-Gruppe in Görlitz). Stark hat uns beschäftigt die Auseinandersetzung mit dem zur Herrschaft gekommenen Nationalsozialismus. Nach einer Abendrunde bin ich mit ihm einmal nachts bis zwei Uhr in angeregtem Gespräch durch unseren Stadtteil gewandert.

Pfarrer H. Ulbrich

Die Haltung Kardinal Bertrams den neuen Machthabern gegenüber war unmißverständlich und für die Studenten, noch mehr dann später für die Alumnen und jungen Priester wegweisend und stützend zugleich. So wurde zum Beispiel im Erzbistum Breslau noch in den Kriegsjahren das Benediktionale viersprachig herausgegeben: in Latein, Deutsch, Polnisch und Tschechisch – alle Theologen, die aus Oberschlesien stammten, mußten Polnisch lernen. Das waren schon sehr sichtbare Zeichen, die der Kardinal setzte, wenn man um die Einstellung der Nationalsozialisten gerade gegenüber der polnischen Sprache weiß.

Aber es waren nicht nur philosophische Interessen, die ihn zum Freisemester nach Freiburg zogen. Von seinen Radtouren her kannte er diese Stadt und zählte sie neben Danzig und Dresden zu den schönsten deutschen Sätdten. Die reizvolle Umgebung lockte schon sehr, Studien gelegentlich außerhalb des Universitätsgebäudes zu betreiben. Das ließ auch den oft knurrenden Magen vergessen, denn tagelang waren für das Mittagessen 20 Pfennig berechnet: einen Groschen für eine Semmel, den anderen entweder – und darin bestand die Abwechslung – für ein Stück Leberwurst oder Blutwurst. Da wurde die Flasche Bier, die ihn jeden Abend in seinem Zimmer erwartete, wirklich zum „flüssigen Brot". Seine Wirtin war die Witwe eines Braumeisters und bekam nach dem Tod ihres Mannes noch immer das Bier als Deputat. Für einen hungrigen Studenten ein Labsal. Wieviele gute und dankbare Erinnerungen sind mit diesem halben Jahr verbunden!

Theologenkonvikt

Dennoch aber kehrte er nach diesem Semester wieder gern nach Breslau in das Theologenkonvikt, den sogenannten „Roten Kasten" am Domplatz zurück. Konviktsdirektor Emmanuel Tinschert, von den Theologen liebevoll „Papa Tinschert" genannt, war allen ein wirklich väterlicher Freund. Den Theologen, die aus einem finanziell nicht so gut gestellten Elternhaus kamen, vermittelte er bei den verschiedenen Schwesternniederlassungen einen gelegentlichen Mittagstisch; das war nicht sonderlich schwierig, gab es doch in jenen Jahren allein in der Stadt Breslau ca. 50

Schwesternniederlassungen von 13 verschiedenen Orden bzw. Kongregationen. Mit noch einigen anderen Theologen hatte er „seinen Mittagstisch" im St.-Josephs-Krankenhaus bei den Grauen Schwestern.

Ein Jahr vor der Priesterweihe zog der Kursus in das neu errichtete Priesterseminar nach Breslau-Carlowitz. Das alte, in der Nähe des Domes, war für die vielen Alumnen zu klein geworden, und das neue – mit über 100 kleinen Einzelzimmern – war „des Kardinals liebstes Kind".

Priesterseminar in Breslau-Carlowitz

An diese gemeinsame Alumnatszeit erinnert sich Prof. Dr. Rudolf Schnackenburg:

... Er stammte aus Görlitz, ich aus Liegnitz, und da wir auch alphabetisch eng lagen und beieinander wohnten, ergab sich bald eine enge Freundschaft. Wir zogen 1936 als der „Olympia-Kurs" in das schöne neue Priesterseminar in Breslau-Carlowitz ein und fuhren zum Domdienst oft mit der Straßenbahn zur Dominsel. Wir wurden in das geistliche schwarze Gewand gekleidet, was bei warmer Witterung etwas beschwerlich war. Aber Gerhard Schaffran machte das bei seiner sportlichen Figur nicht viel aus. Der Besuch im Dom war für uns immer eine Freude. An besonderen Festtagen (Weihnachten, Ostern) versahen wir den Domdienst (ich als Thurifer beim Weihbischof) und wurden sogar vom Domkapitel zum Essen eingeladen. Unser starker Weihekurs (ich glaube: 67) hatte ordentliche Zimmer und nahm an den Vorlesungen und Übungen in Dogmatik, Moral (Einübung in die Beichte), Pädagogik, Liturgik und Spiritualität teil. Wir übten natürlich auch Kritik. Ich fiel durch manche vorlaute Bemerkungen auf; aber G. Schaffran war stets mustergültig in seinem Verhalten.

Nachmittags durften wir auch Sport treiben, meist Faustball. Da war G. Schaffran immer „Spitze". Es gab einen Kampf, ob wir Trainingshosen oder kurze Hosen tragen durften. G. Schaffran setzte sich für eine lockere Kleidung ein; dafür waren wir ihm dankbar.

Oft kam ich mit ihm auf dem Weg zum Dom oder auch im Priesterseminar zusammen, und wir führten manche persönlichen und „geistlichen" Gespräche. Er war ein Freund der mystischen Schriften von Johannes vom Kreuz und Theresia von Ávila und studierte sie eifrig. Öfter unterhielten wir uns darüber. Mit der Art unseres Spirituals Dr. Grzondziel (später Weihbischof in Polen), der die französische Schule vertrat (de Béralle), waren wir nicht so einverstanden. Auch die liturgischen Übungen begeisterten uns nicht. Aber die klugen pastoralen Unterweisungen unseres Regens Dr. Paul Ramatschi haben uns viel gegeben. Wenn ich noch an die „Beichtfälle" und ihre Behandlung denke!

Der Dom zu Breslau

G. Schaffran war eine Führungspersönlichkeit; er wurde ja dann auch für den nachfolgenden Weihekurs „Senior". Unter den Pressionen des Nazi-Regimes (Anhören der „Führerreden") haben wir gelitten; aber das warf uns nicht um. In politischen Fragen waren wir einer Meinung.

Es war ein immer ausgefülltes Tagesprogramm. Ich war viel mit G. Schaffran zusammen; aber in der Fastenzeit haben wir uns zurückgehalten und nicht zu enge Freundschaft gepflegt. Es war wirklich eine „geistliche" Freundschaft, in der wir uns auf das zölibatäre Leben vorbereiten wollten. Nach der Priesterweihe sahen wir uns nicht mehr viel, da G. Schaffran im Alumnat blieb und ich eine aufreibende Kaplansstelle in Waldenburg übernahm. Aber nach dem Krieg kamen wir wieder in stärkeren Kontakt ... Im ganzen: eine priesterliche Begegnung und freundschaftliche Begleitung, die uns beiden viel bedeutet hat und noch immer bedeutet.

Am 1. August 1937 spendete Kardinal Bertram in der Kapelle des Priesterseminars 67 Diakonen das Sakrament der Priesterweihe. Im Anschluß an diese mehrere Stunden während Weihehandlung wurden in einer spürbar erwartungsvollen Atmosphäre die Anstellungsdekrete verteilt. Als ihm sein Dekret die Anstellung als Senior im Priesterseminar verkündete, war es nicht einfach, diese Aufgabe mit sofort ungeteiltem Herzen anzunehmen. Innerlich war doch jeder von ihnen schon eingestellt auf die pastoralen Aufgaben in einer Gemeinde – und nun sollte er noch ein Jahr im Seminar bleiben müssen! – Doch die Freude des Weihetages und die Vorfreude auf die Primiz verdrängten bald diese Gedanken.

Priester-Seminarkurs 1936/37 (Weihe: 1. August 1937)

Foto: Paul Uhr, Breslau.

Sitzend v. l. n. r.: Weldlich, Golombek, Kubitza, Lange, Becke, Jamitzky, Ihmann, Wawrok (Alumnatsenior), Sommer, Blana, Krause Gerh., Pohler, Gonischor, Herrmann, Jankowski.
Reihe stehend: Kulchbert, Kauczor, Mosler, Birke, Buhl, Habnel, Kallmer, Beyer, Bellmann, Badura, Waletzko, Pittazek, Fuhrmann, Lehmann, Stelzer, Kurowski, Wanderla, Dulla, Hawellek Holtmann, Kunze, Flelibhauer, Krause Brh., Dreßler, Kuhna, Zenichert, Bilchel.
2. Reihe stehend: Wientzek, Korczok, Badrollek, Braun, Schedewig, Machura, Pohl, Dürig, Kalprzyk, Kruppa, Millichmann.
3. Reihe stehend: Pollei, Schaffran, Bentlchke, Zymolka, Criller, Hauke, Plehn, Boenke, Schiptur.
Oberste Reihe: Waclawrzyk, Schnackenburg, Rummler, Meier, Plechotta, Pallek.

Für die Schriftwaltung verantwortlich: Pfarrer Rich. Abam, Breslau 1, Prälatenweg 2. Fernruf 43661. Offsetdruck Schlef. Verlagsanstalt u. Druckerei Karl Kloßof, K.-G., Breslau.

Priester-Seminarkurs 1936/37
G. Schaffran: vorletzte Reihe, Zweiter von links

Es war schon ein Ereignis für Görlitz, in einem Jahr gleich drei Primizianten zu haben. Auch hier kannte man das alte fromme Wort: Für einen Primizsegen kann man sich getrost die Schuhsohlen ablaufen! Das brauchten die Görlitzer in diesem Jahr nicht. An die Primizfeier am 8. August erinnert sich die Seelsorgehelferin Maria Lahmert:

Da ich mich innerlich gedrängt fühle … zu Ihrem goldenen Priesterjubiläum persönliche Segenswünsche auszusprechen, schreibe ich diesen Brief … Schon von meiner Heimatstadt Görlitz her verbindet sich für mich manche Erinnerung an Sie … Als es dann in späteren Jahren in St. Jakobus bekannt wurde, daß Sie Priester werden wollten, sagten wir alle: „Der paßt dafür." – Bei Ihrer Primiz in St. Jakobus wurden die Erstkommunionkinder am St.-Otto-Stift gesammelt. Von hier sollten sie den Neupriester in einer Girlande zur Kirche geleiten. Bei diesen Kindern war auch Maria Baumert, das älteste Kind meiner Schwester. Alle Kinder hatten von der Ordensschwester Kränzchen bekommen, aber für Maria war keins mehr vorrätig. Nur der Fürsprache Ihrer Mutter war es zu verdanken, daß Maria auch ohne Kränzchen den Primizianten begleiten durfte. Als sie dann nach Hause kam, sagte sie zu ihren Eltern: „Ich habe zuerst geweint und war ganz traurig. Ich habe dann aber gedacht, da habe ich ein Opfer für den Priester gebracht." … Ich glaube, Sie haben diese kleine Begebenheit damals auch erfahren … Maria ging dann mit 17 Jahren – mit dem vollen Einverständnis ihrer Eltern – ins Kloster der Christus-König-Schwestern …

Wenn er sich die Anstellung als Alumnats-Senior nicht erhofft hatte, war dies dennoch eine wichtige, segensreiche Zeit. In diesem Jahr kam er den Oberen menschlich näher, und sie wurden ihm für das ganze weitere priesterliche Leben väterliche Freunde.

Regens Dr. Paul Ramatschi, einer der jüngsten Regenten im damals größten Priesterseminar Deutschlands, wurde von den Alumnen fast ausnahmslos verehrt und hochgeschätzt, vor allem auch wegen seiner Toleranz und Hilfsbereitschaft – wer hätte damals schon ahnen können, daß gerade dieser Priester ihm an entscheidenden Stationen seines Lebens immer wieder begegnen und weiser Ratgeber sein würde.

Spiritual Dr. Heinrich Grzondziel, ein überaus frommer und pastoraler Priester, wurde ihm Vorbild für die eigene Lebensführung. Bei einer viel späteren Begegnung am St. Annaberg, beide waren inzwischen Bischof, Gerhard Schaffran in Görlitz und Heinrich Grzondziel in Oppeln, sagte sein früherer Spiritual: Ich stehe eigentlich immer auf der Seite der „Verlierer"; während der Nazizeit habe ich mich für die unterdrückten polnischen Katholiken unseres alten Erzbistums eingesetzt und galt als besonderer Polen-Freund – und nun setze ich mich für die entrechteten deutschen Katholiken hier in Oberschlesien ein und gelte als besonderer Freund der Deutschen.

Dr. Johannes Jedin, ein Lehrer aus Berufung. Als er wegen seiner jüdischen Abstammung nicht mehr an öffentlichen Schulen unterrichten durfte, holte ihn Kardinal Bertram sofort schützend in seinen näheren Dienst, zunächst als Dozent für Dogmatik im Priesterseminar und dann Ende 1938 als Offizial an das Erzbischöfliche Konsistorium. Mit ihm beobachtete der Alumnatssenior die Probestunden der Alumnen im Religionsunterricht. Das ist der „Sitzenbleiber", kommentierten die Kinder sachkundig, kannten sie ihn doch noch aus der Zeit, da er selbst den prüfenden Blicken ausgesetzt war. Wenn selbst die Kinder spürten, daß er als Alumnatssenior noch kein Oberer war, sondern eigentlich noch zu den Alumnen gehörte, konnte er durch Johannes Jedin erfahren, daß die gemeinsame Weihe zum Priester sie mitbrüderlich verband. Bei den nachfolgenden Besprechungen mit den

Alumnen über Aufbau, Inhalt und Wirkung der „Probestunde" brachte er notwendige Kritik mit pädagogischem Feingefühl und großem Einfühlungsvermögen vor. Viele pädagogische Lehrsätze, die auch er von irgendwelchen Vorgängern übernommen hatte, wurden erst durch seine Interpretation verständlich und haben Gerhard Schaffran später dann bei seiner eigenen Dozententätigkeit beeinflußt.

… der Alumnatssenior hatte die Aufgabe, praktische Übungen zur Meßfeier und Sakramentenspendung mit den Alumenen vorzunehmen. Nach der Subdiakonatsweihe wurde das tägliche Brevier in den Tagesablauf eingebaut, wofür der Alumnatssenior verantwortlich war. Damals beteten wir noch die Matutin, Laudes, Prim, Terz, Sext, Non, Vespern und Komplet. – Nach dem Mittagessen verteilte der Senior die eingetroffene Post an die Alumnen. Dabei gab er auch irgendwelche Anordnungen der Oberen oder sonstige Hinweise für den Tag oder die nächsten Tage bekannt. Um 22 Uhr sollten die Alumnen das Licht in ihren Zimmern ausmachen. Der Senior hatte dafür zu sorgen, daß diese Bestimmungen der Hausordnung eingehalten wurden. So gingen wir Senioren nach zehn Uhr manches Mal durchs Haus, um bei denen anzuklopfen, die noch Licht brennen hatten. Die Türen hatten geriffelte Glasscheiben … Msgr. Werner Jaschke

Nach diesen „Rundgängen" durch das Haus ging er dann zumeist noch zu einer kurzen Betrachtung in die Kapelle. Fast täglich traf er dort um diese Zeit den Spiritual, tief ins Gebet versunken. Oft sprachen sie auch am Abend noch über die Kirchenväter oder die Schriften der Mystiker; wie sehr ihn die tiefe Weisheit und die Spiritualität dieses Priesters beeinflußt hat, zeigen Auszüge aus seinem geistlichen Tagebuch jenes Jahres:

Donnerstag, 23. IX. 1937

... Aber ich will nicht mehr reden. Herr, was forderst Du von mir jetzt? Laß mich immer Antwort geben – und gib Du mir die Kraft, diese Aufgabe zu erfüllen – heute, morgen, jetzt!

Freitag, 22. X. 37

Herr, Du schickst Sorge, Enttäuschung – Herr, Dein Wille geschehe. Du stehst hinter allem. Deine Vaterhand wird alles ordnen ...

Sonnabend, 23. X. 37

... ich darf nicht im Betrieb aufgehen – ich will mich aus Schein vor intensiver Arbeit nicht in eine äußere Beschäftigung flüchten. – Herr, himmlischer Vater, segne die Alumnen. Laß sie alle echte, gute, treue Priester werden ... morgen ist Sonntag. Christus, schenke uns allen den Glauben an deine todesüberwindende Kraft. Gib deinen Segen, Herr.

Donnerstag, 28. X. 37

Welcher Segen liegt doch im Arbeiten nach der Tagesordnung. Herr, das hast Du mir heute gezeigt ... Hl. Schutzengel, sei du mein ernster Mahner, wenn ich mich durch einen Scheingrund entschuldigen will ...

Dienstag, 9. XI.

Nur eins ist notwendig: daß Gott immer und überall verherrlicht wird. –

Mittwoch, 10. XI.

Heute in den Punkta brachte P. Spiritual eine Stelle aus den Lebensbeschreibungen des hl. Martin: So wie der Schmied dauernd auf den Amboß schlägt – auch wenn er nichts zu schmieden hat – so sollen auch wir bei unserer äußeren Tätigkeit immer etwas „nebenbei" tun: beten. Das sollen die Hammerschläge unserer Seele sein. – Hl. Martin, lehre mich betend arbeiten.

Freitag, 12. XI.

Eben las ich mir wieder die Punkte durch, die ich mir für mein Amt aufgezeichnet hatte: „Alles sei in Liebe getan" – Herr und wenn ich an das heutige Üben der Laudes denke, – wie ich ungeduldig und gereizt war, als es nicht klappte. – Hl. Geist, gieße deine Liebe in unsere Herzen …

Sonntag, 14. XI.

Eben hatten wir unsere Albertus-Magnus-Feier. Hl. Albertus, du Schutzherr unseres Hauses, hüte und schütze den Geist der Gemeinschaft und der Liebe in unserem Hause. –

Donnerstag, 2. XII. 37

In den letzten Tagen war ich zur Primiz in Oberschlesien. Zum ersten Mal seit der Kindheit wieder in Leschnitz. Gott, wie unwirklich ist das alles schon. Ja, Du allein bist der Seiende – der ganz wirklich ist. –

Montag, 6. XII.

Ohne Tagesordnung komme ich noch nicht aus. – Herr, keiner kann zu Dir kommen, wenn Du ihn nicht ziehst …

Sonnabend vor Gaudete

Der Herr ist nahe! – Komm Herr … laß Deine Gegenwart mir immer bewußter werden, mich immer lebendiger fühlen …

31. XII. 1937

Die letzte Stunde des Jahres. – Gott – Vater, wie viel muß ich Dir danken. – Das letzte Jahr brachte mir die Gnade der hl. Priesterweihe. Täglich darf ich nun das hl. Opfer feiern. – Was wird das neue Jahr bringen? – Darf ich überhaupt so fragen? „Jeder Tag hat seine Plage!" – Gott-Vater, ich bin in Deiner Hand. Alles, was Du schickst, werde ich in Deiner Kraft tragen. –

Das Jahr als Alumnatssenior, in dem er nun andere auf dem Weg zur Priesterweihe begleitete, war für ihn selbst ein Jahr der geistigen Vertiefung seiner Berufung und machte ihn – ohne daß er es damals schon ahnen konnte – bereit für den Ruf, 10 Jahre in schwierigster Situation für andere dazusein. Zuvor aber wurde er nun endlich das, was er sich schon bei der Priesterweihe so sehr erhofft hatte: Kaplan.

Priester-Seminarkurs 1937/38
G. Schaffran: vorletzte Reihe, Zweiter von links

Erinnerungen an die Pfarrei St. Nikolaus in Breslau

Epilog auf eine nicht mehr vorhandene Kirche, und Nachrichten aus einer sehr bewegten Zeit

Das Bistumsblatt der Erzdiözese Breslau hatte eine Bildbeilage. Einmal gefaltet und dem Format der Blätter angepaßt, brachte diese Beilage auf vier Seiten Bildreportagen aus der Welt der katholischen Kirche. „Die Katholische Welt" stand in großen Buchstaben über der Titelseite. Neben Bildern aus Rom, aus dem heiligen Land und aus den Missionen, lieferte die Redaktion vor allem auch aktuelle Bildinformationen über Ereignisse im Erzbistum Breslau.

Es ist mir noch gut in Erinnerung, daß wir als Kinder uns gerne in diese Bildwelt vertieft haben. Es gab noch kein Fernsehen und die Illustrierten dieser Zeit waren ziemlich trist und strotzten vor politischer Propaganda der Nationalsozialisten. Unbewußt vermittelte uns hingegen die Bildbeilage des Bistumsblattes das Gefühl, daß die katholische Welt doch noch etwas größer und weiter sei, als der damals in Deutschland herrschende braune Totalitarismus.

Die Bilder von aktuellen Ereignissen in Rom, von Pilgern im heiligen Land und von der Jugendwallfahrt nach Wartha nebeneinander in einem Blatt zu sehen, das half uns über die Propagandamauer der Nationalsozialisten hinauszuschauen und die Kirche, der wir angehörten, als durchaus aktuell zu erleben.

Natürlich wurden die Bilder, die Bezug hatten zu unserem Erfahrungsbereich, mit umso größerem Interesse aufgenommen. Als uns der Pfarrer von St. Nikolaus in Breslau, der Geistliche Rat Trumpke, am zweiten Augustsonntag

1938 von der Kanzel verkündete, daß wir einen neuen Kaplan bekämen, er heiße Gerhard Schaffran und sei Alumnatssenior, da wußten einige Leute aus der Pfarrei schon wie er aussah, bevor er kam. Die Augustausgabe des Jahres 1938 der Bildbeilage „Die Katholische Welt" zeigte den Weihekurs der Alumnen, die am 7. August 1938 die Priesterweihe empfingen. Fein säuberlich, in mehreren Reihen übereinandergetürmt, schauen 54 Neupriester aus dem Bild erwartungsvoll in die Zukunft. „Das is er", sagte ein Ministrant nach der Sonntagsmesse und zog die ramponierte Augustbeilage aus der Tasche. Neugierig steckten wir unsere Köpfe über das Blatt und suchten. „Der in der Mitte ist es", sagte einer, „da steht's doch, Gerhard Schaffran, Senior!" Da saß er, mitten unter den 54 Neupriestern und schaute wie ein Steuermann aus dem Bild heraus. Nun waren wir bestens im Bilde und wußten jedenfalls, wie der neue Kaplan aussah, der zu uns nach St. Nikolaus kommen sollte.

Aber etwas anderes war für uns noch wichtiger, nämlich die Beantwortung der Frage, welche Beziehung er zu uns finden würde. Und diese Frage fand ihren Ausdruck in dem Satz: „Mal seh'n, wie der is!" Man muß nämlich wissen, Kapläne gab es bei St. Nikolaus in Breslau nicht wenige. Diese altehrwürdige Pfarrei hatte die Kapläne zahlreich kommen und gehen sehen, und mancher von ihnen ist nachher im Bistum und darüber hinaus durch sein Wirken bekannt geworden. Es war nämlich kein leichtes Pflaster für die jungen Seelsorger in der Tschepine, so hieß nämlich dieser Stadtteil, den die Breslauer scherzhaft auch „Großlergenau" nannten, weil das alles beschreibende Schimpf- und Kosewort „Lerge" in der Tschepine seine etymologischen Wurzeln hatte.

„Mal sehn, was wir aus dem machen können!" sagte der alte Hielscher in seinem unverfälschten Tschepinesisch, wenn wieder einmal ein neuer Kaplan nach St. Nikolaus kam. Er war Werkmeister in dem bekannten Industriewerk Linke-Hoffmann und ein typischer Vertreter der Bevölkerung aus der Nikolaivorstadt Breslaus. Dieser Stadtteil hatte in wenigen Jahrzehnten vor und nach der Jahrhundertwende durch zahlreiche Industrieansiedlungen im Westen der Stadt eine rasante Entwicklung genommen, so daß die vormals dörfliche Pfarrei St. Nikolaus zu einer Großstadtgemeinde von über 20.000 Gläubigen angewachsen war. Zahlreiche männliche Mitglieder der Pfarrei arbeiteten in der Industrie oder waren als Handwerker tätig. Die große Anzahl der Gläubigen stellte an die Seelsorge erhebliche Anforderungen: daher standen dem Pfarrer drei bis vier Kapläne zur Seite. Der alte Hielscher war auch Vorstand des katholischen Arbeitervereins bei St. Nikolaus, der mehr als 300 Mitglieder zählte. Er waltete seines Amtes wie ein Patriarch, und wenn ein neuer Kaplan als Präses die geistliche Betreuung des Arbeitervereins übernahm, dann spielte er gleichsam die Rolle eines Patrons und betrachtete den Kaplan als Gesellen, der erst noch sein Meisterstück zu machen hätte. So ging es auch dem Kaplan Schaffran, als er nach St. Nikolaus kam. Ausgerechnet ihm, dem jüngsten Kaplan, wurde das Amt des geistlichen Präses übertragen. Da lernte er sogleich die Seelsorge von der Basis her kennen, wie man heute sagen würde. Die Männer in der Tschepine waren durch ihre Arbeit geprägt und in ihrer herzhaften Sprache nahmen sie kein Blatt vor den Mund, wenn ihnen die geistlichen Aufmunterungen ihres Präses zu theoretisch erschienen. Sie wollten das kräftige Brot eines überzeugenden Glaubens.

Wenn es aber um die gemeinsame Sache ging, dann standen sie wie ein Mann zu ihrem Seelsorger. Und das war in jenen Jahren nicht mit Gold zu bezahlen. Wir müssen uns nämlich an das erinnern, was sonst noch zu dieser Zeit in unserem Lande geschah.

Das Jahr 1938 zeigte den Nationalsozialismus auf der Höhe seiner Erfolge. Als Gerhard Schaffran im September 1938 in Breslau in seine Kaplanei auf der Fischergasse 12 einzog, da hatte die Landkarte Deutschlands sich innerhalb weniger Monate vollkommen verändert. Am 12. März 1938 waren die deutschen Truppen in Österreich einmarschiert und Hitler war auf dem Wiener Heldenplatz von den Österreichern begeistert begrüßt worden; von diesem Zeitpunkt redete man offiziell nur noch von „Großdeutschland". Die Begeisterung der Nationalsozialisten über diesen „Anschluß" war riesengroß und drängte in diesem Jahr zur Forderung nach Eingliederung des Sudetenlandes. Fast wäre es just zu diesem Zeitpunkt, als Gerhard Schaffran nach St. Nikolaus kam, zum Krieg mit den Westmächten gekommen, wenn nicht im letzten Augenblick die Kriegsgefahr durch das Münchner Abkommen am 29. September 1938 wenigstens für ein Jahr gebannt worden wäre. Am 1. Oktober 1938 zogen die deutschen Truppen über die Kämme der schlesischen, sächsischen und bayerischen Gebirge und holten – wie man damals sagte – das Sudetenland „heim ins Reich"! In der Tschepine sagten damals manche Leute hintergründig: „Heim ins Reich – uns reichts!"

So also sah es aus, als Gerhard Schaffran seinen Einzug bei St. Nikolaus hielt. Neben der treusorgenden „Kaplans-Mutter", Frau Pause, fand er noch zwei Mitkapläne auf der Fischergasse vor. In der Nachbarwohnung hauste noch Herbert Paetzold. Doch der packte nach fünfjähriger Kaplanszeit bei St. Nikolaus seine Koffer, um im November 1938 die Stelle eines ersten Kaplans in Oppeln bei der Pfarrei St. Peter und Paul anzutreten. Jedoch ging er nicht weg von Breslau ohne Doktorhut, den er eben frisch am 17. Juni 1938 bei der theologischen Fakultät der Universität Breslau erworben hatte. „Die Lehre des Nikolaus Cusanus von der Kirche", so lautete der Titel seiner Doktorarbeit. Eigentlich ein ganz interessantes Thema und auch schon damals aktuell, doch uns Jungen interessierte zu jener Zeit mehr, ob ein promovierter Kaplan von St. Nikolaus auch Fußball spielen könne; und das konnte der Gleiwitzer Herbert Paetzold, wie er uns mit promovierten Schüssen aufs Tor mehrfach bewiesen hat. Eigentlich hätte uns das nicht wundern sollen, weil doch einige Nationalspieler der damaligen deutschen Elf aus Gleiwitz kamen.

Ende Oktober reiste Herbert Paetzold ab, und der neue Nachbar Gerhard Schaffrans in der Kaplanei wurde der aus Rosenberg stammende Josef Götz. Er kam aus Bunzlau und erhielt bei St. Nikolaus sofort die erste Kaplansstelle. In Bunzlau hatte er nach dem Tode von Pfarrer Fiebig die dortige Pfarrei acht Monate „mustergültig" verwaltet, wie ihm bei seinem Abgang nach Breslau bescheinigt wurde. Der dritte im Bunde der Kapläne von St. Nikolaus war Dr. Paulus Tillmann. Dessen Wohnung lag auf der Fischergasse 18, direkt in der Niederlassung der Grauen Schwestern bei St. Nikolaus.

Paulus Tillmann, der von uns freundschaftlich „Tille Paul" genannt wurde, war schon ein Jahr in der Pfarrei, als Gerhard Schaffran kam. Er hatte von Hubert Thienel, der mit ihm die Stelle eines Domvikars an der Breslauer Kathedrale tauschte, die Jugendseelsorge übernommen. Der überaus einfallsreiche und lebenslustige Paulus Tillmann hatte sich innerhalb eines Jahres bestens in die Eigenart tschepinesischer Lebensverhältnisse hereingefunden, so daß er binnen kurzer Zeit die beiden Neuankömmlinge Gerhard Schaffran und Josef Götz in die Geheimnisse der Pfarrei St. Nikolaus einführen konnte. Heute würde man sagen, die drei Kapläne von St. Nikolaus in jenen Jahren waren ein mustergültiges Seelsorgeteam. Wir Jungen waren jedenfalls davon überzeugt, daß wir drei pfundige Kapläne hatten; die Kapläne gehörten zu uns, und wir gehörten zu den Kaplänen.

Dieses Bewußtsein half uns, über die Außenseiter-Rolle hinwegzukommen, in welche uns der Alleinherrschaftsanspruch der Hitlerjugend und ihre Propaganda zu drängen versuchten. Wenn auch noch eine ganze Anzahl katholischer Mädchen und Jungen sich zur Kirche bekannte, so waren wir doch im Vergleich zu den inszenierten Massenaufmärschen der Hitlerjugend ein kleines Häuflein, und das propagandistische Pathos des immer siegenden Nationalsozialismus sollte uns das Bewußtsein vermitteln, auf der Seite der Verlierer zu stehen. Direkt vor dem Jugendheim auf dem Nikolaiplatz hatten die amtlichen Propagandisten einen Zeitungsaushang aufgestellt, um uns jede Woche neu mit den Schmierereien des Hetzblattes „Der Stürmer" zu konfrontieren. Geistliche, Ordensleute und auch christliche Laien erschienen in diesem Blatt immer als häßliche Karikaturen. Die Christen wurden demonstrativ als krumme, weltfremde und feige Leute gekennzeichnet, als Menschen, die sich um die Verantwortung drücken, während das ganze Volk in dem immer wieder beschworenen Entscheidungskampf auf Seiten Adolf Hitlers stände, wie man uns damals weismachen wollte. Es war nicht leicht für uns, mit diesen negativen Bildern des Christentums fertig zu werden, denn welcher junge Mensch möchte auf der Seite der Rückständigen oder der Verlierer stehen? Doch die ständige Herabsetzung der Kirche und des Christentums in der Öffentlichkeit hatte auch zur Folge, daß wir, die wir auf demselben Wege waren, stärker zusammenfanden. Und auf diesem Wege erlebten wir unsere Kapläne weniger als Amtsträger, sondern viel mehr als Freunde; umgekehrt waren auch wir ihre Freunde auf diesem Weg, auf dem sie mit uns gingen und uns durch ihr Beispiel halfen, mit negativen Erfahrungen fertig zu werden.

Paulus Tillmann verstand es, uns gegen allen nationalsozialistischen Propagandarummel immer wieder zusammenzuführen; er suchte uns für immer neue Vorhaben zu gewinnen und interessante Ziele anzusteuern. Er vermochte es, jeden von uns anzusprechen, obwohl er die Gabe der Sprache eigentlich gar nicht besaß, denn seine Ansprachen waren schrecklich lang und langweilig, noch langweiliger als die Ansprachen von Dr. Paetzold, der in der Kirche immer länger als eine halbe Stunde sprach. Dabei hatte er die Angewohnheit, sich mit beiden Ellenbogen auf die Kanzelbrüstung zu stützen. Das habe ich mir von seinen Predigten behalten, ebenso die Erinnerung daran, daß Paulus Tillmann beim Predigen immer die Augen schloß. Doch dies war für uns nicht so wichtig, weil ja die Kapläne unsere Freunde waren.

Es war aber für uns eine ganz neue Erfahrung, daß Worte auch packen können. Die ersten Ansprachen, die Gerhard Schaffran bei der Sonntagvorbereitung am Samstagabend nach der Komplet an uns richtete, nahmen uns sofort gefangen. Kurz und bündig, klar und deutlich waren seine Worte, so daß jeder von uns wußte, welche Konsequenz sich aus dem folgenden Sonntagsevangelium für uns ergab. Mit Gerhard Schaffran kam auch ein frischer Wind in die sogenannten „Seelsorgestunden", so hießen damals unsere Zusammenkünfte. Der Nationalsozialismus erlaubte der Kirche nur Versammlungen, die rein religiösen Zwecken dienen sollten. Dabei wurde das Wort „Seelsorge" von den nationalsozialistischen Propagandisten mit einer gewissen Verächtlichkeit gebraucht, weil solche „Sorge für die Seele" nur die Schwächlinge im Volk notwendig hätten. Der Hitlerjunge wüßte wohl, daß er seinen

Leib dem Volk und dem Führer zur Verfügung zu stellen hätte, und zwar nach der Maßgabe Adolf Hitlers, zäh wie Leder, hart wie Kruppstahl und schnell wie ein Windhund zu werden. Die Seelsorgestunden, die wir mit Gerhard Schaffran erlebten, waren jedenfalls alles andere als Tröstungen einer ermüdeten Christenschar. Obwohl er der dritte Kaplan und eigentlich gar nicht zuständig für uns war, hatte Paulus Tillmann ihm das Feld geräumt, wohlwissend, daß er in ihm den geeigneten Glaubensvermittler für uns gefunden hatte. Wir begannen die Stunden jedesmal mit einer kurzen Schriftlesung; dabei gelang es Gerhard Schaffran mit wenigen Worten den aktuellen Bezug der Schrift zu unseren Lebens- und Konfliktsituationen herzustellen. In dem nachfolgenden Gespräch regte er uns an, unsere Probleme auszusprechen und half uns, das Gotteswort nicht lebensfremd neben uns stehen zu lassen, sondern es als Anruf zur Unterscheidung und zur Entscheidung anzunehmen.

Im Anschluß lasen wir jeweils einen Abschnitt aus einem Buch, das jedenfalls nicht aus dem Fundus der nationalsozialistischen Literatur entstammte. Wir erfuhren so, daß es auch geistiges Leben vor und außerhalb der nationalsozialistischen Denkungsart gab. Damals war gerade in der Ostdeutschen Verlagsanstalt bei Viktor Kubczak auf der Albrechtstraße in Breslau ein Buch von Cosmos Flam erschienen. Es trug den Titel: „Ein Land entsteigt der Dämmerung." Cosmos Flam schildert in diesem Buch mit großer erzählerischer Meisterschaft, wie durch das Wirken und das Glaubenszeugnis der hl. Hedwig unsere schlesische Heimat ihre ursprüngliche Gestalt erhalten hat. Die nationalsozialistische Literaturkrititik schäumte vor Wut und konnte sich nach Erscheinen des Buches nicht negativ genug äußern über den Wert dieser Darstellung, die natürlich gar nicht in ihrem Sinne war. Um die Wirkung des

Buches von Cosmos Flam, das viel gelesen wurde, herab-
zusetzen, ließen sie eine Gegendarstellung von einem über-
zeugten Nationalsozialisten verfassen. Er schrieb unter dem
Namen Venatier das Buch „Vogt Bartold". Dieser Vogt
Bartold ist in seiner Darstellung gewissermaßen der erste
Nazi in Schlesien. Die heilige Hedwig wird in den Vorstellungen Venatiers zur bedeutungslosen Nebenfigur herab-
gesetzt und die christlichen Ursprünge, aus denen das
Land Schlesien seine kraftvolle Entwicklung genommen
hatte, werden durch einen völkisch-germanischen Mythos
ersetzt. Es läßt sich denken, daß dieser nationalsozialistische Propagandaeifer unser Interesse für Cosmos Flam
noch gesteigert hat, weil wir die Absicht der Nationalsozialisten und Ihre Furcht vor der Wahrheit leicht durchschauen konnten.

Wir lasen auch das 1932 erschienene Buch von Hans
Bertram „Flug durch die Hölle!". Der Flieger Hans Bertram
schildert darin seinen abenteuerlichen Flug nach Australien,
der damals noch eine flugtechnische und navigatorische
Meisterleistung war, welche die Weltöffentlichkeit beschäftigte. Mir ist noch gut in Erinnerung, daß wir lange über jene
Stelle in Bertrams Bericht sprachen, die den Absturz seines
Flugzeuges schilderte. Er beschreibt, wie er tagelang durch
das menschenleere Land geirrt sei, bis er schließlich an die
Küste gekommen sei. In seiner aussichtslosen Lage und in
Erwartung seines Todes habe er, erschöpft am Strande lie-
gend, beim Aufblick zum nächtlichen Sternenhimmel mit
einemmal die feste Glaubenszuversicht gewonnen, daß Gott
ihn in seiner Verlorenheit sehe. Diese Erfahrung habe sein
ganzes Leben geprägt. Diesen Bericht Bertrams haben wir
damals mit großer Spannung gelesen, und seine Erfahrung
hat uns geholfen, unsere eigene Situation, in der wir ja
wegen unserer Zugehörigkeit zur Kirche oft auf uns selbst
gestellt waren, besser zu verstehen.

Bei dieser Selbstfindung haben die Kapläne uns geholfen, nicht etwa als Betreuer, sondern durch die eigene Weise, in der sie Beziehung zu uns aufnahmen. Obwohl wir alle mit Paulus Tillmann, wegen seiner Fähigkeit Gemeinschaft zu bilden, sehr verbunden waren, so wurde doch Gerhard Schaffran für uns in jener Zeit zu einem Wegweiser. Die Art, wie er mit uns Sport trieb – er war ein hervorragender Handballspieler –, seine klare, entschlossene Haltung im Leben und im Glauben zeigten uns, daß wir als Christen uns vor anderen nicht verstecken mußten, sondern daß wir aufrecht und gerade, trotz der öffentlichen Verachtung der Kirche, unseren Weg suchen konnten. Diese Wegweisung hat lange nachgewirkt, bis hinein in die schweren Jahre des Krieges und der Gefangenschaft.

Doch die erlebnisreichen und glücklichen Jahre von St. Nikolaus gingen mit dem Einbruch des Krieges viel zu schnell zu Ende. Auch die Geistlichen mußten in den Krieg. Josef Götz kam sehr bald als Heerespfarrer zur Wehrmacht. Auch Gerhard Schaffran folgte ihm in gleicher Stellung. Doch zunächst wurde er Sanitätssoldat in Breslau-Rosenthal. Wir haben ihn einmal mit dem Fahrrad dort besucht. Unsere Mütter haben uns zur Unterstützung der Sanitätstruppen in Rosenthal riesige Kuchenpakete mitgegeben. Als wir dort ankamen ließ man uns zwar in die Kaserne hinein, aber den Sanitätssoldaten Schaffran fanden wir zunächst nicht. Da drang ein lautes Singen aus dem Waschraum an unsere Ohren, und wir gingen dorthin in der Hoffnung, Auskunft zu erhalten. Ein Sanitätssoldat war dort beim Händewaschen. „Den Schaffran sucht ihr?" fragte er uns. „Ihr seid doch bestimmt Ministranten?" Als er unsere erstaunten Gesichter sah, bemerkte er: „Ich bin nämlich Franziskaner aus Karlowitz, St. Antonius!" Vor vier Wochen hätte er noch in der Kirche Marienlieder gesungen, fuhr er fort, jetzt müsse er mit der ganzen Truppe jeden Morgen singen: „Auf der

Heide blüht ein kleines Blümelein." Und dann sagte er: „Den Schaffran hole ich gleich – wir Theologen haben nämlich beim Oberstabsarzt einen Stein im Brett wegen dem Schaffran, denn der ist der Sportlehrer der ganzen Truppe, und bis jetzt hat ihn beim Wettkampf noch keiner geschlagen!" Und dann kam der Sanitätssoldat Schaffran selbst; er winkte ab, als der franziskanische Sanitätskamerad die sportliche Lobeshymne noch einmal wiederholte. „Wir haben ja erst angefangen – wer weiß, was noch kommt", sagte er. Nachdem wir unsere wohltätigen Kuchenpakete abgegeben hatten, zeigte uns der Sanitätssoldat Schaffran das Innenleben der Kaserne. „Seid froh, daß ihr noch bei Muttern wohnen könnt!" Mit diesen Worten entließ er uns mit unseren Fahrrädern nach Hause, nach St. Nikolaus in der Tschepine, wo die Wohnstatt unseres Kaplans Schaffran nun verwaist war.

Als er noch bei uns war, stand ich einmal in seinem Zimmer und entdeckte über seinem Schreibtisch ein Ölgemälde; es zeigte die heilige Theresia von Ávila. Auf einem Spruchband, das quer über das Bild verlief, stand geschrieben „solos dios basta". Er erklärte mir diese Worte, die er später auch als Leitspruch für sein bischöfliches Amt gewählt hat: „Gott allein genügt!"

Damals habe ich den Sinn dieser Worte nicht verstanden, vielleicht auch deswegen, weil ich an dem Wort „basta" hängen blieb. Manchmal gebrauchte unsere Mutter dieses Wort, um nach einem Streit unter uns Kindern jegliche Diskussion zu beenden. Wir mochten daher dieses Wort nicht, denn es bedeutete für uns das endgültige „Aus". „Basta – Schluß jetzt!" Später habe ich verstanden, daß es im Glauben nicht bei der Diskussion bleiben kann, sondern daß der Glaube von uns ein „Ja" und ein „Nein" und ein „Basta" erfordert.

Erinnerungen an St. Nikolaus. Sie sind ein Stück unse-

res Lebens geworden. Heute gibt es die St. Nikolaus-
kirche in Breslau nicht mehr. An ihrer Stelle – aber nicht
am selben Ort – ist eine moderne, große Kirche mit einem
Gemeindezentrum errichtet worden, die von polnischen
Salesianern betreut wird. Die Kirche steht in der Nähe der
früheren Andersessenstr., die heute ulica Mlodych Techni-
ków (Straße der jungen Techniker) heißt. Sie ist Christus
dem König geweiht; das uralte Nikolauspatrozinium ist
1987 aufgehoben worden. Nur eine kleine Kapelle erinnert
noch daran, daß die Menschen in der Tschepine, in der
westlichen Vorstadt Breslaus, viele hundert Jahre unter
dem Schutz des heiligen Nikolaus gelebt haben. So hat
die Zeit alles verändert. Doch was an göttlichem Segen
auf die Fürsprache des heiligen Nikolaus geschenkt worden ist, das ist geblieben. Geblieben ist der Weg, geblieben ist das Ziel. Cosmos Flam, der in den letzten Kriegsta-
gen bei den Kämpfen irgendwo vor Breslau umgekommen
ist – niemand kennt sein Grab –, hat einem Freund folgende Verse in sein Buch „Ein Land entsteigt der Dämmerung" hineingeschrieben:

> „Hier kreuzen sich die Wege.
> O, Wanderer, überlege;
> der Wege seyn gar viel.
> Der Deine führ ins Himmelreich,
> die andern seyn Dir alle gleich.
> Gott ist das letzte Ziel!"

Alfred Muche

Gegen die Mächte der Finsternis

Auszug aus den Tagebuchnotizen:

3. IX. 39

Herr, die Zeit ist ernst. Laß mich deinen Plan in allem erkennen. Laß mich die Zeichen verstehen. – Viele Brüder stehen draußen. – Warum muß ich hier in der Sicherheit sein, wo so viele vor der Schwelle der Ewigkeit stehen? Ich möchte bei ihnen sein, du wirst mir deine Kraft geben. Ich möchte dich, Christus, zu ihnen tragen. –

6. IX. 39

Heute sprach ich mit einem Priester darüber, ob ich mich melden soll. Ich wollte – ja ich will jetzt noch –, wenn es nur Gottes Wille ist. Er aber riet mir stark ab – wir sollen warten, wo doch alles unter den Füßen brennt. Sind sie nicht alle draußen – und gehört der Priester dann nicht auch zu diesen? – Herr, rufe mich, damit es durch das freiwillige Melden nicht nach etwas Besonderem aussieht. –

14. XI. 39

Heute früh Musterung. Nun werde ich vielleicht doch noch bald zu den Soldaten kommen. – Herr, laß mich dich dann predigen durch mein Leben. Laß mich als Sanitäter das Gebot deiner Liebe erfüllen. –

1940 begann die Ausbildung zum Sanitäter. Pfarrer Jacob Kalscheur erinnert sich:

… Bei unserer Ausbildung 1940 in Breslau-Rosenthal hat Gerhard Schaffran den vielen Priestern, die zur Sanitäts-Ersatzabteilung B eingezogen waren, einen unvergeßlichen

Dienst erwiesen. Er organisierte für die geistlichen Kameraden eine Begegnung mit Kardinal Bertram am Nachmittag des Weißen Sonntag 1940 im Bischöflichen Haus. Eine Erinnerung auch an den berühmten Kardinal Bertram, die ich G. Schaffran verdanke ...

Freitag, 17. V. 40

Der neue Tag ist schon angebrochen. Heute früh werde ich zu den Soldaten gehen. Herr, ich darf doch darin deinen Willen erkennen, wenn ich auch nicht ohne mein Zutun gehe. Etwas treibt mich. Herr, laß es immer mehr die Liebe sein, anderen zu helfen ... Laß mich den Menschen, mit denen ich dann zusammenkomme, Priester und Kamerad sein. Die hl. Messe dann heute morgen – Herr, es schmerzt, wenn ich daran denke, daß ich dich sakramental jetzt oft entbehren soll. –

26. IX. 40

In einer Stunde geht der Zug nach Polen. Viel mühsamer ist das Soldatenleben, als ich es mir vorgestellt habe ... Gerade läuten die Glocken. Mögen sie immer in meiner Seele klingen. Ave Maria!

In Koscenice bei Demblin war die Sanitätskompanie in der Schule untergebracht. Um besser beweglich zu sein, meldete er sich für den Dienst als „Kradmelder".

Pfingsten 1941 feierte er mit den Katholiken dieser Sanitätskompanie den letzten Gottesdienst in Grzybów am Bug vor dem Einmarsch in Rußland. Dann wurde er – nun schon als Kriegspfarrer – von Atowock abkommandiert und kam mit der neuen Einheit bis Rshew.

Auszug aus den Tagebuchnotizen:

28. VI. 1941

Ein Feldwebel der Luftwaffe – mit ihm liegen im Saal noch zwei seiner Kameraden. Ein erschütternder Anblick: der Kopf ist verbunden, nur winzig kleine Öffnungen für die Augen sind freigelassen, und die angeschwollenen Lippen erkennt man. Auch die Arme vollständig verbunden. – Am Morgen stiegen sie noch froh in ihr Flugzeug, um 1.200 Ltr. Benzin für die Jäger nach vorn zu bringen. Über dem Flugplatz erhalten sie Flakfeuer ... Kurz erzählt der Feldwebel, er kann ja kaum sprechen, und ich will ihn auch nicht anstrengen: „Dann fing unser Flugzeug Feuer. Wahrscheinlich bin ich durch das Fenster dann geflogen. Aber wir hatten noch großen Dusel. Neben uns stand eine andere Maschine von uns. Und mit der kamen wir zurück. Ein Kamerad war tot." –

„Ich bin der kath. Kriegspfarrer. Erkennen Sie mich?" frage ich am Nachbarbett. Ein bitteres Lächeln geht über das Antlitz dieses Kameraden: „Ich kann niemanden mehr erkennen. Ich bin blind. Durchschuß durch die Augen." – „Vielleicht kann man Ihnen mit einer Operation helfen; Sie sind doch noch so jung!" – „Ja, erst 20. Bin Mediziner aus Freiburg. Mein Bruder ist schon im Westen geblieben – und jetzt ich!" – Welches Leid für die Mutter. Herr, hier kannst nur du helfen!

Im Nachbarbett ein Oberschlesier – aus Gleiwitz. Er spricht nicht viel. Aber als ich ihm vom Annaberg erzähle, strahlen seine Augen.

Und die vielen anderen ...

Es war der erste Tag im Lazarett von 4 – 8 abends. Wieviel Leid!

1. VII. 1941

Den einen Kameraden hat man zum Sterben schon hinausgeschafft. Kein anderer Raum ist da: die Badestube. –

Zusammengekrümmt lag er da. Kopfschuß. Ohne Besinnung. Und doch, vielleicht hört er noch meine Worte, ohne antworten zu können. Was konnte ich ihm anderes sagen, als daß Gott ihn jetzt besonders liebt. – Auf den Rücken der Hand zeichne ich ihm das Kreuz mit dem hl. Öl – keine heile Stelle am Kopf mehr zu finden …

3. VII. 1941

… heute kommen wieder neue Verwundete. Auf den niedrigen Tragen liegen sie in den Gängen und im Verbandszimmer. Die verstaubten, verdreckten Sachen hatten sie noch an. Von einem war das Hemd ganz blutig – neben ihn hatte die Schwester etwas Brot gestellt. Er sah so erbärmlich aus, wie er vom Fußboden aß. Als ich ihm „Guten Appetit" wünschte, gestand er – es war Abend – „mein erstes Frühstück!"

4. VII. 1941

Heute Geburtstag. Still verbracht. Keiner wußte es ja. Gott, laß mich nur noch mit dir leben … Eine große Freude hatte ich heute. Traf einen Kameraden aus St. Nikolai – war früher Ministrant bei uns.

12. VII. 1941

Ich trage nach: Am 7. VII. aus Lyck abgefahren. Panne in Augustowo. Wurden abgeschleppt bis Grodno. Am 8. von dort weiter – Grodno ganz zerstört. Wieder Panne. Kamen aber noch am späten Nachmittag in Lida an. Stadt furchtbar zerstört. Es schwelte noch unter den Trümmern – Am 10. VII. weiter mit dem Lazarettzug nach Glembokie. Bei der Abfahrt brennende Stadt! – In der Dunkelheit der gespenstische Waldbrand. –

Gestern abend hier angekommen. Stadt noch erhalten. Heute vormittag hier im Feldlazarett gewesen. Viele Verwundete. Wie sie am Fußboden lagen – alles überfüllt – auf Strohsäcken. –

Für morgen um 9 Uhr Gottesdienst angesetzt. – Die beschlagnahmte Kirche ist wieder frei. Am Nachmittag in der orthodoxen Kirche. – Jetzt noch kurze Predigtvorbereitung: Von der Sehnsucht nach Gott.

14. VII. 1941

Wieder viele Verwundete gekommen. Die Räume reichen nicht aus. Die leichter Verwundeten kommen ins Zelt. Wie sie daliegen: ihre Uniformen verschmutzt, zerrissen, durchblutet. –

Nachmittag wieder bei den Verwundeten. Man schreibt ihnen Briefe – hört ihre Schicksale. – Heute sind 6 Kameraden gestorben: 4 evangelische, 1 gottgläubiger, und von einem hat man nur die Erkennungsmarke – kein Soldbuch, nichts.

Mittwoch, 16. VII. 1941

Vor- und Nachmittag im Hauptgebäude des Feldlazaretts. – Es ist ein Jammer, alles liegt übervoll … Am Nachmittag war ich auch kurz in der Krankensammelstelle. Etwa 400 liegen dort noch. Aber nur wenig Schwerverletzte. – Vielen schrieb ich Briefe nach Hause.

Sonnabend, 19. VII. 1941

Gestern früh von Glembokie abgefahren. Nachmittags in Polozk angekommen. Furchtbare Straßen …

Heute vormittag durch den Ort gegangen. Ganz zerstört. Die ehemalige Kathedrale jetzt ein Gefangenenlager. – In unserem zukünftigen Lazarett auch ein großes Durcheinander. Die Böden mit Glasscherben übersät. Schmutz! – Keine Kirche im Ort ist ganz. Diejenigen, welche nicht zerstört sind, dienten den Russen als Getreidespeicher. –

Nachmittag suchten wir ein passendes Zimmer für den morgigen Gottesdienst. In unserem Lazarett fanden wir eins. Noch hing ein großes Stalinbild an der Wand. – Einen Tisch und einige Stühle stellten wir hinein. Das wird nun morgen die erste hl. Messe in dieser Stadt seit vielleicht 20 Jahren wieder sein.

Mittwoch, 23. VII. 1941

Durchgang durchs Lazarett. Die ersten Verwundeten kamen in der Nacht. Tagsüber in der Krankensammelstelle und Besichtigung der Kathedrale für den Gottesdienst. Mit Pfr. Jakubasch (Bautzen) zusammen.

Donnerstag, 24. VII. 1941

Beaufsichtigung der Arbeiten zur Wiederherstellung der Kathedrale. Pioniere und etwa 30 Gefangene arbeiten daran. Die Pioniere errichten ein 6 m hohes Kreuz und einen Altar.

Freitag, 25. VII. 1941

Heute früh hl. Messe gefeiert. Allein in meinem Zimmer, das ich seit gestern habe.

Vormittag in der chirurgischen Abteilung (Dr. Reuter) und innere Station. Die Kranken sind z. T. unzufrieden. Scheinbar psychologisch bedingt durch die Ruhe jetzt nach dem wechselvollen Erleben an der Front? – Es wird ihnen zu wenig „getan". – Nachmittags wieder in der chirurgischen Station. Ein Abiturient aus Westfalen empfing die hl. Kommunion. Sehr fromme Haltung. Ihn konnte ich bitten, für seine Kameraden zu beten. In seinem Zimmer war gerade einer gestorben.

Die Kathedrale ist soweit fertig geworden. Kreuz und Altar stehen. Morgen will ich noch den Altar streichen lassen. Im Kerzenschein das russische Muttergottesbild. Die große, weite russische Seele spricht aus dem Antlitz der Gottesmutter. An ein Wort muß ich denken: Zwei Seelen schlummern unmittelbar nebeneinander im russische Volk. Es kommt darauf an, welche geweckt wird. Wenn es doch in Zukunft die tiefe, religiöse Seele wäre. –

Sonnabend, 26.VII. 1941

Vormittags in der Infektionsabteilung gewesen. Etwa 20 Kameraden haben Ruhr. Ebensoviel ruhrverdächtig. Hoffentlich kommen alle durch. –

Als ich heute nachmittag wieder ins Lazarett gehen wollte, hielt mich auf der Straße eine Frau an. „Sind Sie der Pfarrer?" – „Ja!" – „Katholisch?" – „Ja!" – „Dann kommen Sie und taufen Sie doch der jungen Frau ihr Kind." Es war eine Russin, die ihren Glauben bewahrt hatte. Die Taufpatin war auch gleich da. Schon einige Kameraden hatte sie gefragt – und als diese nicht verstanden, mit dem Kreuzzeichen weitergefragt. Das ist unser Erkennungszeichen! Ich habe dann das Kind in der früheren Kathedrale, die jetzt wieder etwas hergestellt ist, auf den Namen Valerius getauft. Kak imeno? Wie ist der Name? Das war das einzige, was ich Russisch vorbringen konnte. Möchte mit dem jungen Valerius die gottlose Zeit für dieses Land vorübersein und die christliche wieder jung und neu beginnen.

Heute nachmittag wieder in der chirurgischen Abteilung. – Einem Kameraden habe ich auf der Bank im Flur die hl. Kommunion gegeben. Wie verborgen ist Gott! –

Sonntag, 27.VII. 1941

Heute war zum ersten Mal in der hergerichteten Kathedrale Feldgottesdienst. Um 1/2 10 Uhr gemeinsam. Der Divisionsgeneral kam auch. Die Kirche gedrängt voll mit Soldaten. Erst sprach der evangelische Divisionspfarrer – dann der katholische Dr. Jakubasch (Pfarrer in Bautzen).

Militärmusik. – Anschließend war Feldmesse. Die Kirche war immer noch gefüllt. Und jetzt kamen auch Zivilisten. Nach Schluß der hl. Messe begannen die Russen ihre schwermütigen Lieder zu singen. Tränen standen ihnen in den Augen.

Einige Tage nach diesem ersten Gottesdienst in der Kathedrale sprach ihn eine ältere Frau an. Auf die erstaunte Frage nach ihrem beinahe akzentfreien Deutsch erklärte sie, daß die Familie ihrer Mutter aus Deutschland stamme und daß sie Deutsch unterrichte, in der Zarenzeit am Lyzeum und nun an der hiesigen Oberschule. Dann aber brachte sie ihr eigentliches Anliegen vor: Seitdem die Kathedrale wieder für den gottesdienstlichen Gebrauch hergerichtet werde, sei zwischen den Orthodoxen und den Katholiken ein Streit entfacht, wem die Kirche gehöre. Die Katholiken erheben Anspruch, weil dies einmal die Kirche des hl. Bischofs Josaphat war, und die Orthodoxen, weil diese Kirche – bevor sie zweckentfremdet wurde – zuletzt ihnen gehört habe. Und nun die Bitte, ob der deutsche Pfarrer den Streit nicht schlichten könne, der beim Abzug der Soldaten wahrscheinlich noch mehr entbrennen würde.

Gemeinsam suchten sie nun für die orthodoxen Christen eine Kirche in der Stadt, die ohne allzu große Aufwendungen instand gesetzt werden konnte, machten den katholischen Christen zugleich die Auflage, alle Ikonen aus der Kathedrale den orthodoxe Christen für ihre neue Kirche zu geben.

Das wurde als salomonisches Urteil angenommen, denn ein paar Tage danach kam die alte Dame wieder, diesmal in Begleitung von zwei alten Russen. Sie wollten ihm als Dank für die Schlichtung der Streitfrage ein Paar Walinkis anfertigen und ließen sich nicht davon abhalten, ihm mit Hilfe eines Stockes die Fußgröße zu messen.

Walinkis sind Filzstiefel, aber von ganz besonderer Art. Stunden-, ja tagelang wird der Filz bearbeitet, immer wieder wird er im Wasser getränkt und mit einem Holzscheit trocken geschlagen, bis er nur noch wenige Millimeter stark ist. Weder Nässe noch Kälte können den Walinkis etwas anhaben. Es war schon ein Meisterstück, das ihm die beiden Russen überreichten, aber mitten im Sommer, was sollte er da mit Filzstiefeln. Dennoch war sein Dank aufrichtig. Wie dankbar er aber sein mußte, erfuhr er schon wenige Monate später im überaus strengen Winter bei Rshew, in dem viele Kameraden erfroren. Die Kommandeure zählten in diesem Winter nicht mehr die Gefangenen, sondern die „erbeuteten" Walinkis.

Montag, 4. VIII. 1941

Vormittag in der chirurgischen Abteilung. Gespräch mit dem Major der Panzertruppe: „Müßte der Papst jetzt nicht ein Wort sagen?"

Dienstag, 5. VIII. 1941

Wenig Zeit. – Infektionen – es ist auch fast alles vertreten: Ruhr, Typhus, Scharlach, Diphterie und sogar Malaria.

Mittwoch, 6. VIII. 1941

Nachmittag in der Krankensammelstelle. Furchtbar wie die Kameraden dort liegen und auf Abtransport warten. Sammelstelle Nord hat 700 und Süd nochmals 500 Kameraden. Ärztliche Behandlung ist ja ganz ausgeschlossen. Wenn nur mehr Züge schon gingen!

23. VIII. 1941

Kommt schon das Gleichmaß des Lazarettbetriebes über mich, daß ich nicht innerlich wach genug bin? Daß mich das Leid der Kameraden nicht mehr innerlich mitnimmt? – Wachet und betet. – Herr, laß mich nicht stumpf werden. Gerade hier nicht. – Morgen ist Sonntag. Einige Frauen haben von sich aus die Kirche geschmückt. – Vor der Predigt habe ich etwas Angst.

Montag, 25. VIII. 1941

Früh Beerdigung von 5 Kameraden. Es war trostlos. Das Wachbataillon ist plötzlich abgerückt. Wir wußten davon nichts. Wenigstens 3 Schwestern waren mitgegangen ... –

Sonntag, 7. IX. 1941

Nachmittags Spaziergang auf dem Flugplatz. Nicht weit davon ein Gefangenenlager aus der kommunistischen Zeit. Was für Menschen mögen dort gequält worden sein. Jetzt ist alles leer. An den vier äußeren Ecken ragen die Wachtürme in den Himmel. Doppelter Stacheldrahtzaun ringsum. Holzbaracken. Ringsum der weite, freie Himmel, – und die Menschen pferchen sich gegenseitig ein! – Wie nimmt Gott auf die Freiheit des Menschen Rücksicht – er läßt sich lieber ans Kreuz schlagen! Seine Gnade – die Kraft des Hl. Geistes „umspielt" nur den Menschen, wie unser Kardinal immer sagt – und der Mensch knechtet brutal seinen Mitmenschen.

Donnerstag, 18. IX. 1941

Am Sonntag kam noch unsere Ablösung an. Schwierigkeiten bei der Übergabe. Wir hätten zuviel Sachen eingepackt. Bis Montag sollte Übergabe sein – heute noch nicht! Ich verstehe diese militärische Auffassung eines Befehles nicht. Unterdessen können die Kameraden vorn ohne die nötige Lazaretthilfe sein! – Im Lazarett ist es still geworden. Der Lazarettzug kam wieder mal nicht.

Dienstag, 23. IX. 41

Immer noch in Polozk. Am letzten Sonntag, 21. 9., hielt

Kriegspfarrer Donner vom neuen Lazarett den Gottesdienst. Gestern begann Donner, die frühere evg. Kirche für den Winter als Wehrmachtskirche einzurichten. Sie ist sehr gut erhalten und heizbar. – Nachmittags Spaziergang im Wald. Himmlische Unschuld: Das Heidekraut blühte noch – die Farne leuchteten schon in gelben Farben. Welcher Frieden!

Mittwoch, 24. IX. 41

Heute traf ich einen älteren Kameraden aus dem Kreise Landeshut. Müde und traurig saß er auf seinem Bett. Die Kameraden versuchten schon, ihn aufzuheitern. Vergeblich. Er ist heimwehkrank. Vater von 7 Kindern. – Gott, könnte er nur nach Hause kommen. –

Freitag, 26. IX. 41

Das Kriegslazarett 1/605 löst uns ab. –

Sonntag, 28. IX. 41

Abends Abfahrt nach Welikije Luki. Güterzug. Die Nacht durchgefahren über Newel.

Montag, 29. IX. 41

Nachmittags in Welikije Luki. Sofortige Übernahme des Lazarettes der Sanitätskompanie.

Donnerstag und Freitag, 2. u. 3. X. 41

Fahrt nach Witebsk zum Stab mit Pkw der Luftwaffe wegen Küster und Wagen. Kein Erfolg.

Sonntag, 5. X. 41

Gottesdienst im Klubhaus der Roten Armee. Etwa 200 Kameraden kamen (Feldeisenbahner, Luftwaffe, Landser, Panzer und Arbeitsdienst). Generalabsolution. Fast alle gingen zur hl. Kommunion.

Montag – Mittwoch, 6. – 8. X. 41

Besuch der Verwundeten und Kranken. – Alles wenig belegt. Etwa 98 übernommen. Jetzt 135. –

Freitag, 10. X. 41

Heute den ganzen Tag die Einheiten besucht. Nur noch wenig Einheiten sind hier. Meist Luftwaffe und Arbeitsdienst. Ein Wachbataillon der 403. Division. Die schöne Kirche in Welikije Luki besucht. Wunderbar die Ikonostase. Ebenso das Evangelienbuch – Silberdeckel, die 4 Evangelisten in Gold aufgeschlagen – feine Silberarbeit und Emaille.

Sonntag, 19. X. 41

Gottesdienst um 9 Uhr im Klubhaus … 10.15 Gottesdienst im Lazarett … Nachmittags Post erledigt. Etwa 50 Briefe muß ich schreiben. Vorgestern 19 Päckchen und etwa 20 Briefe erhalten. Heute wieder 4 Päcken und etwa 10 Briefe … Heute habe ich wiedermal – tatsächlich zum ersten Mal in Rußland – das Brevier ganz gebetet. Ich brauche es. –

Donnerstag, 23. X. 41

Seit gestern liegen wir schon hier. Gestern konnten wir nicht mehr weiter, weil wir keine Verpflegung mehr hatten und diese erst hier fassen mußten. Heute den ganzen Tag schon hier gelegen. In unserem Viehwagen liegen Pfr. Thiem, Ob.Arzt Reuter, Ass.Arzt Raeter, Kr.Zahnarzt Boehle, R. und ich. Als Ordonnanz Götz. Unser Wagen ist seit gestern ganz gemütlich. In der Mitte steht das Wärmezentrum: ein kleiner eiserner Ofen, der alles schluckt. Zwei Bänke sind gezimmert, – eine „organisiert". Einen Tisch zimmerte uns ein Schreiner. – Die Lichtmaschine ist angestellt, und seit gestern ist die Karbidlampe mit einer elektrischen „Deckenbeleuchtung" umgetauscht. Auch ein Radio ist eingeschaltet, und den Wehrmachtssender Smolensk hören wir fast geräuschlos. – Augenblicklich ist es 22 Uhr, und wir hören gerade die Nachrichten.

Dienstag, 28. X. 1941

Gestern Abend sind wir von Smolensk abgefahren und kamen heute früh um 6 Uhr in Roslawl an. Heute den ganzen Tag sitzen wir hier und warten auf eine Maschine. 12 Züge standen heute morgen noch vor uns. Wir waren der 13. Jetzt ist es gleich 21 Uhr. Ob es heute noch weitergeht? Es ist uns alles ziemlich gleich. – Man verliert den Begriff für Raum und Zeit. – Augenblicklich sitzen wir sogar bei einem Glühwein, den unser „Oberbraumeister" Dr. Raeter uns gerade kredenzt hat.

Mittwoch, 29. X. 41

Es ist schon wieder Abend. Wir sind in der Nacht nur bis heute Mittag gefahren. Wo wir jetzt stehen – wie der Bahnhof heißt, weiß keiner. Jedenfalls in Richtung auf Wjasma. Schon stehen wieder einige Züge hier und warten auf eine Lokomotive. Eben ging ich in der Dunkelheit durch die langen Reihen der Güterzüge. Es ist eine eigenartige Stimmung. Aus den Wagen schimmert durch die schlecht verdunkelten Ritzen und Öffnungen das Licht, und aus einzelnen Wagen klingt Radiomusik. Fast alle hören denselben Wehrmachtssender Smolensk, – so daß man bei den einzelnen Wagen immer wieder den „Roten Faden" findet.

Gott – wo bist du? So nah und doch fern. In meinem kleinen Handkoffer trage ich die Krankenburse mit dem Sanctissimum bei mir. Wie müßte ich an dich, Herr, denken – bei dir sein!

Donnerstag, 30. X.

Die Nacht über etwas gefahren bis in den späten Vormittag hinein. Ort unbekannt. – Mittags bekommen wir neue Einquartierungen. 12 Weißrussen ... In unseren „Salon" kommen auch zwei. Der eine war in der zaristischen Armee Flieger – Oberleutnant – kämpfte in der weiß-russischen Armee gegen die Roten ... Der andere gefällt mir noch besser. Sein Vater war zaristischer Offizier. Gefallen, ebenso wie seine Brüder. – Mit 14 1/2 Jahren kämpfte er dann über 2 Jahre im Kampf zwischen Weiß und Rot. Er spricht fast alle klassischen Sprachen ... Er ist orthodox. Ich unterhalte mich lange über Religion. Interessant sein Ausspruch: „Je mehr man sucht, um so weniger findet man." –

Freitag, 31. X.
Die ganze Nacht über und den heutigen Tag über stehen wir schon hier – in Richtung auf Wjasma. Etwa noch 100 km bis dahin. Eben jetzt geht es weiter – 22 Uhr – hoffentlich ist es nicht nur ein Rangieren! – Hurra – er fährt schon!

Sonnabend, 1. XI. 41 – Allerheiligen
Die Nacht über gefahren – heute Morgen in Wjasma angekommen, den ganzen Tag hier gelegen. Ein trauriger, regnerischer Tag – Bahnhofsgelände zerstört – zum Teil schwelt und brennt es noch in den ausgebrannten Gebäuden. Jetzt ist es kurz vor Mitternacht. Dr. Reuter und ich lesen noch bei einer Kerze. Die Lichtmaschine tut es nicht mehr. – Morgen Sonntag – Allerseelen-Sonntag!

Sonntag, 2. XI. 41
Den ganzen Tag in Wjasma gelegen. Ziemlich trostlos. Still empfing ich die hl. Kommunion ...

Montag, 3. XI. – Allerseelen
Unverhofft heute früh abgefahren. Im Laufe des Mittags

kamen wir in Sytschewka an. Wie wir weiterkommen, ist ungewiß. Bahn geht nicht weiter. Straßen unpassierbar. –

... Allerseelen! – Wer ruft die Seelen der vielen Gefallenen? –

Dienstag, 4. XI.

Heute sitzen wir schon den ganzen Tag hier in Sytschewka. Stabsarzt Otto kam heute morgen aus Rshew und brachte die Nachricht, daß wir nicht so schnell es bis Rshew schaffen werden. 3 – 4 Tage rechnet er. Er kam mit einer Junkersmaschine. Die Schwestern und das Gros bleiben zunächst hier. Aber wir beiden Pfarrer wollen mit dem Vorkommando diesmal mit. Wahrscheinlich erst übermorgen. – Das Aggregat ist abgestellt – bei Kerzenschein lesen wir noch. Ich habe heute die Hl. Schrift wieder ausgepackt. Schluß des Mt-Ev.: „Seht, ich bin bei euch alle Tage bis ans Ende der Welt." – Ja, Herr, du bist bei uns – wirklich und wesentlich sogar. – Manchmal möchte ich ganz bei dir sein. – Wenn ich andere sehe, die in meiner Umgebung sterben ...

Mittwoch, 5. XI. 1941

... Morgen soll es mit dem Wagen weitergehen. Die Schwestern bleiben vorläufig hier im Feldlazarett. Unsere Güterwagen werden 20 km zurückgeschoben. Der Rest des Personals wartet dort. –

Donnerstag, 6. XI.

Abfahrt von Sytschewka über Subzow nach Rshew. Wege zum Teil katastrophal. Wolga!

Sonntag, 9. XI.

Heute früh pilgerte ich mit meiner Aktentasche über die Wolga zum Gottesdienst im Eßraum der Versprengten-Sammelstelle. Etwa 60 Kameraden waren gekommen. Ich gab Generalabsolution und reichte etwa 55 die hl. Kommunion. ...

Freitag, 14. XI.

... 14 Uhr Beerdigung von 4 Kameraden – große Kälte – ich konnte das Heft kaum halten ... Vor- und Nachmittag 256 und 251 besucht. Bei 251 der große Saal mit etwa 80 Verwundeten. Alle auf Stroh – fast einen Monat lang schon. Zum Abend – wie gewöhnlich – Pellkartoffeln. „Ich möchte mich wieder mal an Brot satt essen!" Hoffentlich klappt der Nachschub bald. – Groß ist die Sehnsucht nach der Heimat. „Weihnachten zu Hause!" – das ist der große Traum.

Donnerstag, 20. XI. 41

... viele Kameraden waren vorgestern abtransportiert worden. Enttäuschung bei den Zurückgebliebenen. –

Ich teilte von den vielen Päckchen, die ich gestern bekommen habe. Diese strahlenden Kinderaugen! – Dann rief mich der Arzt zu einem Sterbenden. Im dunklen Flur stand die Trage. Man hatte ihn hinausgeschafft. Er war evangelisch. Ich sprach ihm das Vaterunser vor und segnete ihn – blieb, bis er ganz still eingeschlafen war. Wie nahe ist mir doch schon der Tod ...

Donnerstag, 27. XI. 41

Vor- und Nachmittag im Hauptgebäude. Viele neue, schwere Fälle waren wieder gekommen ... Das Grauen des Krieges spürt man immer mehr aus den Gesprächen mit den Kameraden ...

Freitag, 28. XI.

... ich schreibe mir jetzt in einem übersichtlichen Plan genau auf, wo ich war, damit ich systematisch immer zu allen gehe. Man übersieht sonst zu leicht die „leichten Fälle". –

24. XII. –

Mitternacht – nach der Christnacht. –

Gott, du bist gekommen – komme auch zu mir. Jetzt ist es ganz still. – Vor mir liegt ein Bild von der Krippe: Die Anbetung des Kindes ...

27. XII. – Johannes

Heute will ich von den Feiertagen schreiben. Und doch ist man so leer – ausgepumpt! Ich hielt folgende Weihnachtsfeiern: ...

Freitag, 2. 1. 1942

Unser Lazarett ist überbelegt – auf allen Gängen, in den Fluren liegen die Verwundeten. Zum Teil mit dem ersten Notverband. Die Kriegspfarrer vom VI.A.K. sind vorgestern gekommen (Deinhardt, Pietsch). – Vor einigen Tagen besuchte mich auch Pfr. Knauf von der 253. I. D. – Heute ist Pfr. Dr. Jakubasch von der 256. I. D. hier. Leider habe ich ihn noch nicht sprechen können ...

Schlimm ist es mit den Beerdigungen. Ich hatte das letzte Mal 19. – Und noch liegen in den Lazaretten fast 100 unbeerdigt. Das Gräber-Schaufeln ist zu schwer. Die Gefangenen kraftlos – vorgestern brach einer tot zusammen. Der Boden betonhart. –

Sonnabend, 3. 1. 1942

... Und die Kameraden sterben einfach dahin. – Gestern abend kam Dr. Reuter ins Kasino: „Heute nachmittag sind auf meiner Station 8 Mann gestorben – acht Mann!" – Immer wiederholte er es. Er konnte es selbst nicht begreifen ...

Die Kameraden haben zum Teil Angst, daß die Russen nach hier kommen könnten. Die Lebensangst um den Abtransport! –

Die Flieger kommen auch schon reichlich – heute den ganzen Tag. Zum Teil Tiefangriffe. Vorhin schlug eine Bombe etwa 50 m von unserem Haus ein …

Die für den Weihnachtsgottesdienst
geschmückte Kirche in Rshew

Montag, 5. 1. 42

Bis zum Abend Räumung des Lazarettes. – Ich blieb die Nacht bei den vier Sterbenden.

„Ich blieb die Nacht bei den vier Sterbenden." Ein einfacher Aussagesatz, wie so viele andere in diesem Tagebuch. Und doch verbergen sich hinter diesen einfachen Sätzen erschütternde Erlebnisse, die nur erahnt werden können. Die „Geschichte" dieses einen Satzes aber ist bekannt:

Die Situation war kritisch, und es wurde befürchtet, daß der Russe in der kommenden Nacht die Wolga überqueren und damit auch in das Lazarett kommen würde. Der Befehl zum Rückzug kam, und bis zum Abend mußte auch das Lazarett geräumt sein. Innerhalb des Lazarettbetriebes brauchte es keiner speziellen Anweisungen. Jeder – und was wurde besonders von den Schwestern abverlangt – wußte, was nach einem solchen Befehl zu tun war. Am späten Nachmittag war das Lazarett geräumt: die Kranken, Verwundeten und Schwerkranken waren auf Lkw's geladen und abtransportiert worden. Aber da waren noch vier Schwerstverwundete, die im Sterben lagen. Man hatte sie schon in den Raum, in dem etwa 70 Tote lagen, getragen. Der Kommandeur wurde ungeduldig, als er den Pfarrer noch immer bei den Sterbenden stehen sah und forderte ihn auf, nun endlich zu kommen. Auf die Frage, was denn mit diesen vier Soldaten geschehen solle, lautete die Antwort: „Es ist sinnlos, sie mitzunehemen, sie sterben ohnehin gleich!" Es war schon möglich, daß ärztliche Kunst hier nichts mehr erreichen konnte, aber das Gebet des Priesters …?

Seinen Entschluß dazubleiben, äußerte er so entschieden, daß der Kommandeur gar nicht erst den Versuch unternahm, ihn davon abzubringen. Achselzuckend stieg er in den schon mit laufendem Motor wartenden Wagen und ließ den Pfarrer mit den vier Sterbenden allein. Er setzte sich an den Rand der Bahre eines toten Kameraden und hatte so die vier Sterbenden vor sich. Er betete den Rosenkranz, die Sterbegebete – auch wenn diese vier nichts mehr sagen konnten, vielleicht aber hörten sie ihn.

Der Lärm des Gefechtes wurde immer schwächer, nur gelegentlich vernahm er in immer weiterer Ferne Kanonendonner und das Aufschlagen von Granaten. Die Dunkelheit brach herein, und die Kerze verbreitete einen kleinen Lichtkreis um ihn und die vier Sterbenden. Wie der Arzt vorausgesagt hatte, starben diese vier in der Nacht. Es war schon eine eigenartige Stimmung: Nach der Betriebsamkeit des Nachmittags konnte er die Stille nun beinahe spüren. Er löschte die Kerze, und die Nacht umgab ihn, ohne Angst zu machen. Nun konnte er nichts mehr tun, als alle Toten in diesem Raum und alle Sterbenden dieser Nacht der Barmherzigkeit Gottes anzuempfehlen.

Plötzlich spürte er, wie sich auf der Bahre hinter seinem Rücken etwas bewegte. Da lag doch ein Toter! Narrte ihn die Dunkelheit, die Einsamkeit, die Müdigkeit? Er war hellwach, als sich der Tote aufrichtete und ihm über den Rücken fiel. In der Hektik der Lazarettberäumung war der Tod dieses Landsers diagnostiziert worden, aber er war nicht tot! Was wäre wohl geschehen, wäre der Landser aus dem Coma erwacht und hätte sich mitten unter toten Kameraden alleingelassen gesehen?

Der Russe hatte in dieser Nacht die Wolga nicht überquert; die Lage besserte sich und ein Teil des Lazarettpersonals kam am Morgen zurück. Sie fanden die vier Sterbenden tot, aber den Pfarrer mit einem lebenden Kameraden.

6. I. – 15. I.
Die Lage besserte sich. Der Stamm blieb auf der Südseite, auch ich und beerdigte die 77 Toten.

Freitag, 16. I.
Abfahrt von Rshew mit Lkw. Panne, – im Schlepp weiter. Übernachten in Koparicha, kurz hinter Sytschewka, in einer Kate.

Sonnabend, 17. I.
Ankunft in Wjasma. Übernachten im Lazarett.

Sonntag, 18. I.
Mit dem Lazarettzug nach Nisskarischa bei Smolensk.
...

Montag, 19. I.
Im ungeheizten D-Wagen – 19° Minus.

Dienstag, 20. I.
Früh Ankunft in Colodnia (vor Smolensk). Keine Lok.
Beim Roten Kreuz einige Stunden noch geschlafen. Dann
mit Pkw nach Nisskarischa.

Mittwoch, 21. I.
Ausgeschlafen und aufgewärmt. Ziemlich elend.

Dienstag, 27. I.
Auf Fleckfieberstation. Die Kranken z. T. ganz abwesend
– verstörter Eindruck. Wollen reden und können nicht. –

Montag – Donnerstag, 23. – 26. II. 42
Die Abfahrt von Wjasma hat sich noch verzögert. Erst
am 24. II. mit der Bahn auch Rshew. Ankunft in der Nacht
am 25. II. Unterkunft in Rschew. Am Dienstag, 24. II. Wei-
termarsch nach Kowijnewo (etwa 5 km südlich von
Rshew). Ortsunterkunft. Mit Kriegspfarrer Pack zusammen
und Rittmeister Sturm. – Ein enger Raum. Ich stoße wirklich mit dem Kopf an die Decke. – Hier kaum Zelebrations-
möglichkeit.
Am Donnerstag mit Kriegspfarrer Pack nach Rshew gegangen. Besuch von Kriegspfarrer Deinhardt. Ich erschrak
sehr, als ich das Panjehaus, in dem er wohnte, von einer

Bombe zerstört vorfand. Einige Häuser weiter mußte er ziehen: Ihm selbst ist Gott sei Dank nichts passiert. – Heute nachmittag kam Oberst Weber zu Rittmeister Sturm. Dabei konnte ich mich gleich melden. Ich will noch etwas im N. T. blättern.

Christus, laß mich nicht los. Laß mich auch jetzt in dem bewegten Leben, wo ich nicht die Stille und Einsamkeit eines Raumes für mich habe, nicht aus den Augen. – Ich muß mich ja jetzt bereithalten. Bald kannst du mich rufen – und dann will ich gerüstet sein, zu dir zu gehen.

Montag, 2. III. 42

Telefonische Vorbereitung zum Besuch der Regimenter.

Montag, 9. III. 42

Umzug nach Polunino. Ob-Gefr. Hügel, mein Küster, meldet sich früh mit 39,4° Fieber krank. Hoffentlich ist es keine Lungenentzündung, da er über Stechen beim Husten klagt. – Nach einigem Hin und Her erhalten wir schließlich Nr. 47 vollständig verwanzt! – Bettenbau und der Abend war da.

Dienstag, 10. III. 42

Die Tapeten (!) mußten herunter. Hunderte von Wanzen! Die Wände abgeschmiert. – In der Mitte der Zimmers eine Wand gezogen, so daß ich früh wenigstens zelebrieren kann. –

Mittwoch, 11. III. 42

Wir haben heute noch den ganzen Tag mit Einrichten vertrödelt. –

Früh jedoch konnte ich zelebrieren. Gott sei Dank! ... Nachmittags in der Kartenstelle. Eintragung der Ortslage der Einheiten. – Es ist Abend. Mein kleines Fleckchen ist ganz heimatlich geworden. Wie brauchen wir doch etwas, wo wir uns zu Hause fühlen – und wenn das nur durch ein, zwei Bilder erreicht wird. Neben mir brennt eine kleine Petroleumlampe – ohne Zylinder – gerade hell genug, um etwas lesen und schreiben zu können.

Freitag, 13. III. 42

Die angesetzte Fahrt zum Infanterieregiment 456 konnte nicht unternommen werden, da man bei diesem Schneesturm kaum vor die Tür kam. Wagen und Schlitten ausgeschlossen! ...

Sonnabend, 14. III. 42

Auch heute früh kam man noch nicht heraus. Alle Straßen noch vereist. – Vormittags einer Kriegsgerichtshandlung beigewohnt. –

Sonntag, 15. III. 42

... zur I. K. 84. Da der Weg einzusehen ist, konnten wir nur abends losmarschieren. –

Montag, 16. III. 42

Am Montagabend bei Dunkelheit kamen wir in Ramanow an. Von dort mit einem Essenholer zum 1. Bataillon. ... In der Nacht ging ich dann in die Unterstände ... Wie primitiv und einfach leben doch hier die Kameraden. Die Bunker z. T. nur einen reichlichen Meter hoch. Von der Decke tropft das Wasser, der Boden feucht, kaum eine trockene Pritsche – kein Fenster. Nachts Stellungsbau und Posten – tags im Bunker. – Kein Feuer, da dies dem Feind die Lage verraten würde. Im Morgengrauen konnten wir in Schneemänteln noch zum 2. Bataillon hinübergehen. Im Unterstand des einen Kompanie-Führers blieben wir den Vormittag – und konnten auch einige Stunden schlafen. Die Bunker der 2. Abteilung liegen in einem zerschossenen Dorf, und da der Boden unter den

Häusern nicht gefroren ist, konnte man besser bauen ... Im nächsten Dorf sah man die Bewegungen des Russen, der wohl eine Truppenverschiebung vorhatte. Ziemlich starke Beschießung mit Schrapnells. Wie Bienen summt es dann in der Luft, und in den Bäumen und zerschossenen Häusern hört man das leise Aufklatschen der Kugeln. –

Nachmittags ging ich zum Bataillon. Dort traf ich einen Franziskaner aus Carlowitz ... In einem zerschossenen Haus konnte ich ihm still die Kommunion geben. Bei einbrechender Dunkelheit gingen wir zum Bat.Gef.Stand und dann über Ramanow nach Hause. Ziemlich „erschossen" kommen wir hier an.

Dienstag, 17. III. 42

Schreibarbeit, im übrigen haben wir uns erst einmal ausgeschlafen.

Mittwoch, 18. III. 42

Vormittag nach Rshew ... Abends zum I. R. 476. zunächst mit dem Wagen bis Telenkowo. Unterwegs im Schnee steckengeblieben. Nach Telenkowo zu Fuß weiter, nachdem wir eine Stunde vergeblich geschaufelt hatten ... Zu Fuß weiter bis Wychiwo. In der Dunkelheit wiesen uns Melder zum 1. Bataillon ein. Die Bunker liegen in Sacharewo – verhältnismäßig gut. Stimmung schlecht. Die Kameraden freuten sich doch darüber sehr, daß wir nach vorn kamen. „Andachten" habe ich nicht gehalten. Ich muß mich erst bekanntmachen. Gespräch kam zum Schluß irgendwie auf Religion – Gebet – Gott. Im Morgengrauen bringen uns Melder zurück. Zu Fuß bis Telenkowo. – Dort stand noch unser Wagen. – Ohne Panne nach Hause. –

Donnerstag, 19. III. 42

Heute früh zurück. Bis zum späten Nachmittag geschlafen. Rechter Fuß etwas kaputt. Hoffentlich hindert mich das nicht in der Tätigkeit. –

Freitag, 20. III. 42

Der Fuß hat sich doch ziemlich entzündet und ist geschwollen. So muß ich still zu Hause sitzen. Besuch von Kriegspfarrer Kurschatke von der 26. I. D.

Sonntag, 22. III. Passionssonntag

Bei 481. (südlich Rshew) den ganzen Tag unterwegs.

10.00 Turbajewo	5. Kompanie
11.00 Scharlajewo	7. u. 8. Komp.
14.00 Sacharewo	Stabskomp. und Stab II
15.15 Sbojewo	13. u. 14. Komp.
17.00 Turbajewo	Veterinärkomp. u. Troß

Am Vormittag habe ich die hl. Messe gefeiert. Zunächst in einer Panjebude, dann in einer offenen Scheune. Es war doch noch ziemlich kalt – etwa 15° Min. Der Feldwebel, der ministrierte, hielt den Wein bis zur Opferung in der Tasche, damit er nicht gefror – aber es ging. Nur das Wasser war halb gefroren.

Zwei Theologen – übrigens alte Bekannte aus Polozk – traf ich wieder: Gefr. Absmeier 2. Semester und Gefr. Grall 5. Semester.

Nachmittag nur Andachten gehalten. Abends ging ich 20 Uhr nach Hause. –

Dienstag, 24. III. 42

Zum I. R. 693, 1. Bataillon. – Zunächst bis Telenkowo mit dem Kübelwagen und dann zu Fuß weiter. Gegen 11 Uhr beim Bataillon. – Gerade Beschuß, so daß wir im Bunker warten mußten. Nach dem Mittagessen beginnen wir. Ich ging linke Dorfhälfte. – In dem einen Bunker – vorgeschobene Scheune – wieder kräftiger Ari-Beschuß. Genau auf die Scheune. Der Posten bekam einige Holzsplitter ab. Als ich dann bei einer Feuerpause weiterging, kamen auch wieder die Brocken. Unwillkürlich duckt man sich bei dem Zischen des ankommenden Geschosses. Eine kleine Schneeladung bekam ich von einem noch ab. – Die Bunker im allgemeinen gut. Bei einigen war es schwer, in ein religiöses Gespräch zu kommen. –

Donnerstag, 26. III. 42

Früh um 8 Uhr zum I.R. 456. Schon nach einigen hundert Metern bleiben wir mit dem Wagen im Schnee stecken – dann weiter bis Gabowo. Von dort zu Fuß zum Hauptgefechtsstand. Weiter zum Bataillon und zu den Kompanien. Heute habe ich in den Bunkern regelrechte Andachten gehalten ... Wie in der Katakombe ... Dabei fiel mir ein Oberfeldwebel auf. – Nachher traf ich ihn nochmals beim Bataillons-Führer, wo er gerade den Befehl für einen Spähtrupp entgegennahm – in die feindlichen Linien hinein ... Jetzt muß er unterwegs sein. Es ist Abend. Dunkel. Der Schneesturm heult. Hoffentlich kommt er heil wieder. Herr beschütze ihn. –

Freitag, 27. III. 42

Krgpfr. Kurschatke besucht ...

Am Nachmittag nach Telenkowo mit dem Wagen. Von dort zu II/476. Zunächst alle Einheiten in Glebowo besucht und kurze Andachten gehalten. Dann zum vorgeschobenen Zug und schließlich die HKL entlang. Überall wurden kleine Andachten gehalten. Manchmal frage ich mich, ob das die rechte Form ist – oder ob ich nicht „katholischer" alles gestalten müßte (Generalabsolution etc.). Doch diesen Menschen muß ja vielfach Christus erst wieder verkündet werden, für sie ist doch Christus vielfach nur eine Gestalt aus der Kirchengeschichte – nicht mehr –, aber noch nicht Licht und Leben. Manchmal fühlt man sich fast in Urzeiten zurückversetzt. In diesen primitiven Bunkern – beim Schein eines kleinen Hindenburglichtes, das zuweilen nicht einmal mehr Öl hat, sondern mit Schuhcreme gespeist wird – in dieses Halbdunkel – außen und innen möchte ich sagen – fallen die Worte von Christus, vom Vater – und warten, ob sie wie ein Samenkorn aufgehen.

Montag, 30. III. 42
... Heute Nachricht von Zuhause: Herbert ist verwundet – Pfr. Buchali verhaftet. So beginnt die Karwoche, Herr, gib beiden deine Kraft. –

Dienstag, 31. III. 42
Pausiert! Geburtstag von Oberst Weber. Selbst die Regimentsmusik von 481 brachte ihm ein Ständchen. Merkwürdig wie das klang, so einige Kilometer hinter der Front! –

Mittwoch, 1. IV. 42
... Heute habe ich Post bekommen, – von Weihnachten noch. Einen ganzen Sack voll! –

Karfreitag, 3. IV.
Gottesdienst in Rshew. 52 Teilnehmer – viele aus O/S.

Ostersonntag, 5. IV. 1942
„Ich lebe und auch ihr sollt leben" Joh 14,20. Ein strahlender Morgen. Hauptgefechtsstand. – Um 10 Uhr Gottesdienst für den Divisionsstab in einer Schule ... Nachmittags beim Hpt. Gef.Stand in Ramanow – weiter nach Kuschunowo – im Bunker nur eine Andacht gehalten – Spendung der Osterkommunion. – Ich bin jetzt direkt zur Division versetzt (ab 5. März 42).

Ostermontag, 6. IV. 1942
Heute früh griff der Russe beim I. R. 84 an. Mit Panzern.

Drang in die H.K.L. ein. Hoffentlich sind alle lieben Kameraden heil. Darunter auch der San.Gefreite Mika (OFM).

Wir haben daraufhin unser Vorhaben, zu 476 zu fahren, nicht ausgeführt, da wir nicht wußten, ob wir nicht auf dem Truppenverbandplatz nötig wären. Aber nur ein Kamerad soll als Verwundeter bis jetzt nach Rshew gebracht worden sein. Volltreffer in einem Bunker der Aristellung, bei der wir gestern waren. –

Dienstag, 7. IV. 42

Früh nach Timofeijewo zum Hauptverbandplatz. Einige Verwundete, denen ich die hl. Kommunion brachte. Es ist doch etwas anderes, jetzt kennen mich die Kameraden schon vom Besuch in den Bunkern. Die meisten werden sofort nach Rshew weitertransportiert. 52 Verwundete, 11 Tote, auch Obltn. Klemm, in dessen Bunker wir damals tagsüber weilten. R.i.p.

… Zurück nach Wasjukowo. Das Haus, in dem gestern der Gottesdienst angesetzt war, bekam einen Volltreffer, etwa zur Zeit, wo der Gottesdienst stattfinden sollte …

Weißer Sonntag, 12. IV.

Die letzte Einheit der Division besucht … Mit Wagen bis an die Bahn und dann auf Schienen weiter. Zurück über Telenkowo. Schlamm über Schlamm. Die toten Pferde kommen jetzt alle aus dem schmelzenden Schneewasser. Meist sind es ja nur noch Kadaverteile …

Am Abend ging ich nach Ramanow zum Wagenhalteplatz. Unterwegs traf ich drei Verwundete, die zum Hauptverbandplatz nach Timofeijewo wollten. Stundenlang schon unterwegs. Der eine mit einem Rippendurchschuß bekam schon schlecht Luft. Richtige „Frontschweine", dreckig schleppten sie sich durch den tiefen Schlamm, durch das Wasser und den Pappschnee. Gerade haben wir sie bewirtet. Und nun sind sie ausgeruht ganz zufrieden weitergezogen. – Eine Lehre für mich: Die Vorhaben immer ausführen – und den Scheingründen dagegen keinen Raum geben. Die innere Anregung zur Arbeit stammt gewöhnlich vom „guten Engel"! Nun bin ich ehrlich müde. 25 km bin ich doch heute etwa marschiert – meist durch Schlamm.

Montag, 13. IV. 42

Die Nacht hindurch bei I/84. Die Wege total aufgeweicht, Schlamm. Als ich in den Bataillonsgefechtsstand hineingehen will, höre ich ein „verdächtiges Rauschen". Fühle mit dem Fuß vor – Wasser. Der Bunker ersoff ... Gehe mit dem Sanitäter von Bunker zu Bunker. Die Männer fast alle übernächtigt. Die ganze Woche – von Ostermontag an – hatten sie ja Angriffe. Tags vorher noch von früh bis abend. Furchtbar das Schreien der verwundeten Russen im Umfeld. Gott – das ist das Grauen des Krieges. Hoffentlich werden sie noch geholt. – Im Morgengrauen dann zurück. Ich schöpfte mit einem Stiefel auch noch Wasser – aber es war ja schon alles gleich. –

Mittwoch, 15. IV. 42

... Ich will diese Nacht nach Naumowo, Deschewka. – Merkwürdig, was für Stimmungen man manchmal hat. Gott. –

Donnerstag, 16. IV. 42

Von Ramanow allein über Karschunowo nach Naumowo zum Truppenverbandplatz ... Weiter bis Bataillongefechtsstand ... Der Meldebunker ist abgesoffen. Im Gefechtsstandbunker rauscht das Wasser von den Wänden. Durch einen Wassergraben im Bunker geht es aber. – Mit Melder bis Deschewka. Etwa 100 Tote liegen noch da. Einige tote Kameraden werden gerade heruntergetragen. Früh war der Russe wieder in einem Bunker – alle 24 tot, bei denen ich vorgestern Nacht noch war. Unfaßbar. – In den Laufgräben das Wasser 20 – 30 cm tief. Die meisten haben Reißen in den Gliedern. Sie sind wirklich fertig. Manche haben zwei, drei Tage nicht geschlafen …

Sonntag, 19. IV. 42

Nachmittags Gottesdienst in Rshew … Nachher Besuch bei Kriegspfr. Kurschatke im Seuchenlazarett. Es geht ihm Gott sei Dank besser, und er wird das Fleckfieber wohl überstehen. Er erkannte mich doch schon wieder. – In Rshew ist schon richtiger Etappenbetrieb. Die Landser mit Mädel spazieren, den Fotoapparat umgehängt. – Und einige Stunden Fußmarsch die Kameraden im größten Dreck. Man fühlt sich unbehaglich. – Wenn die Kameraden von Deschewka das wüßten! –

Donnerstag, 30. IV. 42

Feldlazarett 256 in Rshew. Etwa 160 Fleckfieberkranke …

Freitag, 8. V. 42

Tagsüber in Deschewka. – Es ist ein furchtbares Bild des Kampfes. Hunderte von Blindgängern. Auf jedem Quadratmeter liegen die Eisensplitter der Granaten. Der Schnee hatte vieles liebevoll zugedeckt. Jetzt, nach dem Tauwetter kommt alles zum Vorschein. Auf einem kleinen Abschnitt zählte ich über 120 Tote – Zum Teil liegen sie noch in den Schneehemden – wie ein flatterndes Leichentuch. Furchtbar der Anblick der ausgebrannten Scheune, in die man die Toten im Dorf hineingegeben hat und dann anzündete. – Was ist der Mensch! …

In den Bunkern die Kameraden. Einige hatten etwas Korn gefunden – mit einer Handmühle gemahlen und bereiten sich gerade eine Mehlsuppe. – Andere hatten die „Einsichtsstraße" zu ihrem Bunker mit Weidenkätzchen links und rechts eingezäunt. –

Der Rest sind Trümmer – ausgebrannte Häuser und die entästeten Bäume, die ihre Stämme wie Stümpfe in den Himmel hineinrecken. –

Montag, 11. V. 42
Im Feldlazarett 256. Alles Fleckfieber.

Dienstag, 12. V. 42
Wieder im Feldlazarett 256. Ein Berliner, der nach 3 Jahren Soldatenzeit zum ersten Mal einen kath. Kriegspfarrer sah!

Sonnabend, 23. V. 42
Ausgeruht – Beine vom vielen Laufen kaputt – und Predigtvorbereitung. Müßte aber besser werden. Morgen Pfingsten!
Gefr. Absmeier ist mit hohem Fieber zum Hauptverbandplatz abtransportiert worden. Hoffentlich hat er kein Fleckfieber.

Sonntag, 24. V. 42
Gottesdienste ...
Abends nach Hause – müde. – Zum Hauptverbandplatz Timofeijewo, wo Absmeier mit Fieber liegt. –

Montag, 25. V. 42
Gottesdienste ...
Nachmittags Besuch von Kameraden. Ziemlich kaputt – wahrscheinlich Fieber. – Vor kurzem hörte ich, daß Absmeier nach Rshew transportiert wurde, – er hat Fleckfieber. Gott-Vater, schenke ihm deine Kraft. – Maria, du Heil der Kranken, nimm ihn unter deinen schützenden Mantel. –

Hier endet das Tagebuch. Wenig später packt auch ihn das Fleckfieber. Als er nach tagelanger Besinnungslosigkeit die

Umgebung wieder wahrnahm, erzählte ihm eine Kranken-schwester, daß er sein Leben einem russischen Gefangenen verdanke. Diesem Gefangenen hatte er selbst das Leben ge-rettet; als dieser wegen eines geringfügigen Vergehens er-schossen werden sollte, hatte er bis zum Divisionskomman-deur Fürsprache für ihn eingelegt. Welche Fügung, daß ihre Blutgruppen übereinstimmten. Der russische Gefangene spendete Blut und wich Tag und Nacht nicht von seinem Krankenlager.

Nicht oft aber in diesen Tagen der Finsternis hatte sein Einspruch Erfolg. Und die Nächte mit den zum Tode Verur-teilten waren lang. Eine dieser Nächte blieb besonders in Erinnerung; Jahrzehnte später – es war im Rosenkranzmonat Oktober und das Gespräch kam darauf, daß viele Katholiken heute keinen rechten Zugang zu diesem Gebet mehr hätten – erzählte er von seiner „Beziehung" zum Rosenkranz:

Während des Krieges – zunächst als Sanitäter, dann als Kriegs- bzw. Divisionspfarrer – war der Rosenkranz mein ständiger Begleiter, denn oft habe ich in diesen Jahren auch von der päpstlichen Dispens Gebrauch gemacht, statt des Breviergebetes den Rosenkranz zu beten. Die Kraft dieses Gebetes aber habe ich erfahren in den nächtlichen Stun-den, die ich in den Zellen der zum Tode Verurteilten ver-brachte. Was sollte ich diesen jungen Menschen sagen? Zumeist waren sie – vor allem gegen Ende des Krieges, als auch dem letzten „Regime-Anhänger" klar geworden war, in welch unseligem, bald verlorenen Krieg er kämpfte – wegen Fahnenflucht als „Deliquenten" verurteilt und erhielten am Abend die Nachricht, daß sie am nächsten Morgen erschossen würden. Und sie hatten doch so ge-hofft, daß ihr Gnadengesuch angenommen würde!

Wieviel an Verzweiflung, Auflehnung und Angst – wie-viel an Hoffnungslosigkeit habe ich in diesen nächtlichen Stunden erlebt.

Und bis heute bleibt mir das Gesicht eines dieser jungen Männer in Erinnerung. Es war in der Nähe von Rom. Auch ihn hatte ich – wie alle anderen vorher – aufgefordert, seinen Eltern (bei Verheirateten der Frau) einen Abschiedsbrief zu schreiben. Ich versprach, den Brief am nächsten Tag mit einem persönlichen guten Wort abzuschicken. Der Gruß war bald geschrieben – und die Nacht war lang. Und immer wieder die aufbäumende Frage: Warum – warum? – Wer konnte diese Frage schon beantworten!

Nachdem ich ihn auf den Empfang der Sakramente vorbereitet und ihm diese gespendet hatte, nahm ich meinen Rosenkranz. Wenige Tage zuvor hatte ich irgendwo in den Albaner Bergen das Kreuz des Rosenkranzes verloren. Einer alten Bäuerin hatte ich versucht, mein Mißgeschick zu erklären. Als sie in mir trotz der deutschen Soldatenuniform den katholischen Priester erkannte, wich der mißtrauische Ausdruck in ihrem Gesicht einem verstehenden Lächeln. Spontan holte sie ihren Rosenkranz aus der Tiefe ihrer Rocktasche, riß das Kreuz ab und reichte es mir. Wann immer ich diesen Rosenkranz zur Hand nahm, fühlte ich meine Anliegen durch das Gebet dieser alten Bäuerin mitgetragen.

Ich begann laut zu beten. Der junge Mann schwieg. Aber ich sah an seinem Gesicht, daß ihn die Frage nach dem Warum noch immer quälte. Hörte er auf mein Gebet? „Der für uns Blut geschwitzt hat." –

Hatte nicht Christus – wie er jetzt – Todesangst ausgestanden? – Und es muß wohl in seine Verlassenheit eingedrungen sein, denn lautlos zunächst betete er mit; ich sah es an seinen Lippen. Und dann antwortete er: „Heilige Maria, Mutter Gottes, bitte für uns Sünder, jetzt und in der Stunde unseres Todes."

Ich weiß nicht, wie oft meine Finger am Ausgangspunkt des Rosenkranzes ankamen und die Abbildung des Gekreuzigten spürbar wurde. Ich weiß nur noch, wie allmählich die unsagbare Trostlosigkeit aus dem Gesicht des jungen Mannes verschwand. Es war keine Ergebenheit in das unausweichbare Schicksal, es war vielmehr Zuversicht und Vertrauen in eine Zukunft, die zu erleben ihm bald bestimmt war.

Als ihn kurz nach Mitternacht die Müdigkeit überkam, forderte ich ihn auf zu schlafen; ich würde allein weiterbeten, ihn aber vor Anbruch seiner letzten Lebensstunde wecken. Er legte den Kopf auf meine Knie und schlief bald vertrauensvoll wie ein Kind. Er war ja auch beinahe noch ein Kind, denn zum Ende des Krieges wurden die Landser immer jünger. Ungezählte Male betete ich den Rosenkranz. Und auch ich empfing den Trost, den menschliche Worte nicht zu geben vermögen.

Die letzte Stunde war angebrochen. Er war hellwach, als ich ihn weckte. Und er betete mit mir, als hätte es die Unterbrechung durch den Schlaf nicht gegeben. Aber schon bei seiner ersten Antwort wußte ich, daß auch er Zugang zu diesem trostvollen Gebet gefunden hatte. Er betete nicht mehr „jetzt und in der Stunde UNSERES Todes", sondern „jetzt und in der Stunde MEINES Todes".

Nach der Erschießung wurde ich vom kommandogebenden Offizier gefragt, woran es wohl läge, daß dieser junge Soldat so ruhig in den Tod gegangen war. Wie sollte ich ihm erklären, daß die Mutter des Herrn, die den Tod ihres Sohnes so unmittelbar erfahren hat, auch diesem Todgeweihten mit ihrer mächtigen Fürsprache nahegewesen ist.

Die vor Rshew völlig zerschlagene 65. Division wurde im Sommer 1942 an der Westfront neu gesammelt und zusammengestellt.

Aus dieser Zeit – vor allem aber auch aus der Zeit der russischen Kriegsgefangenschaft – gibt es von vielen Kameraden Erinnerungen an ihn und seine Tätigkeit als „Kasak" – katholische Sündenabwehrkanone –, wie die Landser den katholischen Pfarrer nannten. Einige Erinnerungen sind vor längerer Zeit schon geschrieben, andere anläßlich seines 80. Geburtstages, alle aber zeichnen ein Bild von seinem hingebungsvollen Dienst „für andere":

Die Sonne weint –
auch im sonnigen Süden

In diesen Wochen vor 50 Jahren sind wir uns zum ersten Mal begegnet. (Eigentlich noch ein Grund zum Feiern!) Es war auf dem Truppenübungsplatz Maria ter Heide in der Nähe von Antwerpen. Du warst ein schmucker und auch schneidiger junger Kriegspfarrer – damals gerade 30 Jahre alt. Daß Du aber kein junger „Kaplan" warst, wurde uns schnell klar, als Du Deinen Kradmantel ausgezogen hattest, und wir das rote Band des „Gefrierfleisch-Ordens" an Deiner Uniform sahen.

Wir wurden ja als Division neu aufgestellt, da die alte 65. I.D. in Rußland völlig aufgerieben war. Mancher alte Haudegen mit viel „Blech" am Waffenrock wurde mit uns jungen Soldaten gemischt. Wir noch nicht „Belasteten" wurden mit sehr viel „Erfahrung und Härte" vorbereitet auf das, was auf uns zukommen sollte.

Es war für uns junge Soldaten – wir hatten ja alle erst so 20 Lebensjahre, und keiner kannte das Soldatenleben – ein Stück aus unserer daheim gelassenen Welt, wenn Du uns zum Mitfeiern der Eucharistie eingeladen hast. Dort, unter den flämisch sprechenden Menschen, machten wir auch zum ersten Mal die Erfahrung, wie groß der Reichtum der in der lateinischen Sprache gefeierten hl. Messe ist, wenn wir einen Gottesdienst in der Kirche in Brascat mitfeierten.

Lange waren wir nicht im Antwerpener Raum. Dann wurden wir zum „Küstenschutz" nach Holland auf die Insel Walcheren verlegt. Dort waren wir dann vom Spätsommer 1942 bis zum April/Mai 1943. Ich wurde der Regimentsvermittlung des I.R. 145 zugeteilt. So konnte ich während des naßkalten Winters doch längere Zeit in einem angenehm warmen Haus verbringen.

Dein evangelischer Kollege war Herr Pfarrer Hut, mit dem keiner von uns so recht was anzufangen wußte, obwohl er als Pfarrer in Frankfurt/Main Nachfolger des Vaters von Hannfried Walther war, der mich ja sonntags meist zur „Konkurrenz" begleitete, weil er sich in dem von Dir gestalteten Umfeld wohlfühlte.

Um Dir noch so einige Dorfnamen in Erinnerung zu bringen, die Du ja mit Deinem „fahrbaren Untersatz" aufgesucht hast, und in denen wir unsere „Strippen" ziehen mußten, sei nur Domburg, Koudekerke und Westkapelle genannt. Du hattest ja so ein richtig gemütliches holländisches Häuschen nahe an Middelbourg. Sonntagnachmittags sind wir oft mit der Straßenbahn – die Linie gibt es heute noch – zu Dir gefahren.

Ich sehe das Haus, das keine Gardinen zur Straßenseite hatte, heute noch vor mir. In Deinem „Empfangsraum" im Erdgeschoß hattest Du eine gemütliche Polstergarnitur mit Clubtisch, auf dem zu unser aller Freude meist eine Flasche mit sonst schwer beschaffbarem „geistigem Inhalt" stand. Gebäck und Zigaretten sorgten zur Abrundung der gemütlichen Geborgenheit.

Du hattest es verstanden uns eine kleine Insel anzubieten. Vom Äußeren her, aber – und das war für uns so wichtig, die wir uns fremd in diesem anderen Lebensraum fühlten – auch im geistigen und religiösen Raum. Wir hatten nicht nur „fromme Gespräche", sondern lachten viel und aus vollem Herzen – aber eben anders und über Anderes als in unseren Unterkünften.

Eben habe ich das Buch LEBEN CHRISTI von Giovanni Papini zur Hand genommen. Du hattest es mir nach einer Reise zu einer Kriegspfarrer-Konferenz nach Paris mitgebracht. Als Widmung hast Du mir am 25. 3. 43 hineingeschrieben: „Euch ist die Gnade verliehen an Christus nicht nur zu glauben, sondern auch für ihn zu leiden" (Phil 1,29). Das Buch hat den Krieg bei mir überdauert und mich in den späteren Jahren immer wieder bereichert.

Im Anschluß an Holland ging es ja dann für einige Wochen in die Normandie. Wir trafen uns dort durch einen Zufall einmal bei dem großen Standbild des hl. Bernhard v. Clairvaux, vor der Ruine des Domes von St-Omer.

Da mein Vater schwer erkrankt war, bekam ich seinerzeit Heimaturlaub. Als ich mich zurückmelden wollte, war die Division schon nach Italien verlegt. Ich reiste also nach und holte den „Verein" in Villach wieder ein. In diesem Raum wartete die Division ja auf die „Weiterreise" nach Italien.

Während dieses Abschnittes sind wir uns – meines Erinnerns nach – nicht begegnet. Wir trafen uns erst wieder in Ravenna – besser noch vor der Stadt – in der wunderbaren alten Kirche S. Apollinare in Classe. Du konntest dort die hl. Messe feiern. Wir waren beide sehr froh.

Dann ging es weiter zum Sangro, in die so verlustreichen Kämpfe. Dort sind die ersten unserer Kameraden gefallen, mit denen wir ja nun ein Jahr zusammen gelebt haben. Nach den Erlebnissen mit den indischen Soldaten und ihren langen Macheten war für die meisten von uns vieles anders. Wir beide trafen uns einmal gegen Ende der Schlacht in Chieti, als ich zum Arzt mußte. Du kamst – wie immer – mit Deinem Krad, und wir tauschten die bedrückenden Erlebnisse dieser Wochen aus.

Wir wurden dann zurückgezogen auf die andere Seite des italienischen Stiefels. Es brachte ein wenig Zeit sich zu sammeln, sich auch während mancher „Wache" nach dem Sinngehalt des Lebens zu fragen. Ich mußte dann im Winter für einige Wochen nach Florenz ins Lazarett. Da ich später „gehfähig" war, konnte ich mir die Stadt „erlaufen". Das Zusammenwirken von Geschichte, Kunst und Harmo-

nie nach dem Vorhererlebten brachte Ruhe ins Aufge-
wühltsein.

Im naßkalten Winter (Jan./Febr. 44) wurde die Division
dann nach Süden verlegt. Tagsüber mußten wir ruhen.
Nachts wurde gefahren, geritten und marschiert. Der Luft-
raum war so von den amerikanischen und britischen
Jagdbombern beherrscht, daß sich ja keiner von uns auf
der Straße sehen lassen durfte.

Jede Nacht kamen wir ein Stück näher an die ewige
Stadt, die wir dann um Mitternacht durchquerten. Der
Größe und Ruhe ausstrahlende Petersplatz mit der Kuppel
Michelangelos über St. Peter beeindruckte uns alle außer-
ordentlich. Links war der „weiße Streifen", den keiner von
uns überschreiten durfte. Exterritoriales Gebiet! Nur das
Fenster im Arbeitszimmer des Papstes war in der mit
schweren Wolken verhangenen Nacht erleuchtet.

Der Weg führte uns dann in den Raum Anzio-Nettuno, in
dem die Amerikaner einen weiteren Brückenkopf gebildet
hatten. Als wir dort hinkamen, fanden wir eine normale Landschaft vor. Kärgliche Bauernhöfe, die von ihren Besitzern
aber schon mit ihrem Vieh verlassen waren. Auf der „Schotterstraße", die uns später viele Tote und Verwundete gekostet hat, war ein spärlicher Verkehr zwischen den beiden
Städten und Rom.

Wir gruben uns gegenüber der berüchtigten Höhe 414 in
Erdlöcher ein. Fast sechs Wochen lagen wir dann in diesen
Stellungen. Die Erde wurde von den ständig angreifenden
Fliegern und den 42 cm Schiffsgranaten regelrecht umge-
pflügt. Der „Schafsstall" in dem Du so manchen unserer
Männer verbunden hast, wurde zur Ruine, von der nur noch
die Balken bizarr in den Himmel ragten.

Während der Kar- oder Osterwoche ließ für wenige Tage
das unsägliche Prasseln der Bomben und Granaten nach.
Auf einmal schaute ein Stahlhelm und darunter „unser Pfar-

rer" in unseren Unterstand. Du begannst mit uns Eucharistie zu feiern. Mußtest dann aber nach der Wandlung doch abbrechen, da die Bomberei wieder anfing. Aber wir konnten uns noch ein wenig sprechen.

Gräber für die ersten Gefallenen

Denn sonst sahen wir Dich ja nur in Deiner blutüberströmten Uniform, um Verwundete zurückzuschleppen zu den Verbandsplätzen; oder einem unserer gefallenen Kameraden das letzte Kreuz auf die Stirn zu zeichnen.

Denkst Du noch daran, als wir die ersten Gefallenen auf dem von uns angelegten Friedhof am Rande von Castel Portinano begraben haben? (Ich habe noch ein Foto, das Dich vor der ersten Reihe der frischaufgeschaufelten Gräber beim Gebet für die Toten zeigt.)

Aber neben all dem Verzweifelnden und Schmerzvollen gibt es auch eine für mich – durch Dich ausgelöste – Erinnerung, die mich nicht wieder verlassen hat. Ich kam am Anfang der Kämpfe ins Lazarett am km-Stein 7 vor Rom, und mußte dort etwa gut eine Woche bleiben. Eines Vormittages standest Du plötzlich in voller „Kriegsbemalung" vor mir und sagtest: „Mach Dich fertig! Ich habe mit dem Arzt gesprochen. Du darfst mit mir nach Rom fahren. Ich habe für uns eine Audienz beim hl. Vater klargemacht!" Und draußen stand Dein B-Krad. Wir fuhren zusammen einem reichen Tag entgegen.

Du wirst Dich vielleicht nicht mehr an diese Audienz erinnern, da Du ja öfter mit dem Papst zusammengekommen bist. Aber für mich war es wirklich eine andere Welt, in die Du mich geführt hast. Ich weiß nicht mehr, wo Du Dein Krad geparkt hast. Manchmal glaube ich mich zu erinnern, daß Du es am Camposanto abgestellt hast. Jedenfalls gingen wir durch eine Reihe von Räumen des apostolischen Palastes, die für mich ungeheuer beeindruckend waren.

Jedenfalls standen wir wenigen Männer – vom einfachen Soldaten bis zum Oberst – in Erwartung des Papstes in diesem herrlichen Renaissance-Saal. Dann wurde die Tür geöffnet, und die hohe, schlanke Gestalt Pius XII. kam in den Saal. Nach einer kurzen Ansprache in deutscher Sprache ging er auf jeden einzelnen von uns zu. Er sprach ihn mit seinem Dienstgrad an (ein Monsignore hatte vorher darum gebeten, dem hl. Vater den Namen und die Stadt zu nennen, in der man in Deutschland wohnte).

Nicht mehr losgelassen haben mich die Augen und die Hände Pius' XII. Als ich ihm sagte, daß ich aus Frankfurt/Main komme, fragte er mich, ob ich gute Nachricht von meinen Eltern hätte; denn es sei vor wenigen Tagen ein schwerer Luftangriff auf die Stadt erfolgt. Diese Anteilnahme des Papstes, dessen Gedanken ja die Welt umspannten, hat mich tief betroffen gemacht.

Danach zeigtest Du mir viel Schönes im Vatikan, und durch die Beweglichkeit mit Deinem B-Krad und einem scheinbar für alle „Kettenhunde" vorhandenen „Passepartout" kamen wir überall hin. Sogar der deutschen Militärküche haben wir an diesem Tag entsagt und uns frisch gemachten Spaghettis gewidmet.

Schlimm waren die anschließenden beiden Wochen an der Front. Die Höhe 414 wechselte mehrmals den „Besitzer". Jedesmal blieben Tote zurück. Manche Amerikaner haben wir zur letzten Ruhe auf dieser Höhe in die Erde gegraben. Du wirst Dich erinnern, wie stark der Druck wurde. Wie wir immer mehr aufgerieben wurden, so daß wir unsere Stellungen verlassen mußten. Sogar in Tagesmärschen zogen wir in die Albaner Berge. Viele Tote und Verwundete brachten die ständigen Fliegerangriffe. Ich kam nach einigen Tagen an den Südausgang von Velletrie, um die von Monte Cassino anrollenden Panzer mit unseren Panzerabwehrkanonen aufzuhalten.

Dann gaben wir ja auch diesen Ring auf, um uns durch das unbeschädigte Rom nach Norden abzusetzen. Während dieser Rückzugsbewegung hatten wir uns noch einmal kurz gesehen. Dann trennten uns für viele Jahre unsere Wege.

Wie Dein weiterer Lebensweg verlief, nachdem wir Rom verlassen hatten, erfuhr ich im Frühjahr 1950 in Aachen.

Einer unserer Kriegskameraden wohnte dort. Auf meiner ersten Geschäftsreise in den Westen besuchte ich ihn. Während des Gespräches gab er mir die Aachener Kirchenzeitung mit dem Satz: „Willst Du wissen, wie es unserem Pfarrer ergangen ist? Dann lies das hier." Und so erfuhr ich, daß Du den Krieg und die langen Jahre Deiner freiwilligen Gefangenschaft überlebt hast ...

Während der dann folgenden Stationen Deines Lebens sind wir uns immer wieder begegnet ...

Mitte der achziger Jahre. Du wirst Dich sicher noch daran erinnern. Zu Besprechungen mit Kardinal Casaroli mußtest Du nach Rom reisen. Von dort aus riefst Du mich in Köln an ... Zwei Tage später trafen wir uns im Camposanto und überlegten, was wir gemeinsam an dem darauffolgenden, für Dich freien Tag unternehmen könnten. Mein

Der Soldatenfriedhof Pomezia

Vorschlag war, ein Auto zu mieten und damit hinaus, Richtung Nettuno – Albaner Berge zu fahren ... Wir beide fuhren, nachdem Du die hl. Messe mit uns im Camposanto gefeiert hattest, froh durch den römischen Verkehr Richtung Süden. Durch die ärmlichen Vorstadtbezirke bis zu der nach dem Krieg neugebauten Straße.

Wir fuhren unter dem „Bahnviadukt" hindurch, über die „Schotterstraße", vorbei durch die wieder glatt gewordene Erde auf den Feldern, an wieder aufgebauten leichten Häusern. Sahen kleine Stallungen und meinten, das könnte der „Schafstall" gewesen sein. Meinten an jenem mit Kuschelbäumen bewachsenen Hang, der dem Meer abgewandt liegt, könnte unser Verwundeten-Sammelplatz gewesen sein.

Als wir dann am frühen Nachmittag unser Auto am Soldatenfriedhof bei Pomezia parkten, dann im Gräberblock L standen und die Namen der Gefallenen auf den Grabkreuzen uns gegenseitig nannten – Heinz Weis, Lt. Omella und die vielen anderen Namen, die Dir präsenter waren als mir; als wir dann zusammen für sie beteten, da war es schon ein wenig schwer in unserer beider Herzen. Jeder von uns war in früheren Jahren schon mehrmals in Pomezia. Aber bei unserem gemeinsamen Besuch war für uns zum erstenmal einer mit, der die Männer, wie der andere, kannte, mit ihnen zusammen die bittere Zeit teilte, sie sterben sah und sie dann begrub. Wir fuhren sehr viel schweigsamer nach Rom, als wir am Morgen aus der Stadt herausgefahren sind.

Lieber Gerhard, Dein ganz persönlicher Festtag ist es! Du ganz allein, der Mensch Gerhard Schaffran, feiert seinen 80. Geburtstag. Der Mann, dem viel gegeben, aber auch viel aufgegeben war in diesem Leben, das ich in diesen Wochen 50 Jahre mitbegleiten darf – mal ganz nahe, dann wieder durch Raum und den beruflichen Alltag entfernter – immer aber im Herzen und durch das gemeinsam Erlebte verbunden. Denn wir begegneten uns ja zuerst und „sind aus jenem dunklen Raum gekommen und waren von den Schreien noch benommen und wußten, daß sie niemals ruhn", wie 1947 einer unserer Heimkehrer in unser Gästebuch schrieb, in dem mich so mancher Eintrag auch von Dir an frohe gemeinsame Stunden in unserem Haus erinnert.

Köln, zum 4. Juli 1992   Adolf Ströter

… Im Herbst 1942 wurden wir in Beerse in Belgien zu einem Gottesdienst eingeladen. Er fand in einem Saale statt. Pfarrer Schaffran stand auf der Bühne und fragte: „Gibt es unter euch Meßdiener?" Als er zum zweiten Male fragte, hob ich die Hand. Ich stand auf der linken Seite. Pfarrer Schaffran sagte: „Dann kommt beide mal her." Von der rechten Seite kam Karl Zimmerschmied. Von da an dienten wir in jeder hl. Messe. Karl wurde sogar der Küster und Begleiter des Pfarrers, bis diese Stelle gestrichen wurde … Nach schwerer Verwundung und Gefangenschaft in einem Lager in Nordafrika trat Karl Zimmerschmied nach seiner Entlassung 1948 dann in unsere Gemeinschaft von den Heiligsten Herzen Jesu und Marias ein und wurde 1955 zum Priester geweiht … Wenn wir uns trafen, haben wir immer wieder die Erinnerung an unseren Kriegspfarrer ausgetauscht …

Ich erinnere mich noch gut, daß unser Pfarrer am Anfang des Gottesdienstes immer mit einigen Worten auf die Generalabsolution einging. In seinen Ansprachen legte er ein klaren Zeugnis für den Glauben ab, den die Soldaten so notwendig brauchten. Uns fiel auf, daß unser Pfarrer oft mit seinem evangelischen Mitbruder kam; ich sehe die beiden noch deutlich auf einem Motorrad mit

Beiwagen. Wir bekamen dadurch ein erstes Gespür für ökumenische Zusammenarbeit.

Besonders beliebt und bekannt aber wurde unser Pfarrer durch seinen Einsatz an der Front. Als Priester spendete er den Verwundeten die hl. Sakramente. Als Kamerad half er, die Verwundeten aus der Kampfzone zurückzuschaffen ... Auf meinem Weg zum Priestertum sind mir so manche Menschen als Begleiter und Helfer begegnet. Unter ihnen nimmt Bischof Schaffran eine ganz besondere Stelle ein. In den Wirren und Kämpfen des Krieges durfte ich ihm begegnen als einem stillen, aber hingebungsvollen Diener seines Herrn und Hohenpriesters Jesus Christus. Er hat mir gezeigt, wie der Priester in unserer Zeit wirken kann und wirken muß ...

P. Werner Engel, 1992

In jedem Land, in das er mit seiner Division kam, öffneten ihm die dortigen Mitbrüder die Türen ihres Pfarrhauses, wenn er sich ihnen als katholischer Pfarrer zu erkennen gab, und stellten ihm ihre Kirchen für eine vereinbarte Zeit zum Gottesdienst zur Verfügung. Selbst in den Ländern, die in ganz besonderer Weise unter der deutschen Besatzung zu leiden hatten, wie z. B. Polen, sahen die Priester in ihm nicht den Angehörigen der deutschen Wehrmacht, sondern den Mitbruder, der seinen Kameraden mit seinem seelsorglichen Dienst in schwerer Zeit beistehen mußte.

Nur ein schmerzhaft in Erinnerung gebliebenes Erlebnis hatte er in Holland, wo ihm der dortige katholische Pfarrer die Benutzung seiner Kirche für einen Gottesdienst verweigerte. Hier mußte er – gegen alle Mitbrüderlichkeit – die Macht dessen ausüben, der auf der Seite der Stärkeren steht. Als der Ortspfarrer nicht bereit war, ihm eine Zeit für den Gottesdienst zu nennen, vielmehr androhte, die

Kirche am kommenden Tag fest verschlossen zu halten, mußte er ebenso reagieren. Es war vor dem geplanten – aber Gottlob nicht ausgeführten – Angriff gegen England. Wieviele Landser würden ihn überleben – wieviele würde man als Verwundete oder Tote zurückbringen müssen? Niemand konnte ihm angesichts einer solchen Situation verwehren, die Generalabsolution zu erteilen, schon gar nicht der katholische Ortspfarrer. Er mußte wohl gespürt haben, wie ernst es der deutsche Kriegspfarrer mit der Drohung meinte, die Kirche – wenn nötig – mit Gewalt öffnen zu lassen, denn zur genannten Zeit war die Kirchentür offen.

Nirgends sonst gab es Schwierigkeiten, einen Gottesdiensttermin zu vereinbaren. Laudetur Jesus Christus – dieser Gruß war gleichsam eine Brücke über die Feindschaft, in der sich ihre Völker gegenüberstanden. Aber auch Gemeindemitglieder bauten über alle Abgründe hinweg solche Brücken. In Belgien sprach ihn eine Frau nach einem Gottesdienst an – einer ihrer Neffen war auch Priester – und lud ihn als Gast in ihr Haus. Sie, eine Wallonin, sprach Französisch, ihr Mann flämisch und er selbst deutsch. Bei diesen abendlichen Gesprächen benutzte jeder seine Muttersprache. Ein Stück Heimat hat ihm diese Familie in den Tagen der Ruhelosigkeit gegeben und ein Zeichen, daß auch dieser unselige Krieg die völkerverbindende Mitmenschlichkeit und Zusammengehörigkeit in der Familia Dei nicht völlig zerstören konnte.

Der ehemalige evangelische Kriegspfarrer, Pastor Johannes Heinsohn, schreibt seine Erinnerungen über die gemeinsame Zeit mit Gerhard Schaffran:

Wenn ich an meine Erlebnisse im Zweiten Weltkrieg zurückdenke, dann bin ich immer wieder bald dort, wo ich meinem guten Kameraden, Kriegspfarrer Gerhard Schaffran begegnete.

Im Juli 1943 wurde ich von meiner Tätigkeit als Lazarett- und Bezirkspfarrer aus dem Raum Niort – La Rochelle in das Grenzgebiet von Lille – Tournai versetzt. Ich kam dort als evangelischer Divisionspfarrer zur 65. Inf.-Division, die gerade eben von Middelburg in den Niederlanden dorthin verlegt worden war und zu neuen Aufgaben vorbereitet wurde.

Die Stelle des ev. Pfarrers war frei, und so kamen wir zusammen. Mit unseren beiden Küstern und später einem Schreiber, der mir als Gräberoffizier zugeteilt wurde, bildeten wir eine gute Gemeinschaft. Der katholische Küster war unentbehrlich als Meßdiener, der evangelische sehr nützlich als Fahrer unseres gemeinsamen Autos, eines Mercedes 170 V, den wir aber nicht lange zur Verfügung hatten. Darüber später mehr.

Wir waren nun recht gespannt zu wissen, wohin uns der neue Einsatz führen würde. Auch als wir verladen wurden, war das immer noch nicht klar. Doch als unser Zug durch die südlichen Gegenden Deutschlands in die damalige Ostmark fuhr, wußten wir Bescheid: Es ging nach Italien, dem neuen Kriegsschauplatz. In Villach, mitten in Kärnten, erreichten wir das erste Zwischenziel. Bald ging es dann auf eigener Achse weiter gen Süden. Wir überquerten die Alpen-Pässe und beendeten unsere Fahrt im Raum von Ravenna – Rimini, verlebten in Cesenatico an der Adria die Umstellung auf heiße Zeiten. Die neue leichte Uniform tat uns gut, dazu dann ein erfrischendes Bad. Doch bald sollte unsere Division in den Einsatz kommen.

So ging es denn weiter. An der Küste längs in das Gebiet von Pescara. Unser Stab lag in dem kleinen Bergstädtchen Chieti, um die Sperrfront am Sangro vorzubereiten. Und dann kam es bald zu harten Abwehrkämpfen. Manche Kameraden mußten ihr Leben lassen. Sie sollten würdig bestattet werden ... So kam es in Zusammenarbeit mit den Ortsbehörden zur Anlage eines größeren Soldatenfriedhofes in einem am Abhang gelegenen Weinberg am Rande von Chieti.

Es war inzwischen schon Winter geworden. Nach dem Bruch zwischen König und Duce war die Front nicht mehr zu halten. In dieser Zeit holte mein Kollege Schaffran in gefahrvoller Situation Verwundete, die sonst unversorgt hätten zurückbleiben müssen, heraus. Dafür erhielt er das Eiserne Kreuz als „Krankenträger". An dieser Stelle mag erwähnt werden, daß Schaffran beim Stab und auch bei der Truppe ein hohes Ansehen genoß wegen seines freundlichen, aber klaren Umgangs mit den ihm Anvertrauten. Daran konnte auch ich ein gut Teil partizipieren.

Zu Beginn des Jahres 1944 wurde die Division zur Ruhe in den Raum Genua – La Spezia verlegt. Wir Pfarrer lagen in San Stephano, fanden manche gute Gelegenheit, die Einheiten zu besuchen und ihnen Gottesdienste zu halten. Das geschah nicht nur am Sonntag, sondern auch manches Mal in der Woche. Bald aber wurden wir zu neuem Einsatz in das Gebiet südlich von Rom gerufen. Dort waren die Amerikaner bei Anzio-Nettuno gelandet. Wir wohnten in Pomezia, nördlich der Front, die sich bei Aprilia längszog.

Als diese Stellung nicht mehr zu halten war, wurden wir in einem längeren Marsch in den Raum von Bologna verlegt. Der Ort Pianoro, Sitz eines Truppenverbandplatzes, der in einem in den Berg hineingebauten großen Unterstand gelegen war, war gelegentlich Basis und Ausgangspunkt für unseren Dienst. Der Ort selbst war zerstört und lag immer wieder unter Artilleriebeschuß. Von hier aus ging es noch weiter bis zur Front. Wenn ich mich recht besinne, hatte mein umsichtiger Kollege dort irgendwo ein BMW-Krad mit Seitenwagenantrieb, wegen platter Reifen verlassen, entdeckt. Das Kennzeichen deutete auf eine

Einheit hin, die nicht zu unserer Division gehörte. Dies wertvolle Fundstück wurde von Schaffran vor drohendem Beschuß in Sicherheit gebracht, von Kundigen repariert, mit unserem Divisions-Kennzeichen und einem großen Roten Kreuz versehen. Nun hatten wir wieder ein Dienstfahrzeug für die Abteilung IV d. Im Kriege galten ja doch manchmal Gesetze, die der besonderen Situation entsprachen, hatten wir doch unseren Mercedes schon lange nicht mehr zu unserer Verfügung. Auch bekamen wir keine größere Menge Benzin mehr zugeteilt, waren also auf Mitnahme durch die Sankras angewiesen. Mit dem Beikrad, das Schaffran meisterlich fahren konnte, war er doch vor seiner Kriegspfarrer-Zeit als Krad-Meldefahrer tätig gewesen, kam er schnell und relativ gefahrlos dorthin, wo der Dienst als Kriegspfarrer uns rief.

Vorn galt es, in den Verbandplätzen Verwundete und evtl. auch Sterbende seelsorglich zu betreuen. Einheiten, die nicht unmittelbar im Einsatz waren, galt es zu besuchen und ihnen Gottesdienste und Andachten zu halten.

Konnten wir beide zusammen, etwa bei einem rückwärtig gelegenen Truppenteil, einen Gottesdienst vorbereiten, so geschah das nach einem Gespräch mit dem Kommandeur oder Kompaniechef, der dann Termin und Ort bekanntgab, sei es in einer Kirche oder auch als Feldgottesdienst draußen. Die Beteiligung war natürlich freiwillig, aber doch zumeist über Erwarten gut, besonders dann, wenn die Offiziere ihre eigene Beteiligung bekanntgaben. Manchmal haben wir es dann so gehalten, daß ich in einem Gemeinschaftsgottesdienst den Predigtteil übernahm, dann aber folgte noch die Messe, zu der mein Kollege seine katholischen Mitbrüder einlud. Wenn möglich hielt ich dann noch für meine evangelischen Kameraden eine Feier der Beichte und des Heiligen Abendmahls an einem anderen Ort. Wir sahen also beide zu, daß unser Dienst das Gemeinsame, das uns als Christen vor unserem Herrn verband, förderte. Die vorhandenen Unterschiede der beiden Konfessionen wurden weder verwischt noch besonders herausgestellt. Wir hatten auch keinen politischen Auftrag. Der wurde von den eigens dafür eingesetzten Offizieren wahrgenommen. Wir sollten auch keine Durchhalteparolen weitergeben. Erst recht haben wir nichts mit der so oft zu Unrecht behaupteten Segnung der Waffen zu tun gehabt. Es ging uns immer um das Eigentliche, um Hilfe zum Glauben und um Seelsorge an Menschen, die vielleicht schon nahe vor den Toren der Ewigkeit standen ...

Pastor Johannes Heinsohn, 1992

In einer Fernsehübertragung ... glaube ich, unseren ehemaligen Divisionsgeistlichen der 65 I.D. zu erkennen, nämlich Sie, werter Herr Bischof Schaffran. Sollte es nicht so sein, dann müßten Sie eine große Ähnlichkeit mit unserem gleichnamigen Div.Geistlichen haben. Verändert sind die Haare, dieselben sind nicht mehr schwarz, sondern ergraut. Der große, schlanke, schwarzhaarige Feldgeistliche ist ja inzwischen 44 Jahre älter geworden. Ich habe Sie in sehr guter Erinnerung. Ihr beispielloser Einsatz für die Schwerverwundeten und Sterbenden in vorderster Front in Italien 43/44, ohne Rücksicht auf Ihr eigenes Leben. Alle Landser, die Sie bei diesen Schlachten erlebten und Ihre Hilfe erfuhren, waren sehr beeindruckt, und man erzählte sich am ganzen Frontabschnitt von dem guten, helfenden und furchtlosen Pfarrer Schaffran, der immer hilfsbereit zu jedem war. Sie waren damals schon der gute Hirte, der ohne Furcht weitaus mehr als seine Pflicht tat. Wievielen haben Sie damals Trost und Hoffnung gespendet als Priester, Kamerad und Freund ...

Ich selbst war zu dieser Zeit Kradmelder beim Div.Stab A-Staffel. Auch erinnere ich mich, daß ich Sie einmal mit

Die berühmte BMW
Im Beiwagen Pastor J. Heinsohn

dem Krad zur B-Staffel gefahren habe. Später habe ich
Sie öfter mit dem B-Krad selbst fahren gesehen ...

Franz Huster, 1987

Dieses Beiwagen-Krad sah er eines Tages verlassen zwischen den Linien liegen. Nachts, als es einigermaßen ruhig schien, schlich er sich zu ihm heran. Immer wieder stiegen Leuchtraketen am Himmel auf. In dieser Sekunde mußte man in der Haltung, die man gerade einnahm, erstarren. So war man kaum als Mensch auszumachen, sondern wurde als Baum oder Strauch im Gelände betrachtet. Dennoch gehörte zu solchen nächtlichen Unternehmungen viel Nervenstärke. Als er beim Krad ankam, entdeckte er einen Einschuß am Tank, sonst aber schien es fahrtüchtig zu sein. Er ging denselben Weg zurück. Vom Sanitäter ließ er sich einen Korken geben, den er konisch zuschnitt. Mit diesem Korken und einer Flasche voll Benzin machte er sich in der

135

nächsten Nacht wieder auf den Weg. Die Leuchtraketen erhellten gelegentlich das Feld, so daß er die Richtung zum Krad nicht verfehlte. Unbemerkt vom feindlichen Gegenüber brachte er das Krad hinter die Linie.

Es war eine BMW, wie sie gegen Ende des Krieges nur die Luftwaffe besaß, mit acht Gängen, vier Vorwärts-, drei Geländegängen und dem Rückwärtsgang, mit Differential und Differentialsperre. Das Loch im Tank war schnell repariert, die Maschine voll einsetzbar und er wieder unabhängig beweglich. Der Oberst bot ihm zum Tausch für das Krad jeden verfügbaren Pkw. Aber er ließ ihm ausrichten, dann würde er die Maschine wieder zwischen die Linien fahren, und er könne sie sich dort herausholen.

Aber zwischen die Linien ging er ja nicht nur, um das Krad für sich herauszuholen, vor allem wagte er sich immer wieder in dieses gefährliche Gelände, wenn verwundete Kameraden Hilfe brauchten.

… Ich war als junger Soldat Melder im Grenadierregiment 145 der 65. Infanteriedivision. Als wir am Sangro lagen, lernte ich den damaligen katholischen Divisionspfarrer, Gerhard Schaffran, kennen. Ich habe auch Feldgottesdienste besucht … In der ganzen Division bekannt und geachtet wurde er auch wegen folgender Begebenheit: Am Fluß lag uns eine indische Kolonialdivision Ghurkas gegenüber, die für die Engländer kämpfen mußten. Es war für uns etwas Unheimliches mit diesen kleinen, wieselflinken Männern. Wir mußten unsere Maschinengewehre und Granatwerfer nachts anbinden, damit wir merkten, wenn die Ghurkas sie stehlen wollten. Das aber war nicht das Schlimmste; viel schlimmer war es, daß wir am Morgen oft unsere Kameraden mit durchschnittenen Kehlen im Schützengraben vorfanden. Man kann sich vorstellen, in welch hochgespannter Situation wir uns befanden. Eines Tages ging ein Spähtrupp an den Sangro. Dabei wurde ein deutscher Soldat verwundet und blieb auf der englischen Seite liegen. Herr Schaffran hat davon erfahren, ging über die Front zu den Engländern, und mit der Bemerkung, dieser Verwundete gehöre zu ihm, packte er ihn sich auf die Schulter und trug ihn einfach weg. Vermutlich waren die Engländer so überrascht, daß sie nicht reagierten. Wir Soldaten aber wußten, daß zu solch einer Tat eine ungeheure Tapferkeit gehörte. Ich weiß noch, daß daraufhin der Divisionskommandeur ihm das Eiserne Kreuz I. Klasse überreichte, aber Herr Schaffran lehnte ab: als Divisionspfarrer könne er unmöglich mit einer so hohen Kriegsauszeichnung herumlaufen …

Werner Rosrodowski, 1992

Wenn Sie im Lazarett auftauchten, schrieb Dr. K. 1980, erkannten wir die Farbe Ihrer Uniform nicht mehr: War sie grau oder rot. Aber wir wußten, unser Pfarrer hat wieder verwundete Kameraden aus der Kampflinie herausgeschleppt …

… Nun liegt das Bild aus der Frankfurter Zeitung schon so lange vor mir und schaut mich immer wieder voller Aufforderung an: Na, wirst du mal ein paar Worte schreiben, wirst du endlich so eine Flaschenpost ins Ungewisse schicken?

… Sie waren freilich mehr bei der Truppe, aber Ihr Lächeln auf dem Zeitungsfoto ist noch ganz das gleiche, wie wir es damals in Pomezia auf dem Hauptverbandplatz erlebt haben, wenn Sie mit einer ganz leisen Ironie die „Geschäftigkeit" unseres Vorgesetzten beobachteten. Vielleicht können Sie sich auch an den jungen Chirurgen erinnern, der damals, so gut er's halt konnte, seine Arbeit machte und die jungen Landser, die ihm dabei halfen. Eine junge Mannschaft war das, die wirklich tat, was sie konnte.

Vor ein paar Jahren bin ich dort gewesen und habe das riesige Feld mit weißen Kreuzen gesehen. Was ist da die

Handvoll, die wir retten konnten? Fast nichts. Und doch können wir das – wie vieles, vieles andere, wohl erst heute deutlicher erkennen. Was mag bei Ihnen von dieser Zeit geblieben sein? Damals standen wir am gleichen Ufer ...

Dr. A. Karst, 1980

Doch nicht von allen wurde es gern gesehen, daß der katholische Priester sich ohne Rücksicht auf sein eigenes Leben so für die Kameraden einsetzte. Eines Tages ließ der Oberst ihn durch seinen Adjutanten wissen, daß der Pfarrer sich um die Verwundeten in den Lazaretten zu kümmern hätte und nicht um die Soldaten an der Front. Seine Reaktion machte die „Runde" bei den Landsern und bestätigte seinen Ruf, auch Vorgesetzten furchtlos die Meinung zu sagen. Er ließ durch den Adjutanten ausrichten, der Oberst möge die Heeresdienstvorschrift lesen, nach der der Divisionspfarrer auch bei der kämpfenden Truppe sein müsse. Im übrigen bitte er um Urlaub, um sich über diese Anweisung beim General zu beschweren. Am nächsten Tag überbrachte der Adjutant die Bitte des Vorgesetzten, er möge sein Urlaubsgesuch zurückziehen, dann würde auch er ihn wie bisher seinen Dienst tun lassen.

Wo immer der Seelsorger gebraucht wurde, ob bei der Truppe oder im Lazarett, war er anzutreffen.

... nun habe ich Sie endlich gefunden. Gottes Wege sind unerforschlich. Woher ich Sie kenne? Sie waren 1944/45 in Meran im „Meraner Hof" als „Kriegspfarrer" tätig, und ich war von 21. 9. 1944 bis zum 5. Januar 1945 im Lazarett Bristol. Im Meraner Hof feierten Sie regelmäßig die heilige Messe. Auch erhielt ich von Ihnen ein Feldgesangbuch und durch die Gnade Gottes spendeten Sie mir die heiligen Sakramente ... So habe ich Sie und Ihren Namen nie vergessen. Verstehen Sie jetzt meine Freude? ... Im Bristol begegneten Sie v i e l e n Menschen. Immer waren Sie sehr aufgeschlossen für die Anliegen und Nöte der Menschen, besonders der geistigen und seelischen Nöte, deren es ja so viele gab … An Weihnachten 1944 brachten Sie es fertig, (fast) alle Lazarettbewohner im „Bristol" zur Christmette im Meraner Hof einzuladen – und sie kamen. Der Soldat H. A. – er wohnte mit seiner großen Familie in Obermais – holte aus seinem eigenen Wald fünf Christbäume ins „Bristol", und so wurde mit Ihrer Hilfe das schönste Weihnachtsfest gefeiert, welches ich bis dahin erlebt habe. … Auch und besonders als Priester waren Sie der GUTE HIRTE, wie Stabsarzt Dr. Meißner Sie nannte … So hat Sie der liebende Gott sicher nicht „aus Versehen" zum Hirten Seines Volkes erwählt und bestellt …

Hugo Nicklas, 1992

Festung Breslau –
„Der Himmel war unten"

Anfang 1945 hatte sich die Lage an der Front in Italien beruhigt, so daß der Kommandeur meinte, der Kriegspfarrer könne nun auch endlich Heimaturlaub nehmen. Daran erinnert sich Pastor Johannes Heinsohn:

Im März 1945 fuhr Schaffran von Bologna aus in Urlaub. In seiner kameradschaftlichen Großzügigkeit hatte er mir als dem Verheirateten vor ihm in Urlaub zu fahren angeboten, obwohl er eigentlich zuerst dran gewesen wäre.

In einem Brief aus dem Jahre 1973 erinnert sich auch P. Burkhard Zimmerschied an diese letzte Begegnung:

Das letzte Mal haben wir uns Ende Januar oder Anfang Februar 1945 in einem Vorort Bolognas gesehen. Ich sehe Sie heute noch vor mir: Sie machten sich fertig für den Urlaub …

Nicht lange konnte er sich zu Hause von Mutter und Schwester mit ihren Kochkünsten verwöhnen lassen; aus den wenigen Vorräten zauberten sie für seinen, an die Feldküche gewöhnten Gaumen wahre Festmahle. Nicht lange konnte er sich vom unbeschwerten Geplauder seiner sechsjährigen Nichte, die ihm auf seine Spaziergänge als Begleiterin mitgeschickt wurde, in eine Welt versetzen lassen, die nichts gemeinsam hatte mit der Welt, in der er seit Jahren lebte. Es verging keine Woche, als über den Rundfunk der Aufruf an alle Wehrmachtsangehörigen erging, sich sofort beim nächsten Wehrkommando zu melden. Da er dem nächst gelegenen Wehrkreiskommando nicht zutraute, ihn zu seiner in Italien liegenden Division befördern zu können, entschloß er sich, zum Generalkommando nach Breslau zu fahren.

Er und ein Offizier waren die einzigen Fahrgäste im Zug, dem letzten – wie er später erfuhr –, der in die zur Festung erklärten Stadt Breslau hineinfuhr. Der Festungskommandant wollte ihm alle Hilfe geben, damit er zu seiner Einheit gelangen könne, fügte aber hinzu, daß man ihn auch hier in der Festung brauchen würde. Im folgenden Gespräch gab jeder von ihnen mit jedem Satz dem anderen ein wenig mehr zu verstehen, was er über den „bevorstehenden Endsieg" dachte. So brauchte es nicht lange, bis der Festungskommandeur ihm vertraute und ihn nach nebenan in das Kartenzimmer bat. Daß dieser Krieg bald verloren sein würde, hatte er gewußt, nicht aber, daß der Russe schon so weit in die Stadt eingedrungen war. Es gab keinen Augenblick des Überlegens, um nicht klar zu erkennen, wo jetzt seine Aufgabe war: Seine Gemeinde St. Nikolaus und die verwundeten Soldaten dieser Stadt brauchten ihn jetzt mehr als die Kameraden seiner Division.

Der alte, schwerkranke Kardinal Bertram hatte vorher schon Breslau verlassen; seine Mitbrüder hatten ihn überzeugen können, sich auf seinen Sommersitz in Jauernig zurückzuziehen. So meldete er sich bei Weihbischof Ferche und bei Regens Ramatschi. Beiden berichtete er laufend über die Geschehnisse in der Stadt und in den Stellungen der Kampflinie und bereitete dann auch das Gespräch zwischen dem Festungskommandanten und Vertretern der Kirche am 4. Mai für Weihbischof Ferche vor.

Er bezog nach fünfjähriger Abwesenheit seine alte Kaplanswohnung in der Fischergasse 12, und die Gemeinde, die in all den Jahren durch Briefe und Päckchensendungen Kontakt mit „ihrem" Kaplan gehalten hatte, nahm ihn auf, als sei er nie weggewesen.

... In den „Königsteiner Rufen" las ich, daß Sie bald Ihren 60. Geburtstag begehen ... Inzwischen sind 26 Jahre ins Land gegangen – oder gar 27, als wir uns in Breslau zuletzt begegneten. Vielleicht erinnern Sie sich noch an meine Familie, wir wohnten damals auf der Friedrich-Wilhelm-Straße. Während der Festungszeit trafen wir uns damals wöchentlich einmal bei Ihnen ... Ich denke noch oft an diese Zeit zurück, es war doch schlimm. Aber die Zusammenkunft mit Ihnen damals werde ich nicht vergessen. Auf dem Heimweg gingen wir ja dann alle noch ein Stück immer zusammen; und an jeder Straßenecke verabschiedeten sich welche. Der Himmel war hell von den nahen Bränden und man hörte die Einschläge der Geschosse. Aber die Gespräche mit Ihnen und das Zusammensein hatten uns allen Kraft und Trost gegeben. Wir waren wie eine große Familie, und Sie waren uns großer Bruder und Vater. Wir hatten immer das gute Gefühl: da ist jemand, der sich um uns sorgt ... Und wir waren auch ausgelassen, trotz allem Schrecklichen ringsherum. Erinnern Sie sich noch, als wir Ihnen einmal eine Flasche Sekt, die Sie am Abend suchten, als „Bettwärmer" ins Bett gelegt hatten? Der Spaß war uns wohl gelungen. Auch, als wir an einem Abend aus der alten Kaplanei Bücher in die Hildebrandtstraße schleppten, um sie zu retten? Sie hatten damals eine Taschenlampe, die so quietschte, daß wir dachten es sei ein Vogel ... Inzwischen sind Jahre vergangen, die Nikolaigemeinde ist in alle Winde verweht ...

Gertrud Schmidt, 1972

Die Hildebrandtstraße gehörte zu den meistbevölkerten in der Stadt. Als Gerhard Schaffran mit großem Eifer damals die Kaplansstelle antrat, hatte ihm sein Vorgänger, Johannes Zinke, besonders die Hildebrandtstraße 15 anempfohlen.

142

„Glaube nicht", hatte er ihn gewarnt, „daß für einen Hausbesuch dort der Name ausreicht. Du mußt dich schon vorher erkundigen, ob die Familie im 1., 2. oder 3. Hinterhaus oder jeweils dann im rechten bzw. linken Seitenhaus wohnt." Unter dieser Nr. 15 wohnten damals mehr Menschen als in der kleinsten Stadt Schlesiens.

Und noch eines hatte ihm Johannes Zinke als Vermächtnis aufgegeben: „Verlasse keine Familie bei einem Hausbesuch ohne deinen priesterlichen Segen und ohne eine Tüte Reis, Mehl, Zucker oder einer anderen Tüte, von der ihr in der Kaplanei zwei besitzt."

Sein Vorgänger an der Kaplansstelle von St. Nikolaus war damals zum Caritasdirektor ernannt worden. Nun in der so notvollen Festungszeit konnte er seine große caritative Gesinnung mehr als genug unter Beweis stellen.

Wie oft mußte der „erfahrene Kriegspfarrer" ihm einen Rat geben oder ihn begleiten, denn es gab kein Lazarett, ob im Krankenhaus, im Priesterseminar, in Schulen oder in einem Keller, das Caritasdirektor Zinke nicht aufsuchen wollte. Trotz seiner ein wenig ängstlichen Natur machte er sich Tag und Nacht auf den Weg zu den Notleidenden und bewies einen Mut, wie ihn in dieser Zeit wohl nur wenige alte Landser besaßen: Wenn es um andere geht, hört der Verstand auf, über mögliche eigene Gefahren nachzudenken.

… meine Mutter wurde nach einem Schlaganfall und mein Vater als Körperbehinderter nach Bad Reinerz evakuiert. Da ich aber schon seit Herbst 1944 im St.-Elisabeth-Krankenhaus tätig war, mußte ich in Breslau verbleiben. Nach verschiedenen Umzügen landete ich in einem Lazarett in der Liegnitzer Schule (im Keller natürlich) … in der Pfarrei St. Nikolaus.

Dort lernte ich den Herrn Wehrmachtspfarrer G. Schaffran kennen. Wann immer der Beschuß es zuließ, traf ich mich mit anderen jungen Leuten zur hl. Messe und anschließend im Pfarrhaus ... Wir alle fanden Trost, Rat und Hilfe bei ihm, es war jedesmal ein „Atemholen". Als der Russe den äußeren Festungsring überwand, zog das Lazarett in die Stadt-Mitte, Zollpackhof – Werderstraße, schräg gegenüber der Uni, wieder in den Keller. Dort ministrierte ihm auch ein französischer Gefangener, mit dem ich noch heute in herzlicher Freundschaft verbunden bin ... Im Zollpackhof arbeitete ich mit einer Tante von mir, sie war Vinzentinerin aus dem St.-Anna-Hospital ... Ich sehe ihn noch vor mir, in Uniform auf dem Fahrrad unter Beschuß davonradeln. – Mein Gott ... wenn ich daran denke!!

Irmgard Josefus, 1992

Die Nikolaigemeinde lag mitten im Kampfgeschehen. Auch die Hildebrandtstraße war nach der Kapitulation ein einziges Trümmerfeld, ebenso wie die Fischergasse mit Nikolaikirche, Pfarrhaus, Kaplanei ...

Die Verteidiger der Festung selbst zerstörten Breslau. Sie steckten eine Häuserzeile nach der anderen in Brand. Es dauerte dann einige Tage, bis das letzte schwelende Feuer verlosch und die Steine so ausgeglüht waren, daß der Russe über die Trümmer weiter voranrücken konnte.

War es ein Zufall oder eine weitere Probe, ob er wirklich fähig sei, für andere alles loszulassen? Auch die Fischergasse stand im Plan, als brennende Mauer Widerstand zu leisten. Er kam gerade in seine Wohnung, als zwei Landser Benzin über die Sesselecke kippten. Auf seine Frage, was hier los sei, standen sie zunächst vor dem im militärischen Rang weit Höhergestellten stramm und erklärten dann ihren Befehl. Als er ihnen sagte, daß dies seine Wohnung sei, boten sie sich an, zuvor noch all das aus der Wohnung in Sicherheit zu bringen, was ihm besonders wertvoll sei. War es eine Versuchung, das An-

Die Ruine von St. Nikolaus in Breslau

gebot anzunehmen? Was war wertvoll? Die Bücher oder noch mehr die vielen Aufzeichnungen für seine geplante Promotionsarbeit, die er nach dem Krieg beenden wollte? Doch die Versuchung dauerte nur einige Sekunden, dann gab er den Landsern den Befehl zum Weitermachen, fügte aber hinzu: Ich will nur sehen, wie es brennt. Dieses Erlebnis – so berichtete er viele Jahre später – hat ganz entscheidend geholfen, irdische Dinge zwar als angenehm zu empfinden und mit ihnen gern umzugehen, aber sein Herz nicht daran zu hängen.

Und was war schon die ausgebrannte Kaplanswohnung angesichts der vernichteten Wohnungen so vieler Familien, die immer mehr im inneren Festungsring bei Freunden und Verwandten oder in bereitgestellten Notquartieren Unterschlupf suchten. Er selbst zog nun ins Priesterseminar nach Breslau-Carlowitz, das inzwischen in ein Lazarett umgewandelt worden war.

Am 6. Mai kapitulierte die Festung Breslau, aber nicht bedingungslos. Eine Bedingung lautete: „Wir garantieren Ihnen, allen Ihren Offizieren und Soldaten, die den Widerstand eingestellt haben, das Leben ... und nach Beendigung des Krieges Heimkehr in die Heimat ..."

Daß diese schriftliche Garantie nicht eingehalten wurde, sollte sich schon bald zeigen. In Breslau-Hundsfeld richteten die Russen ein Gefangenenlager ein; tausende von deutschen Wehrmachtsangehörigen wurden von hier aus in die Sowjetunion abtransportiert.

Anfang 1960 schrieb Hugo Hartung an den Rektor des Görlitzer Katechetenseminars:

Hochverehrter Herr Schaffran, ein Leser meiner Bücher teilte mir in der Weihnachtspost mit, daß Sie heute in Görlitz an verantwortlicher Stelle tätig sind. Das ist mir ein willkommener Anlaß zu sagen, daß ich und viele andere es Männern wie Ihnen zu danken haben, wenn wir, seelisch wie körperlich dahinsiechend, die schlimmsten Zeiten des Untergangs 1945 überstanden. Ihr Wirken in Carlowitz wird mir unvergeßlich sein, und ich habe davon auch in meinen 1956 als Buch erschienenen Tagebüchern und Aufzeichnungen berichtet.

Nach dem Erscheinen meines Romans „Der Himmel war unten" schrieb mir Albert Schweitzer einen langen Brief aus Lambarene, es habe ihn so bewegt, wie gerade in den schlimmsten inhumanen geschichtlichen Zeiten von Einzelnen die Fackel der Humanität neu entzündet worden sei. Seinen Dank für mein Buch muß ich an Männer wie Sie weitergeben ...

Ein Stück Herz blieb in Rußland

Der Krieg war zu Ende. Divisionspfarrer Gerhard Schaffran zog die graue Uniform aus und die Soutane des Kaplans von St. Nikolaus wieder an. Aber war es möglich, das Leben als Seelsorger dort wieder zu beginnen, wo es 1939 aufgehört hatte? War es möglich angesichts der Trümmer, der verbrannten Erde, der Heimat- und Obdachlosen, der fliehenden Menschen? War es möglich angesichts des Gefangenenlagers im Norden Breslaus? Würden diese Kameraden nicht auch gern ihren Soldatenrock austauschen gegen die Sachen, die sie vor dem Krieg getragen hatten? Nein, für ihn war das nicht möglich!

Mehrmals wöchentlich radelte er durch die zerstörte Stadt von Carlowitz nach Hundsfeld. Vielleicht konnte er den Gefangenen irgendwie helfen. Aber er spürte bald, daß sein Kommen und „Wieder-in-die-Freiheit-Fahren" keine Lösung sein konnte. Und es war auch nicht die Hilfe, die er zu geben bereit war. Er hatte fünf Jahre das Leben dieser Menschen geteilt, durfte er sie nun in der Stunde der größten Not allein lassen? – Er sprach mit Weihbischof Ferche und mit Regens Ramatschi über seine Absicht, sich im Lager zu melden, um als Gefangener mit den Gefangenen zu leben – vielleicht auch zu sterben. Diese beiden erfahrenen Seelsorger wußten, daß sie ihn von seinem Entschluß nicht würden abbringen können – sie konnten seinen Weg nur betend begleiten.

Drei Tage bereitete er sich im Priesterseminar auf diesen Dienst für seine Kameraden vor. Wie lange mag er nun vor dem Tabernakel gekniet haben, vor dem er als Alumnus und als Senior so oft zu Gott gebetet hatte, er möge ihm den rechten Weg zeigen?

Dann stand er eines Tages in seiner Uniform, einen Meßkoffer in der Hand, vor dem Lagereingang und bat um Aufnahme. Freiwillig in das Lager hineinzukommen war aber doch nicht so einfach. Der Wachhabende wies ihn zurück, da er kein „pismo" vorweisen konnte. So fragte er sich von einer Dienststelle zur nächsthöheren durch, bis er bei Oberst Assarow landete. Dieser konnte ihm wohl das benötigte Schreiben ausstellen, ließ sich aber zunächst viele Fragen beantworten. Denn wer stellte schon ein solches Ansinnen, in das Gefangenenlager hineinzudürfen, wo doch jeder hinaus wollte? Endlich aber wurde ihm das begehrte „pismo" ausgehändigt, und er ging durch das Lagertor hindurch.

Nun aber begann das Fragen erst recht. Wer war dieser Mann, der bisher als „Pop" bekannt war und nun mit dem „pismo" in der Hand in Uniform Einlaß begehrte? War er ein Spion – geschickt von den Engländern, den Amerikanern? Einen Spion aber mußte man zunächst von den anderen isolieren.

... ich kann Dir kaum sagen, wie groß meine Freude ist, Dich unter den Lebenden zu wissen. Daß auch Du alles heil überstanden hast ... Ich denke an die Anfänge ... in Breslau-Hundsfeld. Gleich zu Beginn kamst Du ja in die sogenannte „Stehzelle", einem fensterlosen, etwa ein Quadratmeter großen Raum. In einer Ecke stand noch der Kübel, zumeist war er von den Vorgängern her noch nicht geleert! Einmal am Tag wurde wohl eine Schüssel mit Wasser in den Raum hineingeschoben. Wir wußten nicht, wie lange man Dich in Isolationshaft lassen würde, wußten aber wohl, daß man nach etwa zwei Wochen jeden nur noch hinaustragen konnte ... So überlegten wir, wie wir den Lagerkommandanten überlisten konnten. Ich weiß nicht, wer von uns auf den Gedanken kam, jedenfalls verwickelten wir ihn in ein Gespräch und befragten ihn nach den Kompetenzen, die ein hoher Offizier in der Roten Armee hat. Und auch er war interessiert, ob es ähnliche Machtbefugnisse in der deutschen Wehrmacht gegeben habe. Jedenfalls fragten wir ihn nach diesem und jenem, und er antwortete uns immer voller Stolz; Das kann ich! So fragten wir ihn schließlich: Ja, aber einen Gefangenen aus der Isolierhaft können Sie nicht ohne Rücksprache einfach herauslassen? Das kann ich! Unser Erstaunen schien echt, als wir weiterfragten: auch den Pfarrer, der da drinsitzt?

Und er gab den Befehl, Dich herauszulassen. Wenn ich daran denke – wir beobachteten es aus der Ferne –, Du kamst ziemlich bleich und auch ein wenig wankend heraus – aber ungebrochen. Kannst Du Dich noch daran erinnern, daß wir Dir dann erzählten, wie es zu der schnellen Entlassung aus dieser „Stehzelle" kam? ...   Paul H., 1953

... Mit noch einigen Kameraden versuchte ich nach dem 9. 5. 1945, mich in den „Westen" durchzuschleichen. Es mißlang; denn die russischen Soldaten durchkämmten „Wald und Flur" und „kassierten" auch mich. Dies war in der nördlichen Tschechoslowakei, wo mich die Russen zu einem Gefangenensammelpunkt brachten. Von dort marschierte ich mit etlichen hundert Kameraden in mehreren Tagesmärschen über Glatz nach Breslau-Hundsfeld. Hier waren die ehemaligen Borsig-Werke zu einem riesigen Kriegsgefangenenlager umfunktioniert worden.

Bereits in der Anfangsphase meines Dortseins sprach es sich wie ein Blitzfeuer im Lager herum, daß sich ein katholischer Priester freiwillig als Gefangenenseelsorger bei den Russen gemeldet habe. Es war Gerhard Schaffran. Das Mißtrauen der Russen vermutete hinter ihm einen Spion aus dem kapitalistischen Westen, und deshalb wurde er erst mal für einige Tage in Einzelhaft genommen und vom KGB „durchleuchtet". Danach wurde er in eine der Offiziersbaracken „entlassen", wo auch ich untergebracht war (er hatte den Dienstgrad eines Militärpfarrers, und ich war ein junger Leutnant).

Gleich am ersten Sonntag hielt er Gottesdienst, was die Russen wohl mehr als „disziplinarische Therapie" für die mehreren Tausend Gefangenen tolerierten. Allein aus Neugierde über diesen „unbegreiflichen Helden" besuchten nahezu alle Lagerinsassen diesen Gottesdienst. Seine Predigtworte fesselten dann auch jeden. Das war in dieser Situation nicht selbstverständlich; denn das erlittene Schicksal ließ viele Kameraden an „Gott und der Welt" verzweifeln. So hielt er Sonntag für Sonntag Gottesdienst, und die Besucherzahl blieb groß, obgleich mehrere katholische Priester unter uns waren und gelegentlich auch – unter Ausleihung seines Meßkoffers – zelebrierten.

Nach und nach verminderte sich die Zahl der Lagerinsassen, weil die Kranken und Schwachen für die russischen Pläne nutzlos waren und diese deshalb in die Heimat entlassen wurden. Doch die Gesunden wurden im Dezember 1945 vom Werksbahnhof der ehemaligen Borsigwerke in Hundsfeld zum Transport nach Rußland verladen. Gerhard Schaffran und ich waren auch dabei; jedoch in separaten „Güterwaggons".   August Allgayer, 1992

… Nur kurze Zeit teilte ich mit Herrn Pfarrer Schaffran ein Zimmer im Kriegsgefangenenlager in Breslau-Hundsfeld im Jahre 1945. Aus dieser Zeit ist mir noch eine Episode im Gedächtnis geblieben, die ich nie vergessen werde: Es gab Essen, und ich wartete auf Herrn Pfarrer, und er kam nicht! Daraufhin ging ich aus dem Bau und sah auf einmal, daß am Portal des Kriegsgefangenenlagers der Herr Pfarrer eine „Gymnastikstunde" mit vielen tiefen Kniebeugen absolvierte. Der Kommandant der „Gymnastikstunde" war ein russischer Offizier. Als dann Herr Pfarrer total verspätet zurückkam, fragte ich doch gleich, was das zu bedeuten hat. Nun erzählte er mir folgendes: Er hatte einen Landser (also Kriegsgefangenen), der täglich in der Nähe der Pfarrei in Hundsfeld vorbeiging, gebeten, Meßwein vom Hundsfelder Pfarrer mitzubringen, und das war das Verbrechen. Der Landser brachte den Meßwein mit, und bei der Portalkontrolle wurde er ihm weggenommen. Er wurde befragt, wo er den Wein herhabe, und sagte natürlich wahrheitsgemäß vom Pfarrer in Hundsfeld. Da war natürlich alles klar ...

(Wolfgang Fischer, 1992)

Klaus Tinschmann, mit dem Gerhard Schaffran über die Jahre der Kriegsgefangenschaft hinaus in Freundschaft verbunden blieb, schreibt über diese gemeinsame schwere Zeit:

... Das Zentrallager in Breslau. Im Gedächtnis habe ich nur völlige Überfüllung, dreistöckige, überbelegte Pritschen, wie man sie aus Filmaufnahmen aus Dachau kennt. Und in dieses Lager war freiwillig, einen Meßkoffer in der Hand, trotz der Warnung des russischen Lagerkommandanten, Gerhard Schaffran gekommen ... Auf den Straßen grüßten ihn schon russische Offiziere, die in ihm leicht den Popen erkannten, er war ein völlig freier Mensch. Etwas aber ließ ihn nicht los: Den Krieg über bin ich bei meinen Landsern gewesen, jetzt in der Gefangenschaft brauchen sie mich erst recht. Dieser Überlegung verdanken wir, daß wir lange Zeit im Lager Mingitschaur in Aserbaidshan unsere Sonntagsmessen hatten.

Am 8. Dezember fuhr ein Zug vor: Bitte einsteigen! Natürlich dawei, dawei! Salonwagen waren es nicht, Güterwagen, bei denen die Fenster mit Brettern vernagelt waren, und deren Fassungsvermögen man durch Einbau eines Zwischenbodens vergrößert hatte. 100 Mann pro Wagen. Aufrecht stehen konnte man weder auf noch unter dem

Zwischenboden. Schön sortiert lagen wir wie die Sardinen in der Büchse. 22 Mann auf der Pritsche, 22 Mann darunter, zusammen 44 Mann, am anderen Wagenende noch mal 44. In der Wagenmitte, im Bereich der Schiebetüren 12 Plennys. 2 x 44 + 12 = 100 Viecher.

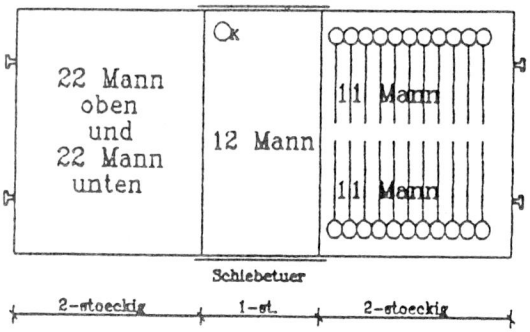

Gleich zu Beginn der genau sieben Wochen dauernden Fahrt wurde eine genaue Ordnung festgelegt: Regelmäßiger Wechsel der Plätze zwischen oben und unten, Wechsel zwischen den 22 auf bzw. unter der Pritsche, denn die Männer an der Stirnwand froren regelmäßig fest an der Eisenkonstruktion des Wagens. Für die Rückenlage war der Platz zu eng, ein Umdrehen von der rechten auf die linke Körperseite (oder umgekehrt) war nur auf Kommando möglich.

Selbst die Benutzung des feudalen Klosetts war nur auf Kommando möglich. Bei dem mit „K" bezeichneten Punkt war durch ein Loch im Fußboden ein Ofenrohr geführt, Durchmesser etwa 15 cm, durch das man zielen mußte. Da im Wagen ewige Finsternis herrschte – die Fenster waren ja mit Brettern vernagelt – mußte ein Beleuchter die Entleerungsaktion unterstützen. Beleuchtet wurde mit Holzspänen, die wir mühselig mit einem Tischmesser von den Zwischenböden gelöst hatten. Dann hieß es etwa: „Zwei Strich Backbord, einen zu weit, ein Strich Steuerbord: Halt. Wasser marsch!" Der Platz neben dem Ofenrohr war trotz aller Sorgfalt ewig verschmutzt. Ein Güter- (richtiger: Vieh-) wagen rumpelt und schüttelt halt mehr als ein Pullmannwagen. Am Heiligen Abend 1945 gab's Rübenschnitzelsuppe und Trockenbrot, nicht etwa als Sonderzuteilung, sondern als normale Tagesportion. Trotz aller Misere kam eine echte Weihnachtsstimmung auf, als in einem Wagen des langen Zuges jemand „Stille Nacht, heilige Nacht" anstimmte. Bald sang der ganze Zug. Selbst das russische Wacht- und Zugpersonal schien irgendwie mit uns mitzufühlen, jedenfalls blieb der Zug lange, lange stehen. Eine ganz besondere Überraschung: Gerhard Schaffran zog eine 20er Packung echter deutscher Zigaretten hervor. Er bat nur die Nichtraucher um Verzicht. Dann erhielt jeder zu Weihnachten eine halbe Zigarette. (Für viele die letzte Zigarette für fast 5 Jahre, für viele die letzte überhaupt.)

In Brest-Litowsk mußten wir umsteigen auf die breitere russische Spur: Das bedeutete für uns 20 bis 30 m Beine vertreten und fünf Minuten frische Luft. In der vierten oder fünften Woche mußten alle aussteigen und sich in einer großen Halle waschen, natürlich nur Hände und Gesicht, ohne Handtuch und Seife, das war die einzige Waschmöglichkeit in 7 Wochen ...

Starb ein Plenny während der langen Fahrt (was gar nicht selten vorkam), wurde die Anzahl beim nächsten Zugstop aus der polnischen, später russischen Zivilbevölkerung aufgefüllt nach dem Motto „Ordnung muß sein, Hauptsache die Zahl stimmt!"

Ende Januar 1946, also nach 7 Wochen, waren wir am Ziel. Viele konnten kaum noch gehen. Sieben Wochen haben wir gerätselt, wohin die Fahrt geht. Einmal hieß es, wir sind an einem großen Hafen. Die russischen Lokomotiven haben die gleichen Dampfpfeifen wie bei uns die Hafenschlepper. Dann wurde durch angestrengte Beobachtung durch die Bretterritzen festgestellt, daß wir nach Osten (also Sibirien), später nach Südosten, dann nach Süden fahren. Nach sieben Wochen Fahrt wankten wir unter strengster Bewachung zu den Studebacker, die uns für die nächsten Jahre ins Lager Mingitschaur brachten. Die Umzäunung des Lagers war fertig, für die Russen die Hauptsache. Die natürlich noch nicht fertigen bunkerähnlichen Unterkünfte waren für jeweils 30 Mann (1 Arbeitsbrigade) bestimmt.

Länge der Unterkunft etwa 18 m, alle 3 m eine krüppelige Holzstütze, darüber als Firstpfette ein ebenso krüppeliger Ast. Dann quer dazu gleich geartete „Sparren", darüber Strauchwerk, das durch heidekrautähnliches Kraut abgedeckt wurde. Zum Schluß kam eine dicke Lehmschicht darüber, die natürlich den sehr seltenen, dafür umso heftigeren Regen durchließ.

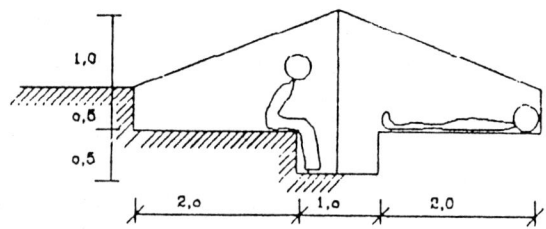

Die durch verschiedene Tiefe des Aushubes gebildeten „Pritschen" waren der harte, nackte Lehm, dienten in gleicher Weise als Himmelbett wie als Clubsessel, als Schlafstelle wie als Eßtisch. Nach einiger Zeit bekamen wir Matratzen, d. h. mit Baumwolle (Aserbaidshan hatte große Baumwollfelder) gefüllte Säcke, bei denen trotz aller gegenteiliger Bemühungen die Baumwolle hoffnungslos klumpte.

Die Baracken – wenn man diese Unterkünfte als solche bezeichnen darf – hatten auf jeder Seite zwei hölzerne Gauben mit einer Fensterfläche von etwa $0,5 \times 0,8 = 0,40 \, m^2$, die allerdings nicht verglast waren. Ende Januar sind dort noch

Nachttemperaturen von -10° C zu erwarten. (Beim Bau der Kurabrücke haben wir auch -20° C erlebt). Als wir den Lagerkommandanten wegen der fehlenden Verglasung ansprachen, sagte er nur „sawtra budit" (morgen wird es). Wir Anfänger glaubten das Sawtra, es wurden aber ca. zwei Monate daraus.

Diese in die Erde hineingegrabenen und mit einem Lehmdach versehenen Unterkünfte haben natürlich auch temperaturbezogene Vorteile: Im Winter nicht allzu kalt, im Sommer verhältnismäßig kühl. Die Häuser der Eingeborenen haben auch 30 cm dicke Lehmwände, Fenster und Türen nur auf der Nordseite ...

So allerlei Gestalten hatten wir im Lager: Einen Major i. G. (im Generalstab), ein wirklich feiner, vornehmer Mensch. Aber einmal war sein Hunger doch stärker als er. Beim Brotholen für die ganze Brigade ließ er ein Stück Brot verschwinden. Das ist in der Gefangenschaft das schwerste Vergehen, Kameradendiebstahl. Bei den Landsern würde er gelyncht worden sein. Wir haben ihm nur unsere Meinung zu verstehen gegeben, sonst nichts weiter unternommen.

Zum Teilen des Brotes wurden peinlich genau funktionierende Waagen gebaut. Und wenn der Plenny, der das Teilen übernommen hatte, beim Auswiegen der Brotstücke war, wurde er schärfstens von x Augenpaaren beobachtet, konnte also kaum einen Schwindel machen.

Als auf der Fahrt in die Gefangenschaft das erste Mal eine Brotration angekündigt wurde, war das nach der meist verdorbenen Suppe, die seit Tagen die einzige Nahrung war, einer der wenigen Lichtblicke. Nun wurde genau überlegt, wen man beauftragen konnte, diese Kostbarkeit abzuholen. Das Vertrauen bekamen schließlich zwei ranghohe Offiziere und Gerhard Schaffran – ein katholischer Priester würde die

Plan Lager I

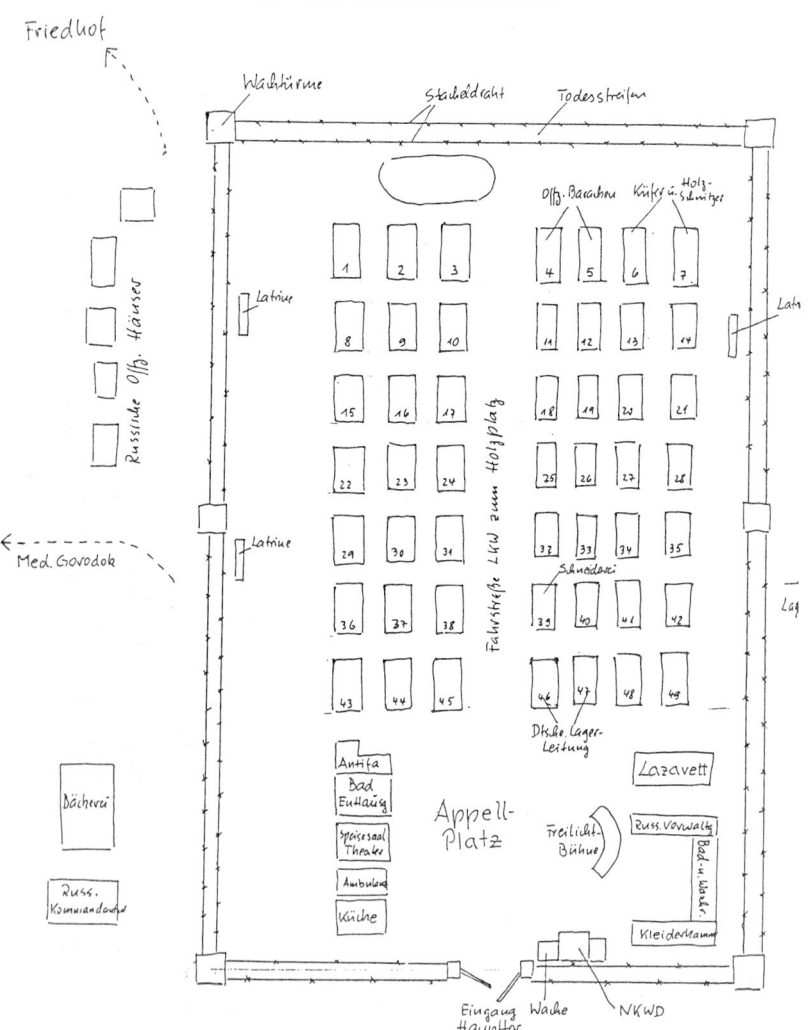

Friedhof

Wachtürme Stacheldraht Todesstreifen

Russische Offz. Häuser

Offz. Baracken Küfer u. Holz-Schnitzer

Latrine

Latrine

Med. Gorodok

Fahrstraße LKW zum Holzplatz

Schneiderei

Lat.

Lag.

1	2	3		4	5	6	7
8	9	10		11	12	13	14
15	16	17		18	19	20	21
22	23	24		25	26	27	28
29	30	31		32	33	34	35
36	37	38		39	40	41	42
43	44	45		46	47	48	49

Dtsche. Lager-Leitung

Antifa
Bad Entlaug
Speisesaal Theater
Ambulanz
Küche

Appell-Platz

Lazarett

Freilicht-Bühne

Russ. Verwaltg
Bad u. Wäsch.
Kleiderkammer

Bäckerei

Russ. Kommandantur

Eingang Haupttor Wache NKWD

Kameraden ganz gewiß nicht hintergehen und schon gar nicht einer, der ihr Los freiwillig teilte.

Die Brotausgabe befand sich am Ende des Zuges. Als sie den Korb zu ihrem Waggon trugen, argumentierte doch tatsächlich einer der Offiziere: eigentlich wäre es nur rechtens, sich jetzt schon einen kleinen Teil zu nehmen, da sie ja „im Dienst der Kameraden" Kalorien verbrauchten.

Da aber nicht nur der Pfarrer, sondern auch der andere Offizier aufs entschiedenste widersprachen, konnte man sich schließlich einigen, dieses „Gespräch" schnell zu vergessen.

Wir hatten im Lager eine ganze Reihe von Geistlichen, Geistliche beiderlei Couleur. Gerhard Schaffran, Pater Wolfgang (Alfred Günter), Lambert Flohe, Kurt Leonhard und noch ein oder zwei, deren Namen ich vergessen habe, von der schwarzen Fakultät, Pfarrer Ellinghaus und mindestens noch drei von der anderen, der blauen Fakultät. Gerhard und P. Wolfgang haben sich einmal gestritten, wer beim nächsten Heimattransport im Lager bleiben dürfe, während sich die evangelische Geistlichkeit bemühte (mit allen Mitteln), beim nächsten Entlassungsschub dabeizusein. Das hat man ihnen nicht übel genommen, sie hatten ja ihre Familien zu Hause. Wieder ein Punkt mehr für das Zölibat.

… Gerhard Schaffran ragte über alle und alles weit heraus. Zu seinen Predigten kamen viele Protestanten, er wurde von allen geachtet und geehrt. Als an einem eiskalten Wintertag ausgerechnet die Brigade, aus der ein Mann bei der Arbeit verunglückt war, aus irgendwelchen Gründen länger auf der Baustelle bleiben mußte, bot sich Gerhard an, für den Verunglückten auf der Baustelle zu bleiben, damit dieser ins Lager zur ärztlichen Behandlung kommen konnte. Die Brigaden mußten vollständig ins Lager einrücken. Er bleibt freiwillig in Eis und Wind auf der Baustelle, während alle anderen es nicht abwarten können, ins Lager zu kommen. Wie sehr Gerhard selbst die russischen Posten beeindruckte: Vor der Baubude steht ein Posten, der alle Leute, die etwas aus der Bude holen wollen, daran hindert, denn „darin sitzt der Pope und betet". Er hatte das Brevier vor.

Ich hatte im Sommer 1948 einen so schweren Malariaanfall, daß sogar der russische Arzt meinem Verbleib im Lager zustimmte. Ich bekam nichts Eßbares mehr runter, ein Ende dieses Zustandes war nicht abzusehen. Da kam Gerhard von der Arbeit zurück, sein erster Weg war zu mir, er brachte mir eine Kostbarkeit: Eine Tomate. Er hatte sie wahrscheinlich gegen irgend etwas bei einem Zivilisten eingetauscht. Und die konnte ich essen, bekam sie runter, sie blieb auch drin. Und wie durch ein Wunder konnte ich von da ab wieder die normale Lagerkost zu mir nehmen.

Nur einmal habe ich Gerhard geknickt und niedergeschlagen gesehen, während er normalerweise Ruhe und Zuversicht ausstrahlte. Als er eines Abends an seinen Platz in unseren Erdlöchern kam, mußte er feststellen, daß sein Meßkoffer, mit dem er den Weg in die Gefangenschaft angetreten hatte, während er zur Arbeit war, geplündert war ...

Obwohl es auf Grund des gemeinsamen Schicksales – so lautete jedenfalls die Begründung – üblich war, sich mit Du anzusprechen, lehnte Gerhard Schaffran das ab. Nicht etwa, weil er sich wegen seines geistlichen Standes in einer besonderen oder gar besseren Position dünkte, sondern weil er davon überzeugt war, mit dieser allgemeinen „Verbrüderung" ein Stück gegenseitiger Achtung aufzugeben. Als die Kommandos der Russen allen klarmachten, wie sehr jeder einzelne nivelliert werden sollte, verstanden viele, warum sich der Pfarrer gegen diesen allgemeinen Trend gestellt hatte: Er war einer der wenigen, der jeden auch hier in dieser unzivilisierten, trostlosen Welt mit

„Sie" und mit „Herr" anredete und gab ihnen damit das Gefühl, nicht einfach eine Nummer zu sein.

Nur wenigen Mitgefangenen bot er das freundschaftliche Du an, so Klaus Tinschmann, neben dem er sieben Wochen im Waggon gelegen hatte und mit dem er nun im Lager den Erdbunker teilte. Wie sehr diese Freundschaft eine gegenseitige Bereicherung war, mag folgendes Erlebnis aus der ersten Zeit der Gefangenschaft verdeutlichen:

Wieder einmal war eine sogenannte „Filzung", eine Durchsuchung angeordnet. Er stand hinter Klaus Tinschmann und flüsterte ihm zu, daß er in der Brusttasche eine kleine Burse mit konsekrierter Hostie versteckt habe. Er sei nun am Überlegen, ob er die Hostie sumieren sollte. Nach kurzem Schweigen flüsterte Klaus Tinschmann zurück, es sei doch ungewiß, wann er wieder würde zelebrieren können, ein Sterbender könnte die letzte Wegzehrung verlangen. Und er fügte hinzu: Hast Du keinen Glauben?

Der durchsuchende Wachposten rückte immer näher. Als die Reihe an ihm war, hatte der felsenfeste Glaube seines Freundes auch ihm den letzten Zweifel genommen. Die Durchsuchung war wie üblich sehr gründlich. Doch der Wachposten schien wie mit Blindheit geschlagen: die Burse fand er nicht.

Wer könnte über das Leben im Lager und das Wirken von Pfarrer Gerhard Schaffran besser berichten als die Kameraden, die mit ihm das Schicksal der Gefangenschaft geteilt haben. Stellvertretend für viele stehen die folgenden Berichte:

Ende Januar 1946 erreicht der Transport die Gegend von Mingitschaur in Aserbaidshan, unweit vom linken Ufer der Kura. Wir sahen kein Dorf, keine Stadt, nur Steppe ringsum – doch eine unbeschreiblich schöne Landschaft empfing uns: im Norden der Kaukasus mit der schneeweißen Gipfelkette seiner Berge, im Süden das türkische Grenzgebirge mit dem über 5000 Meter hohen Ararat, auch dieser Berggipfel zu allen Jahreszeiten schneebedeckt; am südöstlichen Horizont verschwindend die Berge des Hochlandes von Iran.

Unter blauem Himmel in klarer Luft schienen Kaukasus und Ararat in ihrer majestätischen Höhe, obwohl weit entfernt, nahe zu sein. Der alttestamentlichen Überlieferung zufolge, blieb die Arche Noach auf einem der Berge des Ararat stehen, als die Flut sank (Genesis 8,4).

Von Herrn Bischof Gerhard Schaffran, dem früheren Lagerpfarrer der katholischen Kriegsgefangenen in Mingitschaur, will ich berichten.

Den als arbeitsfähig beurteilten Kameraden gleich, wurde auch er zu schweren körperlichen Arbeiten herangezogen. Entgegen den Bestimmungen der Genfer Konvention zur Behandlung Kriegsgefangener stellte die russische Lagerführung Arbeitsbrigaden auf, darunter zwei Offiziersbrigaden, die Zwangsarbeiten zu verrichten hatten. Es handelte sich in der Hauptsache um den Bau eines Eisenbahndammes. Maschinen zu diesem Zweck gab es nicht. Je zwei Mann schleppten Erde auf Holztragen. So dürften Gefangene schon vor mehr als dreitausend Jahren gearbeitet haben. Hunger und Durst bei glühender Hitze im subtropischen Klima waren unsere Begleiter.

An den Sonntagen wurde nicht gearbeitet, ja die Lagerführung erlaubte sogar, einen evangelischen und einen katholischen Gottesdienst zu halten.

Wir feierten die heilige Messe auf dem etwas ansteigenden, südöstlich gelegenen Hang am Rande des Lagers, nahe dem Stacheldraht und dem bewaffneten russischen Posten. Am kleinen, provisorisch eingerichteten Altar zelebrierte unser Pfarrer Gerhard Schaffran das heilige Opfer.

Die Predigt der Gefangenschaft, die Predigt der Landschaft und die Predigt des Seelsorgers im Namen Jesu Christi – sehr deutlich empfanden wir diese Wahrheit: „Der Mensch lebt nicht vom Brot allein."

Die Ansprachen unseres Lagerpfarrers bewegten Herz und Verstand. Eines seiner damaligen Worte ist mir wortgetreu in Erinnerung geblieben; es lautet:

„G o t t   u n d   n u r   G o t t !"

So wurde uns Gerhard Schaffran in schwerer Zeit zum Prediger des unerschütterlichen Gottvertrauens. Das heilige Meßopfer gab uns Heimat, denn es ist die Mitte unserer geistigen Heimat auf Erden. Mit Gott und Seiner Botschaft der Liebe im Herzen war Gerhard Schaffran auch persönlich dazu bereit, für die Kameraden einzustehen, wie das folgende Beispiel zeigt.

Am späten Nachmittag eines jeden Arbeitstages hatten wir den anderthalbstündigen Marsch von der Baustelle in das Lager vor uns. Nur manchmal kam ein Lkw, der die Fußkranken mitnahm. Eines Tages warteten wir ungeduldig in langer Marschkolonne und wunderten uns, weshalb das Zeichen zum Abmarsch nicht wie üblich gegeben wurde. Erst nach der Ankunft im Lager sprach es sich schnell herum: Ein Kamerad war infolge Erschöpfung nicht mehr gehfähig, und ein Platz auf dem Lkw sollte für ihn freigemacht werden. Gerhard Schaffran meldete sich als einziger und verließ den überfüllten Lkw.

An unserem Lagerpfarrer bewunderte ich seine Gelassenheit, Besonnenheit und seine stets freundliche, bescheidene und doch aufrechte Haltung. Niemals sah ich ihn ungeduldig oder gar mürrisch. Er strahlte Zuversicht aus und hatte die Gabe zu feinem Humor. Grundzug seines Wesens schien mir eine stille, niemals verlöschende Begeisterung zu sein.

Noch bis zur Auflösung des Lagers Ende 1949 blieb Lagerpfarrer Gerhard Schaffran in Kriegsgefangenschaft, während der Verfasser dieses Berichtes schon im Juni 1947 aus gesundheitlichen Gründen zur Entlassung kam. –

Wir danken Herrn Bischof Gerhard Schaffran und danken IHM, der ihn uns sandte.

Dr. med. Gerhard Schudy, 1992

... In den nächsten Tagen rollten weitere Transporte an, zwei davon aus der Gegend von Breslau. Diesen beiden Transporten war es ganz schlecht gegangen unterwegs. Ausgemergelt, erschöpft und am Verhungern, schleppten sich diese Kameraden ins Lager. Ein Viertel von ihnen war auf dem Transport gestorben. Man hatte die Toten einfach aus dem Waggon geworfen. Wir, ich meine unser Transport aus Foczany, wir kamen uns vor wie der Einäugige, der König ist unter den Blinden ...

Die ersten Tage und Wochen in unserer neuen „Heimat" im Lager 7444/1 Mingitschaur waren hart, sehr hart. Wir waren etwa 2800 Mann in diesem Lager I; darunter ca. 200 Offiziere. Später kam das Lager II mit etwa der gleichen Belegung dazu.

Es mußte ja alles erst einmal in Gang gebracht werden. Und das war wichtiger als die Küche und das Essen! Und die Grundlage eines jeden Essens ist: Wasser. Solch banale Feststellungen muß man heute treffen, wenn man gedankenlos den Wasserhahn aufdreht. Und damals? Das Lager lag ca. 300 m oberhalb des Kuraflusses. Die Kura, im Unterlauf schon fast als Strom zu bezeichnen, führte in dieser Zeit (es waren die ersten Monate des Jahres 1946) trübschmutziges, schlammiges Wasser, der Fluß war nicht reguliert, er floß, wie er wollte. Früher gab es große Überschwemmungen. Die Ufer waren teils steil, teils flach und sumpfig und mit Schilf bewachsen. Aus diesem Fluß nun

162

mußten die Wasserträgerkolonnen in großen, offenen Bottichen das Wasser zur Küche bringen. Zeit zum Absetzenlassen des Schlammes gab es nicht. Wir mußten ihn mit auslöffeln!

Man bedenke: Wasser für 2800 Mann und das mehrmals täglich. Oft kam nur die Hälfte des geschöpften Wassers oben an, weil die Träger, ohnehin nicht mehr die kräftigsten, unterwegs gestolpert waren. Und wer unterwegs gar das ganze Wasser verschüttet hatte, der mußte den Weg ein zweites Mal machen. Alles unter strenger Bewachung von zahlreichen Posten mit aufgepflanztem Bajonett.

Als wir ankamen, gab es hier noch Adler, Geier, Schildkröten, Braunbären, Schlangen, Taranteln, Gottesanbeterinnen und Skorpione. Am schlimmsten aber waren die Malariafliegen, die zu Myriaden die Luft bevölkerten. Man konnte in den ersten Wochen keinen Löffel Suppe oder Bissen Brot zum Munde führen, ohne daß nicht Dutzende von Mücken einem in den Mund flogen. Augen und Ohren waren vor allem am Abend dicht von Mücken umlagert. Nur gut, daß die Russen, die mit uns hierher gekommen waren, noch mehr Angst vor der Malaria hatten, als wir. Wochen- ja monatelang wurden alle Flußläufe, Bäche, Tümpel und Wasserstellen, die es in den Niederungen der unregulierten Kura in Mengen gab, mit einem Gift besprüht, das die Mücken und ihre Brut im Laufe der Zeit fast völlig vernichtete. „Pariser Grün" nannten die Russen dieses Gift.

Mit dem Versprühen alleine war es natürlich nicht getan. Schon traten die ersten Malariafälle in und außerhalb des Lagers auf. Gelbe Atebrintabletten wurden verteilt als Medizin oder als Vorbeugung. Monatelang mußten wir beim abendlichen Einmarsch ins Lager am Lagertor unter Aufsicht des Wachpersonals zwei bis drei Atebrintabletten schlucken. Diese gelben Tabletten lösen sich im Mund sofort auf und schmecken dann fürchterlich bitter. Wer nicht noch in einem Becher etwas Flüssigkeit von der Baustelle mitgebracht hatte, für den bestand die Kunst darin, mit angesammeltem Speichel diese Tabletten so rasch wie möglich hinunterzuschlucken, was nicht immer und jedem gelang.

Später, als die Gefahr der Malaria gebannt war, verwendeten wir die ausgegebenen Atebrintabletten gerne zum Gelbfärben unserer Hemden, so wie man mit Kalium-Permanganat aus dem Lazarett sich sein Hemd schön violett färben konnte ...

Besonders schlimm wütete im Lager die Wassersucht (Ödeme). Wer diese Wassersucht, zuerst in den Beinen, bekam, mußte aufpassen, daß das Wasser nicht weiter im Körper anstieg. Wenn das Wasser das Herz erreichte, war Schluß. Bei vielen konnte man den Daumen tief in den Unterschenkel neben dem Schienbein hineindrücken, und für Minuten blieben tiefe Eindruckstellen. Da war natürlich jede zusätzliche Flüssigkeitsaufnahme Gift. Es gehörte schon eine enorme Selbstdisziplin dazu, bei 30 – 40 Grad im Schatten kein Wasser oder Tee zu trinken.

Wir haben uns, soweit das überhaupt möglich war, auch selbst geholfen. Gegen Ruhr fertigten wir selbst Holzkohle oder versuchten bei der Bevölkerung Wismuth-Pulver einzutauschen, fünf Jahre bekamen wir kein Gemüse oder Obst. So war es nicht verwunderlich, daß kein Löwenzahnblatt oder wilde Melde oder wilde kleine Zwiebeln vor uns sicher waren. Später scheuten wir uns auch nicht, Melonen, Tomaten oder Feigen auf den Feldern zu stehlen, trotz Bewachung ...

Wir waren nach Aserbaidshan transportiert worden, um dort am Bau eines großen Staudammes mitzuarbeiten. Wie man uns sagte, nach Dnepropetrowsk der zweitgrößte damals in der Sowjetunion. Wir arbeiteten acht Stunden am Tag, am Anfang manchmal auch länger, auf jeden Fall aber so lange, bis die Tagesnorm erfüllt war. Dies betraf insbesondere Erdarbeiten, die Ziegelei mit der Herstellung von Lehmziegeln, die Ausschalungsarbeiten. Diese Brigaden hatten größte Schwierigkeiten und waren manchmal am Verzweifeln.

Im Januar 1946 war außer dem Lager nichts vorhanden. Unsere Arbeit begann mit dem Ausbau des Lagers und erst dann fing man an, die Stadt, d. h. die Häuser für die Zivilbevölkerung zu bauen. Natürlich auch zuerst die Unterbringung der Wachmannschaften. Im Gegensatz zu unseren Gepflogenheiten wurden zuerst die Häuser gebaut und dann erst die Straßen und die Kanalisation. Dies führte zu erheblichen Behinderungen, wenn es – allerdings selten – regnete. Im Laufe der Zeit zogen immer mehr Zivilisten hierher. Man baute eine Schule, ein Rathaus, einen Kulturpalast. Für das Lager brauchte man eine Bäckerei, eine Küche, eine Wäscherei und ein Lazarett. Für die russischen Offiziere mußten Wohnungen gebaut werden.

Zu all diesen Arbeiten brauchte man natürlich elektrischen Strom. Die nächste Stromleitung war 40 km entfernt. Also brachte man aus der Bahnstation Jewlach ein fahrbares Aggregat herbei. Der Bau der Stromleitung begann erst später. Es gab aber von Jewlach bis zu unserem Lager keine Eisenbahnverbindung. Das war aber kein Grund, das fahrbare Eisenbahnaggregat nicht bis zu uns ins Lager zu schaffen ... Also wurde das Aggregat auf einen Schienenstrang von ca. 10 Metern gestellt, ein weiterer Schienenstrang wurde davorgelegt und das Aggregat von Hand um 10 Meter nach vorne geschoben. Dann wurde das freigewordene Gleisstück wieder vorne angelegt und so immer im Wechsel. Nach mehreren Wochen und nach unzähligen Schwierigkeiten stand das Aggregat bei uns am jenseitigen Ufer der Kura und lieferte den ersten Strom. Bis dahin hatten wir die Nächte mit Kerzen-öder Petroleumlicht verbracht.

Natürlich war das Aggregat zu schwach für den gesamten Strombedarf. So gab es nur stundenweise Strom und oft auch nur mit großen Unterbrechungen. Es handelte sich nämlich um ein Aggregat vom Baujahr 1895/99, das in der Ostzone demontiert worden war. Beim Transport waren zahlreiche Teile verloren gegangen oder beschädigt worden. Diese Teile mußten von unseren kriegsgefangenen Schlossern und Elektrikern nachgefertigt werden. Selbst die russischen Ingenieure hatten Zweifel, ob das Aggregat wieder zum Laufen kommt.

Eine Bahnlinie wurde gebaut. Das war ein Festtag, als der erste Zug unter lautem Sirengeheule in Mingitschaur eintraf. Eine Brücke wurde gebaut, Kiesgruben errichtet, Sägewerke angelegt, und bald begann die eigentliche Arbeit, der Aushub für den Staudamm.

Ein heutiger Mensch kann das nicht nachvollziehen: Alles wurde von Hand ausgeschachtet, kein Bagger, keine Raupe, nur Menschen, Kriegsgefangene mit „Tragen" aus Holz. Zwei Holme und dazwischen 1/2 qm Bretter. Vorne ein Mann, hinten ein Mann. Absetzen, aufladen, wegtragen, abkippen und zurück, das selbe Spiel, hundert mal am Tag. Hunderte von Kriegsgefangenen mit hunderten von Tragen, tagaus – tagein, wochenlang, monatelang. Wie in einem Ameisenhaufen wimmelte es auf der Baustelle ...

Bei uns im Lager hatten die Geistlichen beider Konfessionen keine bevorzugte Stellung und mußten arbeiten, wie jeder andere auch. Unser Pfarrer Werner in unserer Baracke durfte aber, genau wie sein katholischer Kollege, am Sonntag Gottesdienst oder Messe abhalten. Im Sommer im Freien und sonst in der Lagerleitungsbaracke. Einzige Bedingung der russischen Lagerkommandantur: Die Bilder von Lenin und Stalin durften nicht abgehängt werden. So hing also ein selbsgefertigtes Kruzifix an der Stirnseite der Baracke zwischen den beiden Repräsentanten und Gründern der Sowjetunion, was uns nicht hinderte, mit Andacht den Worten des Pfarrers zu lauschen. Sogar Kommunion und Abendmahl wurden ausgeteilt und konnten empfangen werden.

… Besonders vorbildlich hat sich seinerzeit unser katholischer Pfarrer Gerhard Schaffran verhalten. Ich erinnere mich an einen bezeichnenden Vorfall: Auf eine weit vom Lager entfernte Baustelle wurden die Brigaden mit Lkws zur Arbeit transportiert und auch wieder abgeholt. Bei einer Abholung stellte sich heraus, daß zu wenig Lkws zur Verfügung standen, um alle Kameraden ins Lager zu transportieren. Sofort sprang Pfarrer Schaffran von seinem Lkw, auf den er schon gestiegen war, und machte einem Kameraden Platz, der schlecht zu Fuß war. Er selbst marschierte dann mit den Übriggebliebenen zu Fuß den weiten Weg ins Lager zurück. Das war praktizierte Nächstenliebe!

Sicher ist Pfarrer Schaffran vielen Kameraden als leuchtendes Vorbild in Erinnerung geblieben. Immer hatte er ein Wort der Aufmunterung für uns, auch wenn es ihm selbst gesundheitlich nicht gut ging. Alle Achtung vor solch einem Mann! Seine Worte und seine Predigten, die er in der ersten Zeit der russischen Lagerkommandantur zur Zensur vorlegen mußte, haben uns den nötigen Halt gegeben, den inneren Halt, dessen wir so dringend bedurften …

Für uns waren die Religion und der Glaube an den Herrgott etwas, was uns über die schwere Zeit der Gefangenschaft hinweghalf, besonders wenn die Geistlichen im Lager mit gutem Beispiel vorangingen. Es gab ja sonst nichts, an das man sich halten konnte. Der dauernde Spruch: „Skoro domoi" (bald nach Hause), täglich von russischen Offizieren, den Posten, den Ingenieuren und Zivilpersonen gebraucht, um uns bei guter Laune und Arbeitslust zu halten, hing uns schon zum Halse heraus. Nach vier Jahren glaubte keiner mehr daran, und doch hatte jeder im Innern die Hoffnung nie sinken lassen, daß das Wort eines Tages Wahrheit werden würde. Und wie das im Leben so ist: immer wenn es einem besonders dreckig geht, erinnert man sich an den Herrgott. Wieviele haben erst hier den Satz aus dem Vaterunser richtig verstanden und von Herzen gebetet: „Unser täglich Brot gib uns heute".

Den Satz: „Dein Wille geschehe" hatten schon viele als Soldaten an der Front zu beten gelernt. Die Worte unserer Pfarrer, die mit uns das gleiche Schicksal teilten, gaben uns Mut und Vertrauen auszuhalten. Und unser Herrgott hat unsere Gebete erhört ...

Alfred Kempf

... Wir landeten schließlich in einem Niemandsland am Fluß Kura, wo lediglich Erdbunker als Unterkunft für uns Kriegsgefangene vorbereitet waren. Von dort ging es dann, in Brigaden eingeteilt, zum täglichen Arbeitseinsatz mit dem Ziel, einen Staudamm zu bauen. Zuvor mußten wir Häuser für die russischen Ingenieure und deren Angehörigen errichten, und diese Siedlung erhielt den Namen Mingitschaur. Für den Hausbau mußten wir Lehmziegeln herstellen. Es mußte auch Urwald gerodet werden, um den Aushub für den Staudamm zu erstellen. Ebenso bauten wir einen Bahndamm einschließlich der Gleisverlegung von hier nach Erewan; außerdem eine Pontonbrücke über die relativ breite Kura. Alle diese Arbeiten wurden auf die primitivste Weise gemacht; jedoch unter dem Zwang der Normerfüllung und das im ungewohnten subtropischen Klima. Der Russenausspruch: „Mit gutem Handwerkszeug kann jeder arbeiten, aber wie es mit schlechtem geht, könnt ihr nur von uns lernen", bleibt mir in Erinnerung. Wir alle meinten, daß unsere Erschwernisse wohl mit dem Pyramidenbau Ägyptens vergleichbar sein mußten.

Auf dem Weg zur Arbeit und auch schon mal bei der Arbeit kam ich Gerhard näher. Wir unterhielten uns viel, und er gab mir zusehends inneren Halt. Dies nicht nur, weil er der um zwölf Jahre ältere ist. Seine Gottesdienste, welche er den Umständen entsprechend so oft wie nur möglich hielt, waren auch hier übermäßig gut besucht. Bei seinen Predigten konnte man „eine Nadel fallen hören", obwohl wir mit zunehmender Gefangenschaftsdauer unter sehr starken Konzentrationsschwächen litten. Die Zahl der „am Leben und an Gott Verzweifelten" nahm zu, und doch suchte gerade dieser Kreis den Kontakt zu Gerhard. Er vermittelte keine „frommen Sprüche", sondern den Sinn für ein Dasein auch in unserer bedrückenden Situation. Erst in meinem späteren Leben, viele Jahre nach der Gefangenschaft, ging mir aufgrund seines Beispiels und seines Vorbildes auf, wie das „Ja Vater" verstanden und schließlich auch in leidvollen Lebensabschnitten zu praktizieren ist. Die einzige Lektüre, welche Gerhard trotz der häufigen „Filzungen" durchbringen konnte, war das Buch „Der Herr" von Romano Guardini. Es war die erste Anschaffung nach meiner Entlassung aus der Gefangenschaft.

Auch die Russen registrierten sehr bald, welches Ansehen Gerhard unter uns Kriegsgefangenen hatte. Er wurde deshalb zum Polit-Offizier beordert, und dieser habe ihm vorgetragen, daß er in seinen Predigten zur Erfüllung der Arbeitsnorm motivieren sollte. Als Belohnung würde er dann von der Arbeit befreit werden. Gerhard lehnte ab, worauf ihm mit Versetzung ins Straflager gedroht worden sei. Auch Gerhard wußte, daß bei den Strapazen im Straflager die Überlebenschancen mehr als gering waren. Er blieb dennoch konsequent und mußte deshalb tatsächlich dorthin. Wie durch ein Wunder kam er aber nach wenigen Tagen zurück. Beim Zählappell sei komischerweise ein Mann zuviel „an Bord gewesen", und dann sei der

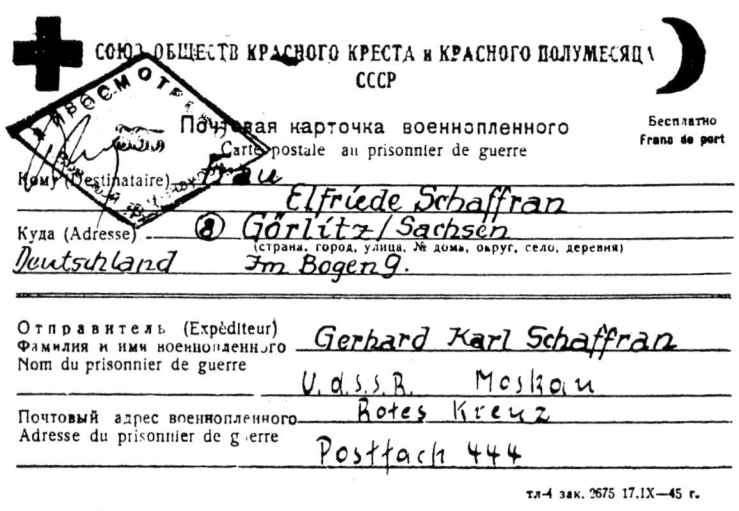

СОЮЗ ОБЩЕСТВ КРАСНОГО КРЕСТА и КРАСНОГО ПОЛУМЕСЯЦА
СССР

Почтовая карточка военнопленного
Carte postale au prisonnier de guerre

Бесплатно
Franc de port

Кому (Destinataire) *Frau*

Elfriede Schaffran

Куда (Adresse) ⑧ *Görlitz / Sachsen*
(страна, город, улица, № дома, округ, село, деревня)
Deutschland   *Im Bogen 9.*

Отправитель (Expéditeur)
Фамилия и имя военнопленного   *Gerhard Karl Schaffran*
Nom du prisonnier de guerre

U.d.S.S.R.   Moskau

Почтовый адрес военнопленного   *Rotes Kreuz*
Adresse du prisonnier de guerre

Postfach 444

тл-4 зак. 2675 17.IX—45 г.

Rußland, 16.3.1146.

Meine liebe Mutter!

Endlich kann ich Dir aus einem Gefangenenlager in Rußland herzliche Grüße senden. Oft
steht mir Dein lb. Bild vor der Seele. Jede auf-
kommende Sorge um Dich findet jedoch Ruhe in
dem Gedanken, daß der an keinen Raum gebun-
dene Gott Dich beschützen wird. — Mir selbst geht es
gut. Wirklich! Die körperliche Arbeit fällt mir nicht
schwer. Sie bekommt mir sogar gut. Wir erhalten
genügend Verpflegung. — Die größte Freude finde ich
darin, daß ich fast regelmäßig Gottesdienste halten
kann. Eine Meßtasche habe ich aus Breslau mitgenommen. — Hoffentlich sind Herbert, Karl Heinz
und Alfons inzwischen zu Hause. Auch für mich
wird dieser Tag kommen, wenn es Gott gefällt.
Inzwischen sind wir alle in der gütigen Vaterhand
Gottes geborgen. In diesem Gedanken grüße ich Dich,
Kurtha, Herbert, Karl Heinz und alle Bekannte. Dein Gerhard

2.12.1946

erste im Glied – das war Gerhard aufgrund seiner Körpergröße – zurück ins Stammlager geschickt worden. Er kam ungebrochen und strahlte unverändert Gelassenheit aus.

Im engeren Kreis um Gerhard war ich der Jüngste. Deshalb, aber wohl auch weil ich ein Einzelkind bin, bekam ich periodisch schlimmes Heimweh und wollte mit Gewalt meine Heimkehr erzwingen. Das war nur möglich, wenn man einem Krankentransport zugeordnet wurde. In unregelmäßigen und nicht überschaubaren Zeitabständen wurden nämlich Arbeitsunfähige entlassen. Diesen Zustand wollte ich auch erreichen, was nur durch zusätzliches Hungern bei mir hätte möglich werden können. Ohne darüber zu sprechen, erkannte Gerhard meine Absicht und sprach auf mich ein, daß so ein Verhalten mit Selbstmord gleichzusetzen sei. Da man nicht wußte, wann eben der nächste Transport anstand und zwischenzeitlich Krankheiten drohen konnten – vor allem Malaria – war so ein Verhalten schon als „Spiel mit dem Tod" vergleichbar. Manch einer von den Kameraden hat sein Leben so weggegeben. Solche kritischen Zustände hat er nicht nur bei mir, sondern reihum kuriert. Aus unserem engeren Freundeskreis um Gerhard – dazu gehörten Klaus Tinschmann, Pater Wolfgang Günther, Dr. med. Hans Ebert und Dr. Guido Hertel (der spätere Präsident des Bundesrechnungshofes – wir nannten ihn damals „den schönen Guido") haben dann auch alle die Entlassung aus der Gefangenschaft erleben dürfen. Außer Gerhard und mir sind die genannten Freunde schon in der Ewigkeit.

Ende Dezember 1949 – der Beginn der allgemeinen Entlassung – standen Gerhard und ich auf der Transportliste. Wir fuhren zusammen in einem Güterwagen bis Frankfurt/Oder. Dort wurden wir nach Besatzungszonen in der Zielheimat getrennt. Er fuhr ins Rheinland, wo sich seine Angehörigen niedergelassen hatten und ich ins Schwabenland, damals französische Zone.

Die langen und schweren Jahre meiner Kriegsgefangenschaft möchte ich nicht noch einmal durchmachen, diese Zeit aber auch nicht missen. Missen möchte ich sie schon nicht wegen der tragend gewordenen Freundschaft mit Gerhard.

August Allgayer, 1992

Lieber Freund! Habe heute durch Zufall Deine Anschrift erhalten ... Soviele Jahre mußten vergehen, dabei habe ich so oft von Dir und Deinem Wirken in Mingitschaur erzählt. Ich habe damals durch Deine herzergreifenden Sonntagspredigten wieder beten gelernt. Es war ein Rettungsanker in unserem trostlosen Leben ... Ich habe noch viele Sätze aus Deinen Predigten im Gedächtnis – und noch heute möchte ich „Vergelts Gott" und danke sagen für alle Deine aufopfernde Hilfe im Lager ...

Heinrich Seewann, 1981

... und dann die Vertreter der christlichen Religion, in unserem Offiziers-Erdbunker zunächst einmal die beiden evangelischen Pfarrer ... Ich will hier und heute in meinem Alter nicht mehr mit ihnen richten – ich kann sie inzwischen bis zu einem gewissen Grade sogar verstehen. Aber damals waren wir jung, wir suchten Vorbilder, hätten sie dringend nötig gehabt, aber ... Ein dritter evangelischer Pfarrer – aus Franken war er – verhielt sich angenehm still und spielte sich nicht in den Vordergrund; deshalb war er mir sympatisch.

Und nun im Gegensatz hierzu: Herr Schaffran! Er lebte in und nach seinem Glauben! Er war weder anmaßend noch selbstherrlich, weder fanatisch noch wichtigtuerisch oder eingebildet. Er versuchte auch nicht, sein Wissen oder seine christliche Überzeugung „an den Mann zu bringen". Es war wohltuend, sich mit ihm zu unterhalten, weil er nachsichtig, demütig, taktvoll und redlich war. Damals begründete sich bei mir die Auffassung, daß der, der die christliche Lehre auf dieser Erde vertreten will, unverheiratet sein sollte. Er brauchte ja kein Heiliger zu sein; aber er muß in entscheidenden Momenten und gerade in kritischen Situationen „die Sache" glaubhaft, unabhängig und ohne Rücksicht auf seine eigene Person vertreten können.

Nur deshalb konnte Herr Schaffran ganz für den leidenden Menschen da sein. Er hat nicht geredet – er hat gehandelt! Und ich betone es nochmals: Wegen Herrn Schaffran hätte ich katholisch werden können! ... Otto Reul

Als ich in einer Zeitschrift Ihr Bild mit Ihrer Adresse entdeckte, war dieses fast wie eine Aufforderung an mich, an Sie diesen Brief zu schreiben. Ich habe eigentlich seit meiner Rückkehr aus der russischen Gefangenschaft sehr oft von Ihnen gesprochen und noch öfter an Sie denken müssen. Dabei habe ich mich gefragt, was Sie wohl machen mögen?

Während der russischen Kriegsgefangenschaft in Mingitschaur gingen unsere Wege einmal einige Monate nebeneinanderher. Wir waren gemeinsam in jener Arbeitsgruppe jenseits der Kura, in der man die Pfarrer zusammengefaßt hatte ... Ich weiß nicht, wie ich zu der Ehre kam; aber ich gehörte zu den Dreien, die nicht dem geistlichen Stande angehörten. Dazu war ich damals 23 Jahre jung, ehemals Oberleutnant der Pioniere ...

Sie haben mir damals sehr viel auf meinen weiteren Lebensweg mitgegeben. Obwohl auch Sie selbst wie jeder andere mitarbeiten mußten, haben Sie doch mit einer bewundernswerten Selbstverständlichkeit nach den Mühen des Lagers Ihre Aufgabe als Seelsorger wahrgenommen. Es ist mir ein aus dem Herzen kommendes Bedürfnis, Ihnen heute, da ich Ihre Adresse bekommen habe, für Ihr beispielhaftes Bemühen zu danken. Sie ließen uns alle teilhaben, auch diejenigen, die wie ich selbst, zu einem anderen Bekenntnis gehörten. Kurz bevor Sie nach Baku verlegt wurden, erkrankte ich als einer der ersten an Malaria und an den anderen Begleiterscheinungen. Nach all den Jahren ist es ein kleiner Ausgleich, wenn ich mich durch diesen Brief für Ihre Besuche und Betreuung in der Krankenbaracke bedanke ...   Wolfgang Sch., 1973

Im Sommer 1947 kam Gerhard Schaffran in das von Mingitschaur etwa 200 km entfernte Lager Karadag. Der Abschied fiel ihm nicht leicht, von den Kameraden, die ihn inzwischen fast alle kannten und schätzten, von den Freunden, mit denen zusammen sich das schwere Los besser tragen ließ. Warum also gerade er?

Manchmal läßt Gott uns bald seine Pläne mit uns Menschen begreifen: Kurz nach seiner Ankunft im Lager Karadag erfuhr er, daß es hier weder einen evangelischen, noch einen katholischen Geistlichen gab. Die Kameraden brauchten ihn hier dringender als in Mingitschaur.

Auch aus dem Lager Karadag gibt es Berichte von Kriegsgefangenen:

... Vor einigen Tagen kam ich aus russischer Kriegsgefangenschaft zurück. Da ich mit Herrn Pfarrer Gerhard Schaffran in einem Lager beisammen war, bat er mich, allen Herren vom Dom recht herzliche Grüße zu übermitteln. Er ist gesund sowie seelisch und moralisch ungebrochen und hofft, auch selbst bald zurückzukehren. Er ist der einzige Geistliche in unserem Lager, wo er seit Anfang an die seelische Betreuung der katholischen sowie auch der evangelischen Kameraden übernommen hat. Wir folgten alle mit großem Interesse seinen Worten, die uns gerade in schweren Stunden immer wieder neue Kraft und Gottes Zuversicht brachten ...   Werner F., 1948

… damals 21jährig, war ich in russischer Kriegsgefangenschaft im Lager „Karadag" in der Nähe von Baku am Kaspischen Meer. Unser Lager hatte das Glück, einen katholischen Geistlichen zu haben. Gerhard Schaffran und ich
arbeiteten im Steinbruch in einer Arbeitsgruppe, bestehend
aus vier Mann. Zwei Mitgefangene brachen das Gestein
aus dem Boden, und wir beide trugen es weg vom Ufer des
Kaspischen Meeres auf eine Anhöhe, dort mußten wir es
aufstapeln zum Abtransport. Pfarrer Schaffran bestand darauf, die Trage hinten anzufassen, denn wenn es die Anhöhe hinauf ging, hatte der Hintengehende die größere Last
zu tragen. Unter uns vier Mann war eine gute Kameradschaft. Kein Streit, keine Lästerungen, jeder achtete jeden,
und diese Ausgeglichenheit, diese Rücksichtnahme gab
uns jener Geistliche, der unser Arbeitskollege war …

Herbert Hainz, 1980

Die Normerfüllung war Voraussetzung für die Genehmigung, den sonntäglichen Gottesdienst zu halten. Er schaffte
die Norm. Aber es ging an die Substanz – auch bei den
Kameraden, denn alle hatten ein Motiv, die Norm zu erfüllen: davon hing die Zuteilung der Verpflegung ab. Und sie
starben, die Kameraden. Vor allem die Älteren, die die Hoffnung auf Heimkehr aufgegeben hatten; und die ganz Jungen, die das Heimweh zusätzlich krank machte. Sie starben
nicht nur im Lazarett an Malaria oder Distrophie. Manchen
fiel der Spaten einfach aus der Hand oder der Löffel beim
Essen; andere starben im Sitzen während einer Arbeits-
pause oder auf ihren Pritschen des Nachts in den Baracken.
Es war ein leises Sterben, wie ein Auslöschen; sie hatten
keine Kraft mehr, sich gegen das Sterben zu wehren.

Und er begrub sie im Sand am Ufer des Kaspischen
Meeres. Anfangs war es nicht immer leicht, freiwillige Helfer für das Schaufeln eines Grabes zu finden, bedeutete das

doch für die erschöpften, ausgemergelten Menschen eine zusätzliche, kaum aufzubringende Anstrengung. Aber als der Pfarrer, der tagsüber genauso schwer gearbeitet hatte, wie selbstverständlich die Schaufel nahm, gab es bald genügend Freiwillige; man konnte ihn, der doch einer von ihnen war, nicht allein lassen.

...Im Lager Karadag am Kaspischen Meer traf ich im Sommer 1947 wieder mit Herrn Schaffran zusammen. Meine Freude darüber war verständlicherweise sehr groß ...Wir haben oft zusammen gearbeitet. Wir schleppten im Akkordtempo schwere Sandsteine auf die Gerüste von Neubauten, trugen beim Straßenbau Erdreich ab, das wir im Zweiergespann mit einer Holztrage auf das Gelände links und rechts der Straße schafften. Dabei ging es immer hektisch zu, denn es ging um Prozente, und davon hing die Größe der täglichen Brotration ab.

Herr Schaffran trug nach meiner guten Erinnerung in seinem Umkreis immer dazu bei, daß eine Atmosphäre gegenseitiger Achtung und Rücksichtnahme erhalten blieb. Auch gegenüber der russischen Lagerleitung trat Herr Schaffran, obwohl auch „woina plenny", mutig auf, wenn es um Belange von Mitgefangenen ging, z. B. Sonntagsarbeit.

Die sonntäglichen Meßfeiern waren immer gut besucht, nicht nur von Katholiken. Ich bin davon berzeugt, daß diejenigen, die dabei waren, in ihrem späteren Leben sich immer wieder einmal an diese Stunden gemeinsamer Andacht zurückerinnert haben. Das durften wir unserem Seelsorger, Herrn Schaffran, verdanken, der uns Vorbild, Hoffnungsträger und kameradschaftlicher Mitgefangener war in den Jahren des Hungers, der Entbehrungen und oft auch Hoffnungslosigkeit.

Ich möchte aber, der Wahrheit zuliebe, auch die russischen Menschen nicht vergessen. Nach heutigem Kenntnisstand waren es ja nicht die Russen allein, es waren Aserbaidshaner, Armenier, Ukrainer, auch Menschen jenseits des Urals. Immer wieder habe ich in Gefangenschaft prächtige Menschen kennengelernt, Menschen mit Herz uns gegenüber. Da sich fast alles ums Überleben, also Brot und Suppe drehte, ein kleines Beispiel:

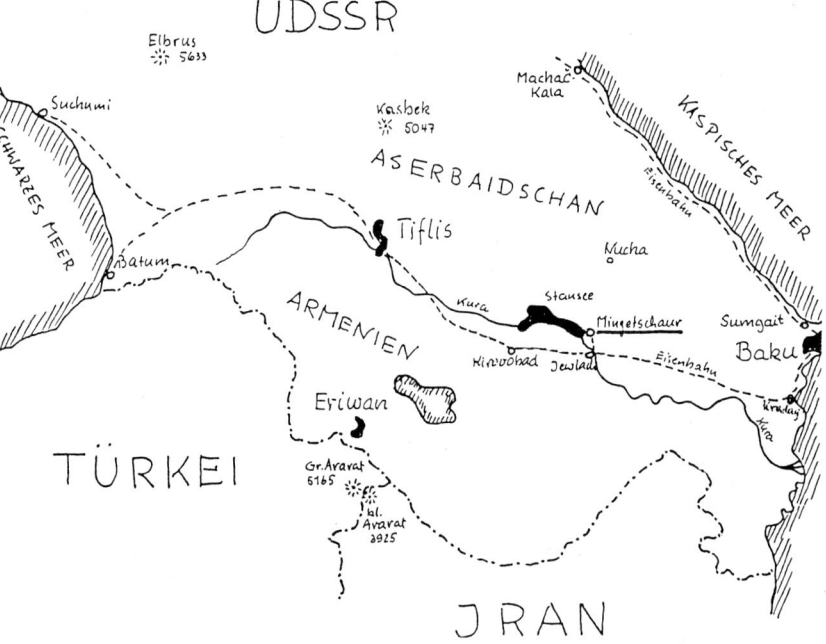

Die Gefangenenlager Mingitschaur und Karadag

Wir waren von unserem Lager Karadag aus täglich in einem Steinbruch am Kaspischen Meer zur Arbeit, da schickte der uns bewachende Soldat mich mit einem anderen zusammen in die etwa eine halbe Stunde entfernt liegende Fischerei, um Zigaretten für ihn zu holen. Wir durften unsere Kochgeschirre mitnehmen. Dort angekommen,

177

waren die dort Beschäftigten, viele Ukrainer, die deutsch sprachen, gerade beim Mittagessen. Es gab große gebratene Fische. Wir hielten bescheiden nach den Fischköpfen Ausschau, die am Tellerrand lagen. Dies duldeten diese einfachen Menschen nicht. Sogleich bekam jeder von uns einen gebratenen Fisch, dazu Chleb, wohl der beste Fisch meines Lebens! Auf den Weg gab es noch ein mit Suppe gefülltes Kochgeschirr. Daß uns auf dem Rückweg der Politoffizier erwischte, beeindruckte unseren Posten anschließend zu unserem Erstaunen wenig, denn am nächsten Tag durften wieder zwei andere von uns sich mal satt essen gehen ...

Herr Schaffran war aufgrund seiner Kenntnisse als Nivellierowschtschik mit der Geländevermessung beim Bau einer Eisenbahnstrecke beauftragt. So konnte er für gerechte Berechnung der mit Pickhacke und Schaufel bewegten Erdmassen sorgen (die Prozente stimmten).

Wir waren auch beim Bau einer Zementfabrik eingesetzt. Auch dort konnte er, von der Bauleitung als Spezialist in Vermessung anerkannt, viel Positives für uns erreichen. Es war besonders das Vertrauen, das er aufgrund seiner Persönlichkeit um sich schuf, das sich sowohl bei den Bauleuten, als auch den Bewachern, den Posten, günstig auswirkte. So saßen wir oft auch mal zusammen, und es wurde diskutiert. Die Frage nach Gott wurde dabei an Herrn Schaffran gestellt. Es war ein sehr intelligenter, ukrainischer Soldat. Da es Winter und kalt war, brannte sehr oft in der Bauleitung, einer baufälligen Bretterbude, ein gemütliches „Birkenholzfeuerle", das Herr Schaffran so sehr liebte. Daß er dabei auch nicht nur den Rauch des Birkenholzes inhalierte, darf ich wohl verraten ...

Paul Faller, 1992

Dann, eines Tages, spürte auch er die ersten Anzeichen der Distrophie. Die Malaria hatte er überstanden, konnte der

Der dornengekrönte Christus. Im Lager mit einem flachgeklopf-
ten Nagel geschnitzt von Georg Gomille

mehr und mehr geschwächte Körper auch mit dieser Krankheit fertigwerden?

War es eine der „kleinen Fügungen Gottes", die manche Menschen Zufall nennen, daß gerade zu diesem Zeitpunkt Vermessungs-Ingenieure gesucht wurden für den Bau einer geplanten Zementfabrik? In der Oberrealschule war doch Mathematik sein Spezialfach, und er verstand es gut, mit dem Theodoliten umzugehen. Wenn er sich nun meldete, gab es zwei Möglichkeiten: Entweder man entdeckte den „Schwindel", dann stand es schlecht für ihn – oder man war mit seinen Kenntnissen, die er sich bei Oberstudienrat Hasenfelder einst erworben hatte, zufrieden und akzeptierte ihn als Vermessungs-Ingenieur, dann waren die Überlebenschancen gut. Meldete er sich aber nicht, gab es nur eine Möglichkeit: das Fortschreiten der Krankheit. Er konnte sich ausrechnen, wann das Wasser das Herz erreichen und damit sein Leben beenden würde.

Er meldete sich, legte den Spaten aus der Hand und nahm den Theodoliten in die Hand. Zugeordnet wurde er dem Glawni- (Haupt)-Ingenieur Michail Iwanowitsch. Schon bald galt er in seiner neuen Aufgabe als „bolschoi spezialist" und besaß eine Position, in der er seinen Kameraden mehr helfen konnte als bei seiner Arbeit im Steinbruch: Als Nivellierowschtschik brauchte er jemanden, der ihm die Latte hielt. Ein mehr als begehrter Posten, war er doch mit keiner schweren körperlichen Arbeit verbunden. Und da gab es im Steinbruch noch immer den jungen, heimwehkranken Josef Z.; als Siebzehnjähriger war er in Gefangenschaft geraten. Sein Bruder war wegen seiner laut geäußerten Einstellung zum Krieg als „Vaterlandsverräter" erschossen worden. Wie sollte seine Mutter weiterleben, wenn nun auch er vielleicht nicht mehr nach Hause käme? Die ungewohnt schwere Arbeit, aber vor allem der Gedanke an die Mutter hatten ihn krank gemacht. Josef Z. wurde nun für viele Monate sein „Lattenhalter", überstand so die Lagerzeit und ist mit seinem ehemaligen „Lagerpfarrer" und väterlichen Freund bis heute in Dankbarkeit verbunden.

Einmal bemerkte er, daß einer der russischen Brigadeführer weniger aufschrieb, als seine Kameraden erarbeitet hatten. Das bedeutete, der Mehrgewinn ging in die Tasche der Posten, die Gefangenen aber erhielten, da sie die Norm nicht geschafft hatten, weniger an Verpflegung. Voller Zorn nahm er seinen Theodoliten, dejustierte ihn mit kräftigen Bewegungen und rief dem Kommandeur zu: Er wollte lieber wieder mit dem Spaten arbeiten, als bei einem solchen Unrecht zusehen!

Michail Iwanowitsch, der eiligst hinzukam, versuchte ihn zu beruhigen und seinen Zorn zu besänftigen, ließ gleichzeitig eine wahre Kaskade von Schimpfworten (und wer die russische Sprache kennt, weiß wieviele es gibt!) auf den Posten nieder.

Inzwischen genoß der „bolschoi spezialist" ein solches Ansehen auch unter den russischen Ingenieuren, daß auf seine Mitarbeit nicht mehr verzichtet werden konnte. Er wurde dann sogar zum „Normirowschtschik" bestimmt, und konnte mit seinem Bleistift sehr viel tun, damit die Kameraden ausreichend Verpflegung bekamen. Mußte zum Beispiel Erde für das Fundament der Zementfabrik ausgehoben oder für den Bahndamm transportiert werden, richtete sich die Norm entscheidend nach der Beschaffenheit der Erde: bestand sie zumeist aus Sand – war sie vermischt mit Ton oder Lehm oder gar mit Steinen – in welchem Verhältnis war der Anteil der Steine? Jetzt befand sich der Bleistift in der richtigen Hand! Er brauchte nur einige Kubikmeter Erde von der schweren Kategorie aufzuschreiben, schon stimmten Norm und Verpflegung. Es war gut, die Norm nur um wenige Prozent überzuerfüllen, keinesfalls durfte sie mehr als 110% betragen, da dann die Gefahr bestand, daß die Norm erhöht wurde.

Mit Michail Iwanowitsch, dem „glawni ingenieur", verband ihn schon nach kurzer Zeit ein beinahe freundschaftliches Verhältnis. Sie waren etwa gleichaltrig, hatten beide den Krieg mitgemacht, wenn auch jeder auf der anderen Seite, und kamen sich durch viele Gespräche menschlich nahe. In einer der ersten gemeinsamen Arbeitspausen wickelte Michail sein Brot aus der „Prawda" und wollte gerade hineinbeißen, da bemerkte er, daß „gospodin Schaffran", wie er ihn nannte, nichts zum Essen hatte. Ohne Überlegung brach er das Brot mitten durch, reichte eine Hälfte hinüber: polowinja – polowinja (Hälfte – Hälfte).

Wie oft in dieser Zeit schauten sie gemeinsam hinüber zum Kaukasus, wenn die gellenden Rufe der aserbaidshanischen Hirten erklangen und sich die Schafherden, die von einem abgegrasten Futterplatz zum nächsten getrieben wurden, wie Wasserfälle über die Hänge ergossen.

Michail Iwanowitsch litt sehr unter dem schlechten Verhältnis zwischen Russen und Aserbaidshanern. Erzogen durch den Komsomol, glaubte er fest an die „heilbringende" Idee des Kommunismus und war betrübt, daß die Aserbaidshaner seine Meinung nicht teilten. Doch dieses stolze, die Freiheit liebende Volk – zum großen Teil bestand es damals noch aus Hirten und Nomaden – war nicht bereit, seine Identität aufzugeben und „in einem großen Volk aufzugehen", obwohl gerade das immer wieder von der Sowjetmacht versucht wurde. So standen eines Tages Aserbaidshaner wild gestikulierend um einen Zeitung lesenden Mann herum. Was war geschehen? Ihre Zeitung war erschienen in ihrer Sprache aber mit kyrillischen Buchstaben. Nun brauchte man zum Zeitunglesen zwei: einen Russen, der vorlas – und einen Aserbaidshaner, der das Gelesene verstand! Wie sehr auch dieser rigorose Versuch, aus vielen Völkern ein einziges zu machen, das Gegenteil erreichte, zeigte die Reaktion. Ein junger Aserbaidshaner schlug mit den zu Fäusten geballten Händen gegeneinander und rief: Aserbaidshanski – Russki – wot!

Michail Iwanowitsch war ein intelligenter, nachdenklicher Mensch und nicht nur an technischen, sondern vor allem an philosophischen Fragen sehr interessiert. Wie oft in dieser Zeit sprachen sie über den Sinn des Lebens – über das Woher und Wohin des Menschen – über Ursache und Wirkung – über Gott und die Entstehung der Welt. Manchmal schien es, als regten sich tief in seinem Innern Zweifel an der, sein ganzes Leben bisher umfassenden Weltanschauung.

War aber dann ein schwieriger Bauabschnitt gelungen, kam immer wieder die Frage: Gospodon Schaffran, wer bist du eigentlich? Du sagst, ein Pop – und löst Aufgaben eines Ingenieurs! Obwohl auch Michail Iwanowitsch – wie alle Russen – eine hohe Meinung vom Können der Deutschen hatte, wollte er sich nicht zufriedengeben mit der Beteuerung, das würde man in Deutschland schon in der Oberschule lernen.

Noch mißtrauischer gegenüber diesem „doppelten Beruf" jedenfalls war der Polit-Offizier. Er wollte es genau wissen. Wenige Tage, nachdem sich Gerhard Schaffran als „Nivellierowschtschik" gemeldet hatte, erschien auf der Baustelle eine junge Dame, gutaussehend, wohlgekleidet, von sehr vornehmer Art. Die Gefangenen vergaßen ihre Arbeit und schauten gebannt und neugierig, wie dieses „Wesen aus einer anderen Welt" in Begleitung von Michail Iwanowitsch auf den Lagerpfarrer zuging. Michail stellte sie als Dolmetscherin aus Moskau vor und ließ beide allein. Die junge Dame begann in perfektestem Französisch das Gespräch und befragte ihn nach seinem Werdegang, und wie es käme, daß er als „Pop" die Aufgaben auch eines Ingenieurs meisterte. Es war unverkennbar, daß sie vom Polit-Offizier geschickt worden war.

Nun ist es – auch für einen Geistlichen – leicht, in der französischen Sprache einer Dame viele Artigkeiten zu sagen. Und das tat er! Madame, sie werde doch verstehen, da sie eine Dame sei und das Herz eines Menschen erkennen könnte – so ähnlich muß er wohl die einleitenden Worte für sein eigentliches Anliegen formuliert haben: Daß er dies alles hier doch nur tue für seine Kameraden, damit sie am Sonntag den Gottesdienst nicht entbehren müßten. Dafür brauche er nichts weiter als ein wenig Wein – wenn sie vielleicht ein gutes Wort einlegen könnte …

Hunderte von Augenpaaren beobachteten das seltsame Paar, das da hin- und herspazierte, in eifrigem Gespräch vertieft. Es bot sich den Kameraden schon ein recht ungewohntes Bild: Ein Kriegsgefangener, wenn auch der Pfarrer und „bolschoi spezialist", so doch einer von ihnen, mit nacktem Oberkörper, in abgeschnittenen, bis zu den Knien reichenden Hosen, in Holzpantoffeln – neben der jungen attraktiven Dame.

Das Gespräch jedenjalls nahm einen ganz anderen Ausgang, als vom Polit-Offizier gewollt. Die Dame aus Moskau muß wohl hinter dem Äußeren des Kriegsgefangenen den Menschen gesehen und erkannt haben. Seit ihrem Besuch brachte ihm Michail Iwanowitsch, wenn er am Wochenende nach Baku heimfuhr, in regelmäßigen Abständen das kleine Fläschchen gefüllt mit Rotwein. Bis auf ein einziges Mal: Am Montag vor Arbeitsbeginn kam Michail auf ihn zu, hob bedauernd die Schultern: sabil – ich habe das Fläschchen vergessen! Spätestens jetzt, bei der Reaktion, ahnte Michail Iwanowitsch, wie wichtig dem Pfarrer der sonntägliche Gottesdienst war: Sabil – das sei schon das Letzte – einfach vergessen – was einem wichtig sei, vergäße man nicht – auch er würde jetzt vergessen und nicht mehr so gut arbeiten – „lopatka" – die Schaufel würde er wieder in die Hand nehmen und in den Steinbruch gehen – sabil!

In ziemlicher Schweigsamkeit verbrachten beide den Arbeitstag nebeneinander. Am Abend, als der wie üblich endlos dauernde Zählappell vorüber war und alle schon auf den Lkws saßen, die sie in die Baracken ins Lager bringen sollten, rief plötzlich ein Russe lauthals über die Baustelle: Schaffran, in die Baubude kommen! Er sprang vom Lkw herunter, lief voll Eile – damit die Kameraden nicht zu lange auf die Abfahrt und die wohlverdiente Ruhe warten mußten – in die Baubude. Michail Iwanowitsch saß darin, vor ihm auf dem Tisch stand das kleine Fläschchen mit dem aufgeklebten Christuszeichen – gefüllt mit Wein.

Er habe eigens einen Fahrer mit einem Lkw in das etwa 50 km entfernte Baku geschickt, damit er seinen Wein bekäme! Dieses Erlebnis, über das beide nie wieder sprachen, besiegelte eine Freundschaft, die von Dauer hätte sein können, wäre sie nicht hinter Stacheldraht entstanden. Gedanken aber können Stacheldraht überwinden – und sie suchen bis heute oft den russischen Freund.

Anfang 1949 wurde das Lager Karadag aufgelöst. Alle Gefangenen, die krank und arbeitsunfähig waren, hatte man in den letzten Monaten nach Hause transportiert. Die noch im Lager Verbliebenen brachte man in das große Hauptlager Mingitschaur. So kehrte Gerhard Schaffran in das Lager zurück, in dem er die ersten Jahre seiner Gefangenschaft verbrachte. Er konnte viele seiner alten Freunde und Kameraden wiedersehen und mit Freude hören, daß ein großer Teil schon in der Heimat war, mußte aber auch erfahren, wie viele an den Entbehrungen gestorben waren. Hier blieb er nun, bis im Dezember 1949 auch dieses Lager aufgelöst wurde, und er mit dem letzten Transport Richtung Heimat fahren konnte.

… Vor dem inzwischen feststehenden Tag der Entlassung gab es noch aufregende und schlaflose Nächte. Der Termin der Abfahrt war der 20. Dezember 1949. Wir erlebten

СОЮЗ ОБЩЕСТВ КРАСНОГО КРЕСТА и КРАСНОГО ПОЛУМЕСЯЦА
СССР

Почтовая карточка военнопленного
Carte postale du prisonnier de guerre

Бесплатно
Franc de port

Кому (Destinataire) _Hochw. Herrn_

Kanonikus Pinschert

Куда (Adresse) _Görlitz / Sachsen_

(страна, город, улица, № дома, округ, село, деревня)

St. Otto-Stift – Bresnitzerstr. 94

Отправитель (Expéditeur)
милия и имя военнопленного _Gerhard Karl Schaffran_
Nom du prisonnier de guerre

Почтовый адрес военнопленного _U.d.S.S.R._
Adresse du prisonnier de guerre

Lager 7444/1

Зак. 395

---

8. IV. 1949.

Sehr geehrter Herr Kanonikus!

Für das kommende Osterfest wünsche ich ergebenst die Gnade des auferstandenen Herrn! Ich selbst empfehle mich in die große Karfreitags Oratio der heimatlichen mater ecclesiae, ut fideliter serviatur. – Wir können hier auch weiterhin fast regelmäßig an den Sonntagen Gottesdienst halten, und das ist mir und vielen die größte Freude und Kraft.

Auch äußerlich geht es mir gut. Gott sorgt allem! – In großer Verbunde schmieden wir unsere Pläne für die Arbeit dann in der Heimat. Doch soll der Wille der Oberen dann die Entscheidungen treffen – zur Ehre Gottes. –

Ergebenst grüßt auch alle bekannten h. Herren etc.

Gerhard Schaffran.

mit Schrecken und Angst, als russische Offiziere des NKWD jede Nacht durch die Baracken gingen mit einer Namensliste. Der jeweilige Barackenälteste mußte dem Offizier den betreffenden Mann zeigen, den dieser suchte. Der Kamerad wurde abgeführt und zur Wache gebracht. Wir sahen ihn nicht wieder … In erster Linie wurden ausgesondert, wie wir bald herausbekamen, Angehörige der ehemaligen SS, des Volkssturmes oder des Werwolfes und anderer bestimmter Einheiten der früheren deutschen Wehrmacht … Wir erfuhren, daß die ausgesuchten Kameraden in das … Sakljuschoni-Lager gebracht wurden. Es mögen etwa 114 Kameraden gewesen sein … Adenauer hat viele heimgeholt. So stiegen wir Übriggebliebenen wenige Tage vor Weihnachten wieder in einen Viehwagen, diesmal ohne Stacheldraht und Bewachung … Wieder war Weihnachten und wieder im Viehwaggon. Aber diesmal war die Türe offen und nur halb so viele Männer im Wagen …   Alfred Kempf

In Frankfurt/Oder endete dieser Zug. Ein Telegramm wurde nach Hause geschickt – nach Hause, wie vieles hatte sich in diesen fünf Jahren Abwesenheit geändert!

Die Mutter wohnte nicht mehr in Görlitz; sie hatte lange allein auf ihn gewartet, da seine Geschwister mit ihren Familien aus der russischen Besatzungszone Richtung Westen geflüchtet waren. Aber die Mutter war nicht zu bewegen, Görlitz zu verlassen: Wo sollte sich Gerhard hinwenden, wenn er entlassen würde – doch nur nach Hause! Als sein Bruder Herbert erfuhr, daß die Mutter in den Wirren der Nachkriegsjahre dem Verhungern nahe war, holte er sie „über die Grüne Grenze" nach Pattscheid bei Leverkusen.

Ende 1946 durften die Kriegsgefangenen die erste briefliche Verbindung mit Zuhause aufnehmen, so daß einige spärliche Nachrichten sie erreichten. Was den Russen nicht genehm erschien, schwärzten sie und machten Worte und manchmal auch ganze Sätze unleserlich. Aber er wußte, daß er in Breslau keinen Oberen mehr vorfinden würde, bei dem er sich zurückmelden konnte. Er wußte auch, wo seine Angehörigen nun lebten.

Auf einer Straße in Frankfurt/Oder – hier mußten alle umsteigen und hatten bis zur Abfahrt des Zuges ein wenig Zeit – überkam ihn plötzlich ein Gefühl der Freiheit, das ihn beinahe schmerzhaft wissen ließ, was er so viele Jahre vermißt hatte. Wenn er wollte, konnte er die Straßenseite wechseln – niemand würde ihn daran hindern! Und er ging hinüber – und wieder – und wieder – ungezählte Male. Er nahm die Menschen nicht wahr, die seinem seltsamen Treiben verwundert zusahen. Das Gefühl der Freiheit wurde zur Realität beim Wechseln der Straßenseite!

Von Frankfurt/Oder ging es in das Flüchtlingslager Friedland. Nach der Fahrt im Viehwaggon erschien ihm dieser Eilzug wie der Salonwagen, in dem vor vielen Jahren sein Großvater einst den Kaiser gefahren hatte.

Noch einmal umsteigen in Köln. Seine Schwester Hertha war ihm mit ihren beiden Töchtern bis hierher entgegengekommen. Nach fünf Jahren – was hätte es zu erzählen gegeben, aber noch machte das Wiedersehen sie stumm. Gemeinsam fuhren sie nach Pattscheid. Am 4. Januar 1950 stieg er aus dem Zug – er war nach einer langen Reise angekommen. „Vorübergehend eingezogen" hatte Ende 1939 auf seinem Gestellungsbefehl gestanden – fünf Jahre Krieg und fünf Jahre Gefangenschaft: es war vorübergegangen!

Seine Mutter stand am Bahnsteig, eine dunkel gekleidete Gestalt; genauso hatte sie in Günthersdorf gewartet, wenn er in den Ferien nach Hause kam – und er lief ihr entgegen, wie damals in den Tagen der Kindheit.

Heimkehrer auf der Suche nach Heimat

Unbemerkt von Gerhard Schaffran stand am Ende des kleinen Bahnsteiges ein Beobachter, unbeteiligt am Schicksal dieser Menschen, aber ergriffen und tief berührt von der Wiedersehensfreude und „Feier der Heimkehr eines verlorenen Sohnes". Zögernd nur näherte er sich der Gruppe. Er wollte nicht stören, aber irgendwann mußten diese Menschen wieder in die Gegenwart zurückkehren. Er sah wohl das Erstaunen im Gesicht dieses Heimkehrers, als er ihn nun begrüßte und sich als Pastor Zimmermann vorstellte. Ungewöhnlich war er schon, dieser Pfarrer von Pattscheid, hochgewachsen, breitschultrig und mit einem Bart, der das halbe Gesicht bedeckte. Fünf Jahre lang waren für Gerhard Schaffran kahlgeschorene Männer ein vertrauter Anblick. Auch die russischen Wachposten mußten sich regelmäßig dieser Kahlrasur unterziehen, war das für die Russen ja nicht eine Frage der Strafe, sondern vielmehr eine Frage der Hygiene. Und nun diese Erscheinung! Ein Prophet des Alten Testamentes schien in ihm Gestalt angenommen zu haben.

Aber er war keine Erscheinung, dieser Pastor Zimmermann. Denn sehr realistisch war seine Frage, wo sein Mitbruder Gerhard Schaffran hier wohnen wolle. Als Kaplan von St. Nikolaus in Breslau war er vor 10 Jahren weggegangen. Auch wenn er wollte, könnte er dort nicht wieder seinen Dienst aufnehmen: Die St.-Nikolaus-Gemeinde gab es nicht mehr, Pfarrer und Gemeinde waren vertrieben, zerstreut in allen Gegenden des zweigeteilten Deutschland, seine schlesische Heimat gehörte den Schlesiern nicht mehr. Wo sollte er bleiben? Bei der Mutter natürlich. Sie

189

würde ihren heimgekehrten Sohn doch aufnehmen! Aber Mutter und Geschwister waren ja selbst heimatlos, Fremde in einer fremden Umgebung. Barmherzige Menschen hatten die Flüchtlinge aufgenommen, ihnen Obdach gegeben. Doch es war eng, viel zu eng, um nun auch ihn noch aufnehmen zu können.

Pastor Zimmermann ließ ihm nicht lange Zeit, über diese Frage nachzudenken. Selbstverständlich könne er, so lange er wolle und in Pattscheid bleibe, in seinem Pfarrhaus das Gastzimmer bekommen. Zunächst aber solle er mit seinen Angehörigen mitgehen, da es sicher viel zu erzählen gäbe. Sie wüßten ja wo er und sein Pfarrhaus zu finden seien und könnten ihm am Abend den Weg zeigen.

Gerhard Schaffran als Heimkehrer mit Pastor Zimmermann

Es war schon spät am Abend, als seine Angehörigen ihn zum Pfarrhaus brachten. Dennoch zeigte Pastor Zimmermann ihm nicht nur das Gastzimmer, sondern auch die Kirche und den Ort, wo der Kirchtürschlüssel aufbewahrt wurde. Hatte dieser Pastor neben seinem prophetischen Aussehen vielleicht doch auch die Gabe eines Propheten, da er seinem Gast noch zu dieser späten Stunde erklärte, wo der Kirchtürschlüssel zu finden war? Denn am frühen Morgen fand er das Zimmer seines Gastes leer, das Bett unbenutzt, dafür aber die Kirche geöffnet und seinen Mitbruder Gerhard Schaffran eingeschlafen vor dem Tabernakel. Die ganze Nacht hatte er hier verbracht und es war ihm zur tröstenden Gewißheit geworden: er war heimgekehrt. Heimgekehrt aber zu jemandem, der ihn in den vergangenen 10 Jahren nie allein gelassen hatte. Genau diesen Grund für sein nächtliches Dankgebet formulierte Jahrzehnte später ein Mitgefangener in einem Brief:

An Ihre erste Predigt bei einem Gottesdienst in einem Erdbunker kann ich mich erinnern, als hätte ich sie gestern erst gehört. Sie begrüßten uns mit den Worten: „Meine lieben Kameraden! Ihr habt wohl geglaubt, Ihr seid alleine hier her gefahren. Ich hab Euch einen mitgebracht, auf meiner Brust." – Und das war eine Hostie, welche uns allen Kraft und Mut gab, dieses Los der Gefangenschaft durchzustehen …   Otto Mangold, 1993

Die nächsten Tage und vor allem Nächte waren ausgefüllt mit Briefeschreiben. Zahlreiche Anschriften hatte er aus dem Lager herausgeschmuggelt, denn er hatte den Sterbenden versprochen, den Angehörigen Nachricht zu geben, sobald ihm das möglich sein würde. Er schrieb an Mütter, an Frauen, an Bräute von toten Kameraden. Er wußte, daß seine Briefe Schmerz verursachen würden. Aber er wußte auch, die Gewißheit konnte trösten, daß der Sohn, der Mann, der Bruder beim Sterben nicht allein war und daß an seinem Grab, irgendwo im Sand am Kaspischen Meer, ein Priester gebetet hatte.

Wenige Tage nach seiner Rückkehr fuhr er nach Köln, um Weihbischof Ferche zu besuchen. Kardinal Frings hatte den Breslauer Weihbischof in seinem Bistum aufgenommen. Und wieder schloß sich ein Kreis: Vor 5 Jahren hatte Kaplan Gerhard Schaffran sich von Weihbischof Ferche in Breslau verabschiedet, – und nun war sein Weihbischof der erste Priester aus der alten Heimatdiözese, den der Heimkehrer begrüßen konnte. Weihbischof Ferche berichtete ausführlich über das Schicksal der alten Erzdiözese: Nach dem Tod von Kardinal Bertram habe das Domkapitel Dr. Ferdinand Piontek zum Kapitelsvikar gewählt. Der Amtssitz für den verbliebenen Rest der alten Erzdiözese läge nun in Görlitz.

Was aber sollte nun aus ihm, dem ehemaligen Kaplan von St. Nikolaus und Divionspfarrer a. D. Gerhard Schaffran werden? Weihbischof Ferche schlug ihm vor, eine priesterliche Aufgabe, die natürlich mit Kardinal Frings abgesprochen werden müsse, in der Diözese Köln zu übernehmen. Das böte sich doch vor allem auch deshalb an, da sich inzwischen seine Mutter und seine Geschwister hier in der Gegend angesiedelt hätten. Er wäre dann nach so vielen Jahren Abwesenheit wieder in der Nähe seiner Angehörigen.

Wenn er auch 10 Jahre lang als clericis vagabundis gelebt habe, entgegnete Schaffran, so habe er sich dennoch nie als ein solcher gefühlt, sondern sich immer seinem gegebenen Treueeid auf das Bistum Breslau verpflichtet gewußt. Es könnte ja sein, daß sich inzwischen das Kirchenrecht geändert habe, sollte es aber noch so gültig sein, wie er es gelernt habe, dann sei Kapitelsvikar Piontek doch jetzt für ihn zuständig, bei ihm müsse er sich also zunächst melden und ihm die Entscheidung für seinen priesterlichen Einsatz überlassen.

Weihbischof Ferche erkannte, daß die Erlebnisse der vergangenen Jahre das treue und geradlinige Denken dieses Mitbruders in keiner Weise getrübt hatten und daß er die Entscheidung seines jetzigen Ordinarius, wie immer sie auch ausfallen sollte, in der für ihn so typischen „Adsum-Haltung" annehmen würde. Er erwähnte im nachfolgenden Gespräch aber dennoch den Vorschlag von Prof. Kleineidam, dem Regens der Philosophisch-Theologischen Hochschule in Königstein/Taunus. Diese Hochschule war eingerichtet worden, um den aus Schlesien, Ostpreußen und dem Sudetenland vertriebenen Theologiestudenten die Möglichkeit zu geben, ihr Studium zu beenden. Prof. Kleineidam hatte sein Interesse signalisiert, Schaffran als Vizerektor nach Königstein zu holen. Da sein Doktorvater, Prof. Poschmann noch lebte, könnte er auch seine durch den Krieg unterbrochene Promotionsarbeit beenden.

Es war schon ein verlockendes Angebot. Dennoch aber blieb Schaffran dabei, sich zunächst seinem jetzigen Ordinarius zur Verfügung stellen zu müssen. Dies tat er am 13. Januar 1950 mit folgendem Brief:

Hochwürdigster Herr Generalvikar!
Nachdem ich heute den ärztlichen Bescheid des Gesundheitsamtes erhalten habe, möchte ich mich bei meiner heimatlichen Diözese zurückmelden und ab 1. März wieder zur Verfügung stellen. Bis dahin bin ich arbeitsunfähig geschrieben worden. Ich bin und fühle mich jedoch gesund, und es ist wohl mehr ein Erholungsurlaub, den mir der Arzt verschrieben hat. Nächst Gott danke ich vor allem den heimatlichen Betern für die Hilfe, die ich in den letzten Jahren oft sichtbar erfahren habe. Möge mir der Herrgott die Kraft und Gnade geben, jetzt in der Heimat wieder ganz und ausschließlich in seinem Dienst zu stehen ...
Gleichzeitig möchte ich mitteilen, daß ich schon ein Schreiben von H. Herrn Regens Kleineidam aus Königstein, Taunus, erhalten habe, worin er mich einlädt, dorthin zu fahren, um Pläne über meine Verwendung zu besprechen. Sollte H. Herr Regens Kleineidam auch an das Erz-

bischöfliche Amt nach Görlitz geschrieben haben oder noch schreiben, so sei von mir hinzugefügt, daß ich nichts veranlaßt habe noch veranlassen werde. Wenn ich auch gern diesen Dienst dort übernehmen würde, so werde ich ebenso gern jedem Ruf meiner kirchlichen Oberen folgen. Ich bin überzeugt, daß der Wille Gottes durch den Willen der Oberen sprechen wird.

Zum Schluß bitte ich, die Hochwürdigsten Herren vom Erzbischöflichen Amt, besonders H. Herrn Kanonikus Tinschert und H. Herrn Rat Jedin ergebenst von mir zu grüßen. Gehorsamst Gerhard Schaffran, Kaplan"

Die Antwort auf dieses Schreiben lautete:

Görlitz, 23. 1. 1950
Herrn Kriegspfarrer a. D. Gerhard Schaffran, Pattscheid, Romberg 18

Lieber Herr Pfarrer!

Mit großer Freude habe ich Ihren Brief vom 13. d. M. entgegengenommen und daraus ersehen, daß Sie ohne größere gesundheitliche Schädigungen aus fast fünfjähriger Gefangenschaft heimgekehrt sind. Gott sei Lob und Dank dafür, daß Er Sie so sichtlich behütet und aus so vielen Gefahren und Bedrängnissen gerettet hat! Von ganzem Herzen heiße ich Sie willkommen und wünsche, daß Sie sich recht gut erholen und stärken möchten, damit Sie in gewohnter Leistungsfähigkeit in die Ihrer harrende Arbeit in vinea Domini zurückkehren können.

Zunächst brauche ich Sie ganz dringend in der Seelsorge und übersende Ihnen darum in der Anlage die Ernennung zum 1. Kaplan der Pfarrei Cottbus. Herr Geistlicher Rat Broß in Cottbus ist darüber unterrichtet, daß Sie die Stelle erst nach dem 1. März werden antreten können. Es wird sich aber empfehlen, daß Sie wegen der etwa notwendig werdenden Unterlagen für Ihre Rückreise in die Ostzone sich alsbald mit ihm in Verbindung setzen.

Die Wünsche des Hochw. Herrn Regens Prof. Dr. Kleineidam vermag ich nicht zu berücksichtigen ...

Ich füge noch bei 1 Celebret und ein Direktorium Wratislaviense 1950.

Und nun Gott befohlen, lieber Herr Kriegspfarrer a. D.! Ich hoffe, Sie recht bald als lieben Mitarbeiter in unserem kleinen, aber arbeitsreichen Restbistum persönlich begrüßen zu können. Aus treuheimatlicher Verbundenheit grüßt Sie inzwischen im Namen aller Herren des Erzbischöflichen Amtes herzlichst. Der Kapitelsvikar Dr. Piontek"

Die Ernennung zum Kaplan in Cottbus, einer Stadt in der Ostzone, löste bei Verwandten, Freunden und Mitbrüdern Bestürzung und große Sorge aus. Viele Briefe erreichten den Kapitelsvikar, er möge seine Entscheidung noch einmal überdenken.

Hochwürdigster Herr Kapitelsvikar! – schrieb Regens Dr. Kleineidam – Sobald ich hörte, daß Herr Pfarrer Schaffran aus der Gefangenschaft zurückgekehrt sei, habe ich ihm geschrieben und ihn gebeten, zu einem Besuche nach Königstein zu kommen. Ich habe vor, ihn zu bitten, als Vicerektor hierzubleiben. So könnte er sich langsam einarbeiten und hoffentlich einmal meinen Posten übernehmen. Auch dieses Semester ist es so, daß ich – nachdem ich mich auf Intervention des HH. Kardinals Frings und einem persönlichen Besuch des HH. Herrn Bischof von Limburg habe bereit erklärt, meine Ämter vorläufig noch weiter zu behalten – mit Arbeit überschüttet bin, da ich zugleich Hochschulrektor, Regens und Professor bin und als solcher allein die Stundenlast von 2 1/2 Professoren zu tragen habe. Ich bitte, nach Möglichkeit von einer anderen Verwendung HH. Schaffrans absehen zu wollen. Schaffran wäre wohl auch geeignet, einige Pastoralstunden in Homiletik und Katechetik zu halten, für die wir bisher keinen Professor angestellt haben. Ich hoffe, daß Herr Schaffran nicht absagen wird. – In Ehrerbietung

Sein Mitkaplan aus der Breslauer St.-Nikolaus-Gemeinde, Dr. Hubert Thienel, versuchte in einem Schreiben an Prälat Tinschert, ihm den Weg in die Ostzone zu ersparen:

Lieber Herr Kanonikus!

... Es handelt sich um Kaplan Schaffran. Ich war sehr bestürzt, als ich hörte, daß Kaplan Schaffran nach der Ostzone berufen sei, und zwar aus zwei Gründen: Gleich bei dem ersten Treffen mit Kaplan Schaffran erklärte er mir, daß er ein Hinübergehen in die Ostzone für sich für nicht tragbar halte. Als die Einberufung durch den Herrn Generalvikar erfolgte, sagte Schaffran natürlich sofort zu. Wer Schaffran kennt weiß, daß er sich allein leiten läßt von dem Gedanken einer fast militärischen Unterordnung unter seine Oberen. Er ist willens nach der Ostzone zu gehen, aber im Grunde genommen nur aus einfachem Gehorsam gegen seine eigene Vernunft. Ich weiß nicht, ob man das so ohne weiteres von ihm verlangen soll. Ein zweiter Grund liegt in den Verhältnissen in Königstein. Wie mir Kleineidam schrieb, geht Krzoska von Königstein weg. Als Nachfolger wird sicher ein Sudetendeutscher hinkommen. Gewiß hat Kleineidam Scholz neben sich, aber in der Gesamtbesetzung ist Schlesien außerordentlich ungünstig und gering vertreten. Es wäre sehr gut, wenn Kleineidam eine starke Entlastung von seinem Posten als Regens bekäme ... Zudem würde es nichts schaden, wenn unsere schlesischen Theologen eine Kraft wie Schaffran vor sich hätten ...

Auch Weihbischof Ferche läßt es nicht unversucht, die Entscheidung rückgängig zu machen:

Lieber Herr Kapitelsvikar!

Nach Rücksprache mit Generalvikar David sehe ich mich veranlaßt, nachdem ich durch verschiedene Laien darauf aufmerksam gemacht wurde, im Telegramm von heute die Bitte Euch zu unterbreiten, wegen des neu dekretierten Kaplan nach Cottbus neue Überlegungen anzustellen.

Da er als Kriegspfarrer im Offiziersrang stand, würde er als solcher nicht bloß registriert werden, sondern auch sich zu bestimmten Fristen melden müssen. Eine Anstellung käme darum einer Gefährdung gleich. Die Lage ist doch für ihn sehr ernst.

Hervorheben möchte ich, daß ich darüber mit ihm kein Wort gesprochen habe und er selbst in keiner Weise an mich herangetreten ist. Er ist viel zu bescheiden, als daß er einen solchen Versuch machen würde. Wenn ich also mich veranlaßt sah, das Telegramm abzusenden und jetzt noch im Briefe nahelege, die beabsichtigte Anstellung nicht durchführen zu lassen, so tue ich es, weil man mich von verschiedenen Seiten dazu drängt ...

Ich tue es, weil ich auf Grund der Vorstellungen mich nicht einer Unterlassung schuldig machen möchte, nachdem die Situation doch als sehr ernst mir geschildert worden ist. Da er selbst aber die Abreise antreten würde aus großem Idealismus und Gehorsamsgefühl, möchte ich doch bitten, daß er auch durch ein Telegramm von Euren weiteren Entschließungen in Kenntnis gesetzt würde ...

Besonders hart aber traf diese Nachricht seine Angehörigen. Sie wußten und respektierten es, daß mit der Priesterweihe Gerhard nicht mehr zuerst zu ihrer Familie gehörte, sondern daß sie ihn abgeben mußten an eine größere Familie, an die familia Dei. So erschreckte sie auch nicht der Gedanke, daß Gerhard in die Ostzone gehen sollte – er hatte Schlimmeres auf sich genommen und überlebt. Sie konnten nur nicht verstehen, daß es so schnell geschehen sollte. Einen Monat war er doch gerade erst bei ihnen, und da sollte er sie sobald schon wieder verlassen! So faßte sich denn sein Schwager ein Herz und schrieb einen sorgenvollen Brief. Es ist der einzige Brief, in dem der Kapitelsvikar nicht darum gebeten wurde, seine Entscheidung rückgängig zu machen, sondern sie nur ein wenig aufzuschieben.

Sehr geehrter hochw. Herr Kapitelsvikar!

Mit aufrichtigem Bedauern und tiefster Besorgnis habe ich von der Übertragung einer Kaplansstelle an meinen Schwager Gerhard Sch. Kenntnis genommen.

Wenn ich mich aus christlichem Verantwortungsgefühl gezwungen sehe, dem Erzbischöflichen Amte meine Bedenken – ohne Wissen meines Schwagers – zu unterbreiten, so sind es berechtigte Gründe, die ihn persönlich und auch seine Mutter betreffen und die mich verpflichten, die Bitte auszusprechen, G. vorerst noch in den Westzonen zu belassen.

Kein anderer als ich hatte das tiefste Miterlebnis und die ewig bangende Sorge einer Mutter für ihren 5 Jahre in der Gefangenschaft weilenden Sohn. Für einen Zuschauer sind diese 5 Jahre nur zeitbedingt, für eine wartende Mutter sind sie eine Ewigkeit. Dieses tägliche Warten auf einen Heimkehrer, das spärliche Eintreffen von Nachrichten, das Ausbleiben von Transporten, die Aufnahme aller möglichen Gerüchte mußte auch die stärkste Gesundheit einer Mutter zum raschen Verfall bringen, deren Vorleben noch ausgefüllt war, von der Trauer um ihren eigenen gefallenen Mann und um die Sorge für sämtliche im Felde stehenden und später schwer um ihre Existenz ringenden Söhne.

Und nun soll dieser langerwartete Heimkehrer, der erschüttert vor seiner gealterten Mutter stand und eben nicht anders konnte, als ihr zu versprechen, nun bei ihr zu bleiben und für sie zu sorgen, wieder von ihr durch den Eisernen Vorhang getrennt werden, weil eine Mitnahme in die Ostzone aus gesundheitlichen Gründen nunmehr unmöglich geworden ist.

Wir alle wissen – und auch Gerhard ist diese Tatsache nicht unbekannt – daß eine erneute Trennung für die Mutter das Schlimmste befürchten läßt. Ich glaube nicht, daß man beiden Teilen, Mutter und Sohn, nach den langen Jahren stärkster seelischer Belastungen wieder diese neue seeliche Erschütterung zumuten kann …

Ich bitte zu bedenken, daß meine Schwiegermutter diese Opfer während der 5jährigen freiwilligen Gefangenschaft klaglos und in tiefer, echt christlicher Glaubensanschauung und Lebenshaltung getragen hat, eine erneute Trennung aber …

Ich selbst wage in Anbetracht der Sachlage die ganz bescheidene Bitte auszusprechen, G. zunächst noch – vor Antritt seines Wirkens in der Restdiözese – in den Westzonen zu belassen. In seiner Bescheidenheit ist es ihm ganz gleichgültig, wo er einmal seelsorglich tätig sein kann. Aber ich weiß, daß es sein stiller Wunsch ist, wenigstens noch während der letzten Lebenszeit seiner Mutter in ihrer Nähe weilen und für sie sorgen zu können.

G. hat wohl priesterlichen Gehorsam geschworen und wird ihn ohne Rücksicht auf seine Person auch halten, aber der Bischof hat ihm auch versprochen – Pflichten bedingen ja auch immer Rechte – wie ein Vater für ihn zu sorgen.

Ich darf das hochw. Kapitel bitten, in besonderem Mitgefühl und in väterlicher Fürsorge diesen Fall noch einmal wohlwollend zu überprüfen …   Alfons Spitzer

Am 2.2.1950 wurde in Görlitz eine kleine Notiz auf diesen Brief geschrieben: „z. d. A. – ohne Antwort".

Doch der Brief blieb nicht ohne Antwort. Prälat Tinschert – und wieder einmal bewies er, wie recht die Breslauer Theologen hatten, wenn sie ihn liebevoll „Papa Tinschert" genannt hatten – schrieb Gerhard Schaffrans Mutter einen persönlichen, warmherzigen Brief, der ihr half, die Entscheidung ihres Sohnes – so schmerzvoll sie auch war – dennoch zu ertragen.

Den Kapitelsvikar durfte man in ihrer Gegenwart nicht mehr erwähnen, aber wann immer Gerhard sie besuchen kam, erkundigte sie sich nach dem Ergehen des gütigen Prälaten Tinschert.

Niemals aber war Gerhard Schaffrans Gehorsamshaltung eine „militärische Unterordnung unter seine Oberen", wie sein ehemaliger Mitkaplan, Dr. Tillmann, in seinem Brief an das Görlitzer Kapitel schrieb. Oft genug hatte er ja während des Krieges gegen übergeordnete Dienststellen Protest eingelegt, wenn ihm eine Anweisung als unsinnig erschien. Selbst in der Gefangenschaft, wo das eigene Leben im Spiel war, widersetze er sich Befehlen, die er mit seinem Gewissen nicht vereinbaren konnte. Er fühlte sich nur einem bedingungslos verpflichtet: Gott. Nur ihm hatte er sein Adsum gesagt.

Als er von der Intervention seines Schwagers erfuhr, konnte er nur schwer seinen Unmut verbergen. Noch am gleichen Tag schrieb er folgenden Brief:

Hochwürdigster Herr Kapitelsvikar!

Den Brief vom 23. I. 50, der meine Anstellung als Kaplan nach Cottbus bringt, habe ich am 29. erhalten, nachdem dieser – da geöffnet – schon meine Angehörigen am 27.I. erhalten und gelesen hatten. (Ich habe hier in Opladen eine kleine Vertretung angenommen und komme nicht jeden Tag nach Hause.) Auf Grund der Lektüre des Briefes haben meine Geschwister, bzw. mein Schwager, dann ein Schreiben an den Hochw. Herrn Kapitelsvikar gerichtet. Ich habe nachträglich davon erfahren und war darüber ziemlich erschüttert.

Zwar glaube ich nicht, daß Herr Kapitelsvikar sich in den Entscheidungen durch familiäre Rücksichten beeinflussen lassen wird – trotzdem ist mir schon der Gedanke, daß dies evtl. möglich ist, schwer ertragbar. Ich möchte doch wirklich dorthin gehen – und tue es gern – wohin mich Gott nach dem Willen der Oberen schickt. – An sich wollte ich erst gar nicht schreiben, da ich annehme, daß Herrn Kapitelsvikar das viele Theater um die Anstellung eines Kaplans zuwider ist. Nun habe ich es doch getan, zumal mir auch noch Pfr. Dr. Tillmann schrieb, er habe an das Erzbischöfliche Amt meinethalben geschrieben. –

Falls Herr Kapiteslvikar meinen Geschwistern antwortet, dann bitte ich, einige Worte meiner Mutter zu schenken. Die Nerven meiner Mutter sind eben doch verbraucht. Mit dem Hinweis des Erzbischöflichen Amtes aber, daß meine Rückkehr in die Ostzone aus seelsorglichen Gründen notwendig ist – wird ihr Gott auch die Kraft geben, eine nochmalige Trennung zu tragen …

Die Entscheidung war gefallen; nicht gegen den eigenen Willen und nicht im Gehorsam gegenüber einem Menschen, sondern allein im Gehorsam gegenüber dem Willen Gottes, den er in dieser Entscheidung erkannte. Weihbischof Ferche hatte ihm einen Erholungsurlaub angeboten. Er lehnte ab. Hatten sich denn die zahllosen Flüchtlinge, die Vertriebenen und Ausgebombten, erholen können in den fünf Jahren, da er in Gefangenschaft war? Aber er wollte sich – bevor er seine neue Stelle in Cottbus antrat – wenigstens für ein paar Tage zurückziehen, in die Stille. Viel zu viel Wirbel hatte man seiner Meinung nach um seine Person gemacht. Nun mußte er einfach innerlich zur Ruhe kommen.

So ging er Anfang März nach Maria Laach, um im Kloster der Benediktiner drei Tage Exerzitien zu halten. Das Atemholen der Seele tat ihm wohl, und die äußere Ruhe dieses beschaulichen Ortes brachte ihm endlich auch die ersehnte innere Ruhe. Schon während seiner Theologenzeit fühlte er sich angezogen vom klösterlichen Leben der Benediktiner. Er dachte damals oft daran, in das Kloster Grüssau einzutreten. Und nun nahm dieser Gedanke wieder Besitz von ihm. Der Eintritt in ein Kloster wäre für ihn und auch für seinen Ordinarius die einzige akzeptable Alternative zu Cottbus. Wirklich – war das seine Berufung? Das Leben mit den Mönchen und ihrem gleichbleibendem Tagesablauf, mit Zeit für Gebet und Meditation, mit wohlklingenden Gregorianischen Chorälen, war das nicht ein Traum aus den Jahren der Unruhe und Heimatlosigkeit? Er wußte tief in seinem Inneren, daß für ihn das Leben in einem kontemplativen Orden einer Flucht gleichkäme, der Flucht vor seiner eigentlichen Berufung als Weltpriester.

Hier in der Stille des Kloster von Maria Laach entschied sich endgültig sein weiterer Lebensweg.

Kaplan in Cottbus

Ende März saß er im Zug und fuhr in die Richtung, aus der er vor wenigen Wochen erst gekommen war: Richtung Osten. Damals reiste er ohne Gepäck, jetzt nannte er einen Koffer sein eigen, gefüllt mit Bekleidungsstücken, die er auf Vermittlung des Bonifatiuswerkes erworben hatte, oben auf lagen das Alte und Neue Testament, Schriften von Johannes vom Kreuz und von Theresia von Ávila und sein Brevier. Wie wenig er brauchte, um sich reich zu fühlen. Doch besaß er noch etwas außer diesem Koffer: ein Fahrrad, das als Begleitstück irgendwo im Gepäckwagen mitfuhr.

Als das Bonifatiuswerk von seiner Absicht erfuhr, in die Ostzone zurückzukehren, wurde ihm ein VW-Käfer angeboten. Das wäre eine gute Gelegenheit, einen Pkw rüberzubekommen. Auf seine Anfrage teilte ihm sein zukünftiger Pfarrer in Cottbus, Rat Bruno Broß, mit, daß man genügend motorisiert sei, ein Fahrrad aber gut gebrauchen könne. So befand sich nun der zukünftige 1. Kaplan von Cottbus anstelle im VW in der Bahn – mit einem Fahrrad als Begleitung – auf dem Weg zu seiner neuen Wirkungsstätte. Noch ahnte er nicht, daß die ganze Motorisierung der Pfarrei aus einem Fahrrad mit „Maria-Hilf-Motor", einem sogenannten „Hühnerschreck", bestand und wieviel abenteuerliche Mühen es kosten sollte, zunächst ein Motorrad und dann doch einen VW-Käfer zu besorgen.

Die Unterhaltung zwischen den Mitreisenden im Abteil wurde verhaltener, ein sicheres Zeichen, daß man sich der Grenze näherte. In Helmstedt, der letzten Station auf bundesdeutscher Seite, verlief die Kontrolle reibungslos. Dann

Die Kirche in Cottbus

schlich der Zug durch das „Niemandsland", zwischen auf-
geschütteten Erdwällen und Stacheldraht. Welch ein ver-
trautes Bild! Einen Augenblick lang schien es ihm, als hätte
er das vergangene viertel Jahr nur geträumt, als sei er gera-

de aus diesem Traum in Aserbaidshan wieder erwacht. Auch die Laute in Marienborn, dem Kontrollpunkt in der Ostzone, klangen altvertraut: scharfe Rufe, kurze, harte Befehle und Hundegebell. Seinen Koffer brauchte er nicht zu öffnen, da der Zöllner sich umständlich und lange mit der Schenkungsurkunde für sein Fahrrad beschäftigte.

Irgendwann setzte sich der Zug dann doch wieder in Bewegung, und irgendwann am späten Nachmittag stand er mit seinem Koffer und seinem Fahrrad auf einem Bahnsteig des Cottbuser Bahnhofes. Der Weg zur katholischen Kirche war nicht weit. Bald sah er die beiden kantigen Türme aus rotem Klinker, daneben das Pfarrhaus, ebenfalls aus roten Klinkersteinen erbaut. Ein Haus, groß und einladend, es schien Platz genug zu bieten für Pfarrer und mehrere Kapläne. Als Pfarrer Bruno Broß und seine Schwester Gertrud ihn als neues Familienmitglied willkommen hießen, wußte er: Hier hatte er sein neues Zuhause gefunden.

Seine beiden Mitkapläne, Bernhard Geilich und August Schubert waren noch Theologiestudenten, als sie aus der schlesischen Heimat vertrieben wurden. In Münster bzw. in Bamberg empfingen sie kurz nach Kriegsende die Priesterweihe und folgten – wie viele andere auch – dem Ruf des Kapitelsvikars zum Dienst im Restteil der alten Erzdiözese Breslau. Pfarrer Broß, seit 1939 Pfarrer von Cottbus, und seine Schwester waren den drei „Entwurzelten" Vater und Mutter, Bruder und Schwester – Familie eben, in nicht nachzuahmender Weise. August Schubert, als Prälat inzwischen längst zu kirchlichen Ehren gelangt und als pensionierter Pfarrer noch immer aktiv und seelsorglich tätig, erinnert sich an diese gemeinsame Kaplanszeit:

Cottbus war und ist der geografische Mittelpunkt des Restteiles der alten Diözese und der jetzigen Apostolischen Administratur Görlitz. Alle Wege führten über Cottbus. Es gab wohl kaum einen Mitbruder oder kirchlichen Angestellten im Bistum, der nicht im Cottbuser Pfarrhaus, das für seine offenen Türen bekannt war, Station gemacht hätte. So blieb es nicht aus, daß Rat Bruno Broß (BB), später Domherr, der bestinformierteste Priester des Bistums war. BB hätte gern in der Branitzer oder Forster Siedlung, am Rande von Cottbus, den Herrn Kapitelsvikar Dr. Piontek wohnen gesehen, da er damals schon weitsichtig genug war und eine Rückkehr nach Breslau, die ja die Görlitzer Domherren erhofften, nicht für möglich hielt. Auf der anderen Seite aber kam ihm die eventuelle Nähe von „Ferdinand dem Korrekten" zuweilen unheimlich vor. „Er sieht alles!" pflegte BB zu sagen, oder sehr bildhaft: „Fällt ein Faß Petroleum um, stinkt's im ganzen Restbistum."

BB war mit seiner Schwester Gertrud, er nannte sie liebevoll Trude, wir Kapläne – natürlich nur, wenn wir unter uns waren – auch, ein Geschenk Gottes für die Katholiken von Cottbus während der Kriegs- und Nachkriegszeit. Sein sparsamer und gestrenger Vorgänger, Pfarrer Kleineidam, hatte 1934 den Bau der Pfarrkirche „St. Maria Friedenskönigin" geschafft, war dann nach Groß-Schwierau Kr. Schweidnitz gegangen. Er sagte beim Wegzug zu BB: „Ich habe das Außenwerk getan, die Kirche gebaut. Das Innere, eine Gemeinde mit Herz, müssen Sie schaffen." BB und seine Schwester Trude, sie hatte ihren Lehrerberuf aufgegeben, um dem Bruder den Haushalt zu führen, waren Menschen mit weitem Herzen, steter Dienstbereitschaft und großem Können. Der Flüchtlingsstrom hatte die Seelenzahl der Cottbuser Gemeinde in kurzer Zeit auf ein vielfaches ansteigen lassen. Die Not der Heimatlosen war grenzenlos, aber genauso grenzenlos war die Hilfsbereitschaft von BB und seiner Schwester. Bei ihnen stimmte einfach dieses Schriftwort, daß die Rechte nicht wissen soll, was die Linke tut. Er verschenkte alles, was er nur konnte: Kleidungsstücke, eigene Wäsche, Bettlaken usw. Ungezählte Flüchtlinge haben im Pfarrhaus übernachtet, bis sie in Cottbus oder Umgebung eine Bleibe gefunden hatten. Die Flüchtlingsfamilien, angespült wie Strandgut, waren zwar arm an Hab und Gut, dafür aber reich an Kindern. BB kannte alle. Er kannte alle Gläubigen in der Stadt und in den ca. 90 Dörfern, die ihm bis zur Errichtung von Peitz und Neuhausen zu selbständigen Seelsorgestellen unterstanden.

BB schüttelte Predigten aus dem Ärmel; unvorbereitete gelangen ihm besser als vorbereitete. Nur einmal im Leben – so seine eigene Sage – hat er sich für eine Predigt exakt vorbereitet, als er in Breslau als zuständiger Kaplan von „St. Maria auf dem Sande" den Dichter Paul Keller zu begraben hatte. Zwei Ministranten begleiteten ihn immer bis zur Kanzel. Die Gemeinde wußte, wenn er nicht sofort auf der Kanzel erschien, daß ihm noch nicht der richtige Gedanke für die Predigt eingefallen war. Bei Levitenämtern an Hochfesten – während der Kirchenchor das Gloria sang – kam es gelegentlich vor, daß er sich zu dem neben ihm sitzenden Diakon bzw. Subdiakon neigte und fragte: worüber habe ich denn im vergangenen Jahr gepredigt? Bei diesen großen Ämtern bat er stets seine Assistenten, sie mögen während seiner Predigt in die Sakristei gehen und Brevier beten. Da gab es dann beim Mittagessen nicht mehr Spott als nötig!

Für BB und uns Kapläne gab es eine gefüllte Seelsorge. In jedem Jahr fand eine religöse Woche statt, von Ordenspriestern (SJ, OFM, OP, OCist usw.) gehalten. Die Jesuiten hielten Monatspredigten, P. Gordian OP Jugendpredigten, Volksmissionen wurden veranstaltet – die Kirche immer randvoll! Das brachte viel Leben auch ins Pfarrhaus. Trude kochte ausgezeichnet, war eine perfekte Köchin, stets an allem geistig und geistlich interessiert, dabei eine Hausdame, die selbst Lebensstil besaß und von anderen erwartete. Es gab eine Menge religiöser Kreise. Eine Frau aus der Gemeinde, die von irgendwo hinter dem Rhein her stammte aus ganz katholischer Gegend äußerte mal: „In Cottbus ist so viel Katholisches los. Ich hatte nie das Gefühl, in der Diaspora zu leben."

BB, seine Mutter, die auch im Pfarrhaus lebte, und seine Schwester waren tieffromm. Jeden Abend um 23.30 Uhr wurde unten im Eßzimmer gemeinsam ein Gesätz Rosenkranz gebetet, kniend, nur die Kerze brannte in einem Wandleuchter. Fürbitten strömten BB aus dem väterlichen Herzen. Alle Hausbewohner hatten zu diesem späten Gebet dabeizusein. BB ließ uns Kaplänen eine großzügige Selbständigkeit in unserem seelsorglichen Dienst. Teampfarrei – ein später so oft gebrauchtes, aber in den wenigsten Pfarrhäusern gelebtes Wort – wurde hier, unausgesprochen, praktiziert. Aber zu dieser späten Stunde wollte er alle noch einmal um sich versammelt wissen, wie ein guter Hausvater wollte er sich vergewissern, ob auch alle nach der Tagesarbeit unbeschadet wieder nach Hause gekommen sind.

Da wir drei Kapläne, Schaffran, Geilich und ich, weit und breit in der DDR keine Verwandtschaft besaßen, wollten uns der Pfarrer mit Trude bewußt eine Heimat bieten. Wir bezahlten uns eine eigene Aufräumefrau, Frau Nowak, die auch unsere Wäsche besorgte, ansonsten aber waren wir im Pfarrhaus wie zu Hause. Es gab zu unserer Zeit – also 1950 – schon ausreichend zu essen. Vor uns herrschte auch im Pfarrhaus große Notzeit. Wie uns Trude erzählte, verschenkte ihr Bruder, wenn sie nicht aufpaßte, auch das, was sie gerade für das Mittagessen vorgesehen hatte. Dann blieben die Teller an einem solchen Tag halt leer. Von Maximilian Schubert, einem Vorgänger von uns Kaplänen (er wurde wegen seines herabhängenden Lides von der Gemeinde „der einäugige Schubert" genannt), erzählte Trude, daß er sich sein Stückchen Fleisch immer eine Viertelstunde liebevoll ansah, bevor er es verzehrte.

Abgesehen vom Stadtkern hatten wir Kapläne auf den Dörfern, wenigstens 14tägig, Jugendstunden: Schaffran in Papitz, Madlow und Döbbrik. Müde – und im Winter durchnäßt, wegen des Radfahrens aber gut durchwärmt – landeten wir gegen 22.00 Uhr im Pfarrhaus. Sofort schaute BB nach: Haben Sie noch Hunger? Trinken Sie einen Schnaps? Trude, mach noch etwas Tee! Alle Feste wurden gefeiert, und Anlässe gab es genug: die Hochfeste im Kirchenjahr, Geburts- und Namenstage. Zu diesen Feiern kamen dann auch die noch in Cottbus stationierten Priester, die Dienste außerhalb der Pfarrseelsorge wahrnahmen: Caritasdirektor Titze, Rat Horzing, Pfarrer Erben usw. Trübsal und Traurigkeit gab es in diesem Pfarrhaus nicht.

Jeden Werktag waren hl. Messen um 6.00, 7.00 und 8.00 Uhr. BB, der mit 3 Stunden Nachtschlaf auskam – dafür aber gelegentlich schon mal bei einem Hausbesuch einnickte –, weckte, wenn man ihn darum bat, den Kaplan, der mit der Frühmesse dran war. BB war ohnehin zu dieser frühen Morgenstunde schon immer munter, dennoch aber übernahm er die Frühmesse nur, wenn er damit eingeteilt war. Während dieser hl. Messen hatte jeweils ein Priester auch Dienst im Beichtstuhl. Man hörte die Sünden der ganzen Lausitz! – Ein Beichtstuhl-Erlebnis machte die Runde in der Gemeinde: Die Angestellten von Melde-Korn (Schnapsfabrik in Cottbus) hatten einen Sonntagsausflug vor. Es gab ja noch keine vorgefeierte Abendmesse am Samstag. Da testeten die katholischen Arbeiter – und es gab zu dieser Zeit sehr viele katholische Arbeiter in dieser Fabrik – die Einstellung der Beichtväter zum 3. Gebot. Vier der Arbeiter gingen am Samstag vor dem geplanten Ausflugs-Sonntag zur Beicht, und zwar jeder zu einem anderen Priester und befragten ihn um das richtige Verhalten. Ich entschied bei meinem Pönitenten: „Setzen Sie nach Möglichkeit durch, daß der Ausflug auf einen Samstag gelegt wird. Ein Betrieb muß sich auch nach der großen Zahl der Katholiken richten." Noch zwei Beichtväter hatten ähnliches entschieden wie ich, einer anders. Im Pfarrhaus haben wir nie darüber gesprochen, ich weiß also nicht, wer der eine war – aber in der Gemeinde redete es sich herum. Melde-Korn machte später an Samstagen Betriebsausflug!

Als Kaplan in Cottbus

Eine Not hatten wir mit der Nüchternheit an Sonntagen. Trude quirlte die Kartoffeln, Tomaten usw. so lange und so gründlich, daß man die Suppe wie Tee trinken konnte. Feste Speisen waren vor der Feier der hl. Messe verboten. In der Urlaubzeit im Sommer mußten ja die Gottesdienste des Mitbruders, der gerade im Urlaub war mit übernommen werden. Das bedeutete: drei hl. Messen, zwei davon auf Außenstationen, also über 75 km mit dem Fahrrad unterwegs, so daß man frühestens gegen 17.00 Uhr die erste Mahlzeit einnehmen konnte. Da hing man ziemlich durch. Schaffran litt nicht so sehr darunter, ihm wurde ziemlich bald nach seiner Ankunft in Cottbus ein Motorrad, eine Fichtel-Sachs, geschenkt, so daß er nicht mehr zu radeln brauchte; zum anderen hatte er den Zustand der Nüchternheit in Krieg und Gefangenschaft trainiert.

In dieser Zeit aber scheint er noch etwas anderes gelernt zu haben: mit Ausnahmesituationen fertig zu werden. Es war an einem Weihnachtsfest beim feierlichen Levitenamt. Die Kirche war wie üblich übervoll, und fast alle kamen zum Tisch des Herrn. Da gingen die Hostien aus. Jeder Priester kam mit seinem leeren Ziborium zum Tabernakel. Und hier standen wir hilflos um BB herum. Schaffran wußte Rat: „Das werden wir gleich haben. Der Organist, Herr Linke, soll noch einige Lieder spielen." Schaffran verschwand an einen Seitenaltar. Nach etwa 10 – 12 Minuten gab es den Leib des Herrn wieder im Überfluß.

Vor uns waren in Cottbus sehr gute Kapläne tätig, besonders beliebt und verehrt war Stephan Wagner. Sein seelsorgliches Wirken in den schweren Kriegsjahren hat ihn mit der Gemeinde sehr verbunden. Er war ein Kämpfer gegen das neue rote System, und gerade auch deshalb ging die Jugend für ihn durchs Feuer. Nun hatte sich Wagner um die Pfarrei Doberlug-Kirchhain beworben und war umgezogen. Als ich im März 1950 in Cottbus auftauchte, führte mich der mir noch von Breslau bekannte Mitbruder Geilich, der ja einige Jahre Stephan Wagner als Mitkaplan erlebt hatte, ins Gemeindehaus auf der Straße der Jugend. BB hatte mich bei der Gemeinde feierlich als neuen Kaplan angekündigt, und ich war in Erwartung der Dinge, die nun im Gemeindehaus auf mich zukommen würden. Doch Geilich klärte mich auf dem Weg dorthin auf: „Erwarte keine Lorbeeren. Die Diözese besitzt Neuzelle als Wallfahrtsort,

die Cottbuser wallfahren nach Doberlug-Kirchhain." –
Trübe Aussichten! Aber so trüb waren sie dann doch
nicht, denn ein neuer Stern ging am Gemeindehimmel auf:
Gerhard Schaffran! Eine kleine Ahnung von ihm besaß ich
schon von Breslau her. Dort begann ich ja 1936 mit dem
Theologiestudium, ein Jahr bevor Schaffran geweiht wurde. Man sah also gelegentlich die Alumnen, von Carlowitz
kommend, im Dom Dienst tun. Die Gestalt von Schaffran
fiel auf, weil er ja Alumnatssenior war und Funktionen aus-
zuüben hatte. Während des Krieges hat er als Standort-
pfarrer von Rom einen meiner besten Freunde, den Leutnant Konrad Sogalla, dort begraben. Das teilten wir uns im
Freundeskreis mit und empfangen es allgemein als vom
lieben Gott gut gefügt. Ich wußte also: Schaffran besaß
unter den Breslauer Theologen Renommee.

Einiges von diesem Renommee wurde der Gemeinde
schon vor Schaffrans Ankunft bekannt. Mit Spannung wurde
er erwartet. Wie würde der Neue sein? Klar für Geilich und
mich: wir würden ihm nicht das Wasser reichen können!
Doch verhielt ich mich neidlos, denn ein Bamberger Kaplan
hatte mir zum Abschied gesagt: „Wenn ihr dort drei Kapläne
seid und du als letzter geweiht, bist du nicht mehr als ein
Oberministrant." In den Augen der Nürnberger galt ich als
Märtyrer, als ich in den Restteil der Erzdiözese, also in die
Ostzone ging. Die Nürnberger ließen mich deshalb nicht im
Stich. Mit den „Freßpaketen", die regelmäßig eintrafen, hatte
ich bei Trude einen festen Stand, mindestens in dieser Hinsicht war ich Schaffran überlegen. Und Schaffran verspürte
in mir ein gutes Maß von Bauernschläue!

Wie mein Nürnberger Mitkaplan vorausgesehen hatte,
wurde die hierarchische Einteilung der Kapläne vorge-
nommen. BB wartete zunächst eine Reaktion von Kapitelsvikar Piontek ab. Als keine erfolgte, reagierte er selbst:
Schaffran erhielt den Titel Kuratus, Geilich Oberkaplan,

ich Kaplan. Jedes Kind der Gemeinde und jeder Nachbar-priester kannte diese von BB verliehenen Titel. Eines Tages kam Dr. Piontek ins Cottbuser Pfarrhaus. Geflissentlich laut und oft wurde Schaffran von BB mit Kuratus tituliert. Dr. Piontek verzog keine Miene. Schaffran aber blieb Kuratus „von BB's Gnaden".

Es gab vermutlich keinen zweiten Divisionspfarrer, der nach Krieg und Gefangenschaft, inzwischen 37jährig, wieder als Kaplan seinen priesterlichen Dienst aufnahm. Papst Pius XII. hatte die Divisionspfarrer mit großzügigen Vollmachten ausgestattet, mußten sie doch sofort Entscheidungen treffen, ohne vorher bei einem zuständigen Oberen um Genehmigung bitten zu können. Deshalb wohl ist es Pfarrer Broß contra coer gegangen, seinen an pastoraler Erfahrung reichen Mitbruder mit dem niedrigsten „Dienstgrad" titulieren zu lassen. Und so blieb es in der Gemeinde beim „Kuratus", auch ohne Zustimmung des Kapitelsvikars. Gerhard Schaffran selbst war das gleichgültig. Er hat in diesen Cottbuser Jahren stets mit „Kaplan" unterschrieben.

Nichts lag ihm ferner als der Gedanke, seine seelsorgliche Ausnahmesituation der letzten 10 Jahre als außergewöhnlich zu betrachten und daraus vielleicht sogar „Privilegien" ableiten zu können. Eines Tages erhielt er vom Erzbischöflichen Amt die Aufforderung, sein Pfarrexamen abzulegen. Er nahm diese Nachricht mit Gelassenheit. Nicht so aber Pfarrer Broß, den er für diese Prüfungstage um Urlaub bat. Lautstark machte der Pfarrer seinem Ärger Luft, ob denn die Herren in Görlitz der Meinung seien, sein „Kuratus" habe die vergangenen 10 Jahre verpennt, und seine „Qualifikation" als Pfarrer der römisch-katholischen Kirche nicht genügend unter Beweis gestellt. Aber kirchliche und staatliche Behörden haben wohl eine sehr ähnliche Auffassung von dem, was man „Ordnung in den

Akten" nennt. Wie sollte man das einem Seelsorger wie Pfarrer Broß verständlich machen. Sein „Aktenschrank" bestand aus einem großen Wäschekorb, in dem sich eine Vielzahl auch ungeöffneter Briefe von Behörden beider Seiten befanden.

„Gerhard Schaffran ... z. Zt. Kaplan in Cottbus – hat sich am 11. und 12. Oktober in Görlitz vor der Erzbischöflichen Prüfungskommission der PFARRPRÜFUNG unterzogen und sie mit recht gutem Erfolg bestanden. Er hat dadurch ... die Befähigung erlangt, eine Pfarrei oder ein anderes selbständiges Seelsorgeamt zu übernehmen ..." – Gerhard Schaffran war klug genug, dieses Dokument Pfarrer Broß vorzuenthalten, es hätte die Meinung seines Pfarrers gegenüber den „Görlitzer Herren" kaum positiv beeinflußt!

Der „soldatische Schliff" von Schaffran – erinnert sich sein Mitkaplan weiter – machte überall großen Eindruck. So war seine Pünktlichkeit sprichwörtlich. Wenn z. B. die hl. Messe eine Minute vor dem Glockenschlag begann, trat mit Sicherheit Schaffran aus der Sakristeitür, eine Minute nach dem Glockenschlag erschienen entweder Geilich oder ich, zehn Minuten nach der Zeit, das konnte nur BB sein. Aber natürlich war auch er nicht frei von menschlichen Schwächen. Ich meine, er wußte um sein Ansehen in der Gemeinde, denn er wurde oft zu allen möglichen Familienfesten eingeladen. Eines Tages feierte eine der berühmten Cottbuser Star-Familien. Schaffran meldete sich mittags bei Trude ab, er sei abends bei Familie ... eingeladen. Auch ich war eingeladen, verriet ihm das aber nicht. Als ich kam, war Schaffran schon da und fragte ganz baff: auch du?

Einmal brachte BB unseren Mitkaplan Schaffran in arge Verlegenheit. BB schrieb die Vermeldungen, die zu den Gottesdiensten verlesen wurden, oft erst nach Mitternacht und hatte eine diebische Freude daran, uns Kapläne mit irgendeiner Formulierung auf's Glatteis zu führen. Da wir das wußten, lasen wir uns die Vermeldungen vor der hl. Messe immer durch. Eines Sonntags hatte Schaffran die 7.00-Uhr-Messe; an diesem Sonntag wurde zum bevorstehenden Gemeindefest eingeladen. Unten, bevor man das Blatt umwendete, stand: „Schade", ... und auf der anderen Seite oben ging es weiter: „ ...daß der Saal wieder für die Menge der Besucher zu klein sein wird." Kein Problem. Doch auch die nächste hl. Messe zelebrierte Schaffran, und von ihm unbemerkt hatte BB inzwischen den Vermeldungstext geändert. Unten stand noch immer „Schade ...", aber auf der anderen Seite lautete der Text nun: „.... daß wir Kapläne nicht tanzen dürfen." Schaffran las den ihm bekannten Text „Schade", blätterte um und stammelte mit tonloser Stimme „schade, schade". BB stand in der Sakristei hinter der ein wenig geöffneten Tür und freute sich über den gelungenen Spaß. Da BB aber am meisten über sich selbst lachen konnte, wurde ihm niemals irgendein Spaß übelgenommen.

In Hähnchen, einer Außenstation von Cottbus, hatte ich ein Dutzend wirklich lieber Kinder zu unterrichten. Drei große Jungen der 8. Klasse kamen aber nicht zur mir, sondern radelten nach Cottbus zum Religionsunterricht bei Schaffran. Sie waren begeistert: „Das ist der Mann für uns!"

Weniger erfolgreich war er jedoch bei den jüngeren Jahrgängen. Mit Männern – gleich welchen Alters – konnte er umgehen; ausschließlich mit ihnen hatte er ja 10 Jahre lang zusammen gelebt. Wie aber sollte er sich mit Erstklässlern verständigen, deren Sprache er nicht mehr verstand? Und so war es dann auch der 6jährige Alois aus Gallinchen, der ihn zur Kapitulation zwang. Der Cottbuser Vorort Gallinchen gehörte zu jenen Außenstationen der Pfarrei, die von Gerhard Schaffran seelsorglich betreut wurden. 14tägig hielt er in der Dorfschule Religionsunterricht, in drei Abteilungen: je eine Stunde für die 1. – 2., die 4. – 5. und die 6. – 8. Klasse. Im 3. Schuljahr wurde zur Hinführung von Erstbeicht und Erstkommunion der Sakramentenunterricht erteilt; diesen Unterricht ließ sich Pfarrer Broß von niemandem nehmen, so daß die Kinder der nahegelegenen Außenstation zweimal wöchentlich nach Cottbus pilgerten – zu Fuß natürlich. Anfang der 50er Jahre konnte man als 9jähriger von einem Fahrrad nur träumen, und Geld für die Elektrische bekamen auch nur Kinder aus Familien, die zum „gehobenen Mittelstand" gehörten. Flüchtlingsfamilien zählten in jenen Jahren kaum zu diesem Stand.

Für Alois aber war der weite Weg kein Problem, denn noch gehörte er zu den katholischen Kindern, die in ihrem Wohnort Gallinchen zum Religionsunterricht gehen konnten. Alois war ein aufgeweckter Junge, mit Sommersprossen auf der Nase, stets ungekämmtem Wuschelkopf und Augen, denen nichts entging. Seine ganze Aufmerksamkeit hatte er schon am Vormittag in der Schule verausgabt für das Schreiben und Lesen von Buchstaben und Zahlen. Jetzt am Nachmittag interessierte ihn nicht mehr, was der strenge Religionslehrer da vorn vom Schöpfergott erzählte, vielmehr interessierte ihn nun diese Schöpfung selbst: ein Sonnenstrahl, der Kringel auf die schwarze Wandtafel malte, eine Fliege und ihr ausweglloses Bemühen, mit dem Kopf durch die Fensterscheibe zu gelangen, die dicken Zöpfe des vor ihm sitzenden Mädchens ... Gerhard Schaffran schaute immer wieder strafend auf den unaufmerksamen Alois. Ohne Erfolg! Es muß in der 2. oder 3. Stunde gewesen sein, da Alois sein Mißfallen über die Ausführungen seines Religionslehrers offen bekundete. Er holte seine Pausenbrot-Büchse hervor und begann zu essen.

„Aber Alois, du kannst doch im Unterricht nicht essen!"

„Wenn ich aber Hunger habe."

Hilflos ließ Gerhard Schaffran ihn gewähren. Als Alois sein Brot aufgegessen hatte, packte er die Büchse ein, aber auch sein Heft und den Bleistift, schnallte sich den Ranzen auf den Rücken und ging Richtung Tür.

„Aber Alois, du kannst doch jetzt noch nicht gehen!"

„Ich habe aber genug. Ich gehe jetzt zu meiner Mutti!"

Fassungslos schaute Gerhard Schaffran hinter dem Dreikäsehoch her, wie dieser ungerührt das Klassenzimmer verließ. Was kein Erwachsener je fertig gebracht hatte, der 6jährige Alois schaffte es: Gerhard Schaffran kapitulierte. Er sprach in den nächsten Tagen eine aus Breslau stammende, inzwischen pensionierte Lehrerin an, ihm den Religionsunterricht für die Unterstufe in Gallinchen abzunehmen. Dieser alten erfahrenen Lehrerin brauchte er den Grund für seine Bitte nicht zu sagen, sie ahnte ihn ohnehin. Nun hospitierte er nur noch gelegentlich und wurde in dieser Rolle selbst von Alois akzeptiert.

Voll Bewunderung sah er auf die pädagogischen Erfolge seiner beiden Mitkapläne Geilich und Schubert. Unübertroffen aber, Kinder in Predigt und Religionsunterricht zu begeistern, war Pfarrer Broß. Im Jahre 1950 waren es weit über hundert Jungen und Mädchen, die zweimal wöchentlich am Erstkommunionunterricht teilnahmen. Ganz selten, und dann nur aus sehr stichhaltigen Gründen, mußte der Pfarrer in der Anwesenheitsliste hinter einem der vielen Namen einen Strich verzeichnen. Die Jungen und Mädchen kamen nicht nur in Erwartung des bevorstehenden großen Festes und der damit verbundenen Hoffnung auf Geschenke, sie kamen, weil ihnen der Unterricht Freude machte und sie ihren Pfarrer liebten.

Und dann war er da, der große Tag der Erstkommunion. Der 18. Mai, die Kirche feierte das Fest Christi Himmelfahrt, war ein sonnenwarmer Maientag. Der weiße Flieder hinterm Pfarrhaus blühte, als wollte er mit den weißen Kleidern der Erstkommunionkinder wetteifern, aber selbst die Kastanienbäume, die tausende von Kerzen aufgesteckt hatten, konnten mit den Kerzen der Kinder nicht konkurrieren. Die Prozession der Erstkommunionkinder, angeführt vom Pfarrer, den Kaplänen und den Ministranten, begleitet vom Klang der Glocken und den brausenden Orgelklängen, bewegte sich vom Pfarrgarten über den gepflasterten Kirchhof in die Kirche.

Niemand ahnte, wie tief Gerhard Schaffran die Feier dieses Erstkommunionfestes berührte und wie sehr ihm in diesem Augenblick bewußt wurde, was er in der vergangenen 10 Jahren vermißt hatte. Und so trafen die Worte des Pfarrers in der Predigt auch sein Herz: Jesus, der Freund besonders der Kinder. Jesus, der gute Hirt. Seine Stimme sollten die Kinder kennen und auf sie hören. Dieses Bild von Jesus, dem guten Hirten, wurde zu einer Brücke, die seine Gedanken hinführte ans Kaspische Meer. Und er hörte wieder die Rufe der Hirten an den südlichen Hängen des Kaukasus. Er sah das riesige Meer der Schafe, das sich auf das Rufen der Hirten hin plötzlich in mehrere Ströme teilte. Jeder Strom war eine Herde, die zu ihrem Hirten eilte, denn schon von weitem hatte jede Herde ihren Hirten an seiner Stimme erkannt.

Mit einem Mal wußte er auch, woran ihn die Kommunionkinder erinnerten: Ganz deutlich sah er vor sich jenen Bajovaren, der trotz Entbehrung und Hunger noch immer seine stämmige Gestalt bewahrt hatte. Zusammengesunken, tief abwesend saß er im Sand. Es war am Abend jenes Tages, da die Lagerinsassen das erste Mal Post von zu Hause bekamen. Auch jener Mann aus den bayerischen Bergen hatte einen Brief erhalten. Aber es konnte keine gute Nachricht gewesen ein. Gerhard Schaffran setzte sich zu ihm. Schweigend reichte ihm sein Mitgefangener den Brief. Seine Mutter schrieb ihm, daß seine Frau seit geraumer Zeit mit einem anderen Mann zusammenlebe. Wieviel Kraft zum Überleben gab den Männern in jener Zeit der Gedanke, Frau und Kinder einst wiederzusehen. Auch jenen Bajovaren hatte diese innere Kraft bisher vor allem bewahrt. Und nun? Nach einer langen Zeit des gemeinsamen Schweigens brach es wie ein angestauter Wildbach aus dem gequälten Herzen des Mannes: Wenn er nach Hause käme, eine Axt würde er nehmen, als allererstes, und seine Frau und den Kerl umbringen. Und dann schwiegen sie wieder gemeinsam. Dann fragte Gerhard Schaffran, ob er denn Kinder habe.

Ja, ein Mädchen, war die Antwort. Ob er ein Foto von ihr besäße. Der Mann nahm seine Mütze ab und holte aus dem Mützenfutter ein kleines Foto, zerknittert – durch wieviele Leibesvisitationen hatte er es gerettet – wie oft mag er es schon betrachtet und dabei mit der flachen Hand geglättet haben? Das Foto zeigte seine Tochter als Erstkommunionkind. Das weiße Kleid reichte bis zu den Schuhen, die brennende Kerze in der Hand war mit Myrthe geschmückt, und die Augen schauten den Betrachter an, mit jenem kaum zu beschreibenden Glanz, den nur die Augen von Erstkommunionkindern ausstrahlen. Lange betrachtete Gerhard Schaffran das Foto und sagte dann leise: und diesem Kind willst du die Mutter nehmen? – Plötzlich tat die Stille unter dem nächtlichen Sternenhimmel nicht mehr weh, denn sie wurde unterbrochen durch das Schluchzen des Mannes an seiner Seite. – Was mag aus ihm geworden sein? Ob es seiner Tochter, jenem Erstkommunionkind, gelungen war, die Eltern miteinander zu versöhnen?

Erst die Klänge der Orgel, vereint mit den hellen Kinderstimmen, holten ihn zurück in die Gegenwart.

Cottbus war für Gerhard Schaffran die erste Station der seelsorglichen Tätigkeit nach seiner Rückkehr. Hier fand er in Pfarrhaus und Pfarrgemeinde wieder ein geistiges Zuhause. Hier nahm er nach zehnjähriger Unterbrechung wieder die „normale" Seelsorge auf. Im Restteil seiner alten Heimatdiözese, der Erzdiözese Breslau, war er wieder mit vielen Mitbrüdern zusammen, die er aus der Studien- und Seminarzeit kannte. Doch der weitaus größere Teil des Breslauer Klerus war zerstreut in allen Bistümern Ost- und Westdeutschlands. Zu vielen nahm er die Verbindung wieder auf und lernte über sie Mitbrüder anderer Diözesen kennen, die seinen weiteren priesterlichen Werdegang entscheidend mit beeinflussen sollten.

Bei allem Leid, das die Vertreibung auch über den Klerus brachte, war das Zerstreutwerden über das ganze Land auch eine Chance: Die Breslauer Diözese war so groß, ihr Klerus so zahlreich, daß eigentlich kein Grund vorlag, „über den Zaun" zu schauen. Nun aber wurde für viele hautnah erfahrbar, daß die katholische Kirche viel universeller ist als eine auch noch so große Ortskirche.

Licht in den Alltag – Katechetenseminar

Zu den Mitbrüdern außerhalb des Breslauer Klerus, die Gerhard Schaffran in jenen Jahren kennenlernte und mit denen er zeitlebens in Freundschaft verbunden blieb, gehörten Hugo Aufderbeck, Leiter des Seelsorgeamtes Magdeburg, und Alfred Bengsch,

Bei aller Unterschiedlichkeit, die dem flüchtigen Betrachter vielleicht sogar als hinderlich für eine Freundschaft erschienen sein mag, die diese drei aber als bereichernde Ergänzung erfuhren, war es doch etwas Gemeinsames, was sie viel später noch bis in ihr gemeinsames Bischofsamt hinein verband: die Liebe zur Kirche und damit ihre Treue zu den von der Kirche aufgestellten Normen und Ansprüchen, zugleich aber das engagierte Mitleiden mit jenen, die diese Ansprüche der Kirche – aus welchen Gründen auch immer – nicht tragen konnten. Wie oft führten sie nächtliche Gespräche, immer auf der Suche nach pastoralen Möglichkeiten, um Brücken zu schlagen über die Kluft zwischen Anspruch und gelebter Wirklichkeit.

Das Entstehen dieser Freundschaft verdankten sie Johannes Zinke, der diese drei während der Vorbereitung zum Katholikentag 1952 zusammenbrachte. Gerhard Schaffran war erst wenige Wochen in Cottbus, als Johannes Zinke seinen Besuch im Pfarrhaus ankündigte. Ihn hatte er als Kaplan in Breslau St. Nikolaus abgelöst, und zuletzt waren sie sich in der zur Festung erklärten Stadt begegnet. Den knapp 10 Jahre älteren Mitbruder betrachtete Gerhard Schaffran immer als „großen Bruder", und die Freude, sich nach so schicksalhaften Jahren wiederzusehen, konnten beide nicht verbergen. 1946 mußte Johannes

Zinke Breslau verlassen und kam über die Stationen Görlitz und Cottbus nach Berlin und war nun als Direktor der Hauptvertretung des Deutschen Caritasverbandes auch eingebunden in die Vorbereitung zum 75. Katholikentag, der 1952 in Berlin stattfinden sollte. Er bat Gerhard Schaffran, bei der Kommission „Wie finden Christen Heimat" mitzuarbeiten.

Welch ein brisantes Thema, in einer Zeit, da ein Großteil der Vertriebenen ihren jetzigen Wohnort in der DDR als unfreiwilligen Aufenthaltsort betrachteten und fest entschlossen waren, eine neue Heimat irgendwo im Westen zu suchen. Gerhard Schaffran ahnte, welch ein Exodus den Pfarrgemeinden in der DDR bevorstand, die doch gerade erst durch die vielen Katholiken aus Schlesien, Ostpreußen, Böhmen und anderen östlichen Gebieten einen großen Zuwachs erfahren hatten, mit dem zugleich auch eine tiefe innere Kraft und Erneuerung spürbar geworden war. Hatte ihm nicht kürzlich erst Pfarrer Broß vorgeschlagen, sich in Papitz nach einem geeigneten Bauplatz für eine Kirche umzusehen, damit diese Außenstation eine selbständige Seelsorgestelle werden könnte? Es war schon ein verlockender Gedanke, Pfarrer dieser jungen, lebendigen Gemeinde zu werden, einer Gemeinde, die nicht in Trauer verharrte über die verlorene Heimat, sondern aufgeschlossen war für alles Kommende. Diese Menschen gingen voller Hoffnung die Zukunft an, weil sie ihre Wurzeln wußten im vertrauensvollen Glauben, der Berge versetzen konnte. Allein zur Jugendstunde, die er einmal wöchentlich in Papitz hielt, kamen etwa 40 Jugendliche.

Und vielleicht, vielleicht würde sich auch jener Traum erfüllen, den er in Gefangenschaft träumte und im ersten Brief an seine Mutter verriet: … Ich male mir schon jeden Tag aus, wie die Zukunft sein wird. Du weißt, daß ich mein Leben in den Dienst Gottes gestellt habe und daß es da auch schwere Entscheidungen und Spannungen zwischen der Berufsaufgabe und den persönlichen Bindungen an die Familie geben kann. Du weißt und verstehst aber auch, daß ich Gott und den Dienst für ihn immer an die erste Stelle setzen mußte und muß. Wenn ich nun aber heimkomme, glaube ich, daß ich mit dieser Aufgabe gegen Gott auch meine ganze Sorge für dich verbinden kann. So stelle ich mir nichts schöneres vor, als wenn du in Zukunft zu mir in ein Pfarrhaus, in das ich wohl bald auch mal einziehen werde – kommen würdest …

Sollte er nun endlich hier in Papitz ein wenig wieder gutmachen können, was er seiner Mutter bisher Leidvolles hatte abverlangen müssen?

Als er sich aber in den Familien nach den Plänen für die nähere Zukunft erkundigte, erfuhr er bald, daß kaum eine junge Familie beabsichtigte, ihre Zelte auf Dauer in Papitz aufzuschlagen. In wenigen Jahren, das wußte er nach diesen Gesprächen, würde es in Papitz wohl nur noch eine Handvoll, zummeist ältere Katholiken geben. Eine selbständige Pfarrei jedenfalls würde diese Außenstation nie werden. Dieser Traum sollte sich auch für andere Außenstationen, die ihn in diesen Jahren träumten, nicht erfüllen.

„Wie finden Christen Heimat?" – für die Kirche, für die einzelnen Gemeinden, für Priester und Gläubige, Einheimische oder Flüchtlinge, war das eine existentielle Frage. So brauchte Gerhard Schaffran auch nicht lange zu überlegen, sondern erklärte sich sofort bereit, in dieser Kommission mitzuarbeiten. In den Konferenzpausen und den nächtlichen Stunden wurden in kleineren Gruppen die problemreichen Fragen des Tages weiterdiskutiert, voll Eifer und Enthusiasmus, mit Begeisterung und Hingabe, tausend Ideen, Vorschläge und Gedanken im Kopf und im Herzen. Kurz waren die Nächte zwischen diesen Konferenztagen, vor allem für ihn und Hugo Aufderbeck, den er hier kennenlernte; bei der ersten Begegnung spürten beide sofort, daß sie nicht nur gemeinsam in einem Boot saßen, sondern daß sie auch eine sehr ähnliche Auffassung davon hatten, mit dem Ruder des Bootes umzugehen. Die Familie stand im Mittelpunkt ihres pastoralen Eifers, aber auch die Heranwachsenden, die Jugend, die ja in absehbarer Zukunft selbst Familien gründen würden. Bisher waren sie getragen vom Glauben und von der selbstverständlich praktizierten Kirchlichkeit ihrer Eltern, das religiöse Leben der Flüchtlingsfamilien war stark und unerschütterlich, gewachsen im katholischen Schlesien. Würde es die Heranwachsenden ausrüsten können für ein Leben in der Diaspora, für ein Leben in einer atheistischen Umwelt? In der katholischen Kirche beheimatet zu bleiben, dazu gehörte mehr als die Geborgenheit des Elternhauses, dazu gehörte ein fundiertes Wissen über den eigenen Glauben. Wie aber hatte der Religionsunterricht bisher ausgesehen, in den verwirrten Kriegs- und Nachkriegsjahren? Hier sahen Aufderbeck und Schaffran ihre Verantwortung und eine der drängendsten Aufgaben in der Pastoral. Wer von beiden schließlich den Gedanken aussprach, wird nicht zu erfahren sein, vielleicht formulierte sich der Gedanke beim gemeinsamen Suchen – die Idee selbst aber hatte wohl in beiden gelebt, nun war sie geboren: das Katechetenseminar!

Über Inhalte und Ziele eines Katechetenseminars war leicht zu diskutieren, wie aber war es konkret zu realisieren? Wo sollte es eingerichtet werden, wer war fähig, es zu leiten, wie konnte es finanziert werden. Fragen über Fragen, die sie allein nicht beantworten konnten. Sie suchten nach Verbündeten. Es war einfach, Mitbrüder von dieser Idee zu begeistern, waren doch in diesen Nachkriegsjahren, da Seelsorge wieder in „normale Bahnen" gelenkt werden sollte, alle auf der Suche. Besonders zwei Mitbrüder machten diese Idee zu ihrer eigenen: Karl Schenke und Heinrich Theissing. Schenke, nach Kaplansjahren in Waldenburg und Breslau, als Kuratus im Jugendseelsorgeamt und Assistent im Knabenkonvikt tätig, fand nach der Vertreibung eine Anstellung im Bistum Berlin als Beauftragter für die Jugendseelsorge, bis er 1951 als Ordinariatsrat nach Görlitz berufen wurde. Er hatte reichlich Erfahrung in der Seelsorge mit jungen Menschen.

Theissing, seit 1946 Diözesanjugendseelsorger in Görlitz, konnte bald mit greifbaren Vorstellungen aufwarten: Die katholischen Gemeinden in Görlitz besaßen auf der Emmerichstraße ein Vereinshaus, das zuvor dem katholischen Gesellenverein als Hospiz und Versammlungshaus gedient hatte. Der zuständige Pfarrer schien nach ersten Anfragen nicht abgeneigt, dieses Haus zur Verfügung zu stellen. Und wer wohl käme als Leiter dieses Hauses eher in Frage als Schaffran, der seine Fähigkeit als Männerseelsorger genugsam unter Beweis gestellt habe. Kapitelsvikar Piontek, dem er diese Vorstellungen vorgetragen habe, wolle sein placet geben. Allerdings sei die Gründung eines Katechetenseminars nicht im Alleingang von Görlitz zu machen. Es müsse ein entsprechender Antrag aller Seelsorgeämter an alle Ordinarien gerichtet werden.

So geschah es. Nur wenige Gespräche und ein kurzer Briefwechsel waren nötig, um ein Seminar zu gründen, von dem Jahrzehnte später viele Männer sagen werden: Es hat mich geprägt!

Am 16. und 17. Mai 1951 fand die erste Zusammenkunft der AG Seelsorgeämter und Seelsorgereferate in Bad Kösen statt. Hier wurde der offizielle Antrag an die Konferenz der Ordinariate und Kommissariate formuliert: „Es wird vorgeschlagen, daß im Gebiete der DDR ein Seminar für die Heranbildung von Laienhelfern eingerichtet wird. Es werden dort junge Männer aszetisch und theologisch gebildet. Nach der Ausbildung gehen diese wieder in ihren erlernten Beruf und versuchen, unter den Arbeitern und in der Gemeinde Christi Reich aufzurichten. Wir geben uns der Hoffnung hin, daß aus diesen Kursen manche den Weg zum Priestertum finden."

Am 17. Juli übersandte Kapitelsvikar Dr. Piontek allen Amtsbrüdern einen Vorschlag zur Durchführung dieses Anliegens:

... 1. Zielsetzung ...

20 junge Männer aus dem Gebiete der DDR werden zu einem Halbjahrkursus zusammengefaßt, in dieser Zeit theologisch, aszetisch, methodisch und praktisch geschult, um in ihrem Beruf und in ihren Gemeinden apostolisch vielfältig wirken zu können als Helfer im Unterricht, im kirchlichen und caritativen Dienst.

2. Lehrplan

Neben der allgemein religiös-aszetischen Ausbildung durch die Gestaltung des Tages werden folgende Lehrfächer vorgeschlagen, die im ganzen 25 Wochenstunden ausmachen:

5	Glaubenslehre	1	kirchenrechtliche Fragen
5	Sittenlehre	1	Küster u. Organistendienst
3	Bibelkunde und Schriftlesung	1	Gottesdienstgestaltung und Kirchenlied
2	Kirchengeschichte	1	kirchl. Männerarbeit
2	Unterrichtsmethodik	1	kirchl. Jugendarbeit
2	Fürsoge u. Caritas	1	Pfarrbüro u. Hausbesuche

3. Kursusteilnehmer

Geeignete junge Männer im Alter von 18 – 35 Jahren mit einer abgeschlossenen Berufsausbildung. Besonders geeignet für die Teilnahme am Kursus dürfte die Zeit nach der

Gesellen- oder Gehilfenprüfung sein, da dann gewöhnlich ein Wechsel des Arbeitsplatzes stattfindet.

4. Haus- und Lehrkräfte

... ein entsprechender Umbau wäre erforderlich.

Der leitende und im Haus wohnende Priester und die geistlichen und weltlichen Lehrkräfte könnten von Görlitz gestellt werden.

5. Finanzierung

Der Umbau des Hauses für den neuen Zweck würde nach vorliegenden Bauplänen 6.000 DM kosten.

Die Einrichtung ungefähr 10.000 DM.

Der Unterhalt des Hauses bei 20 Kursusteilnehmern, 2 Schwestern und 2 Hausangestellten pro Kursusteilnehmer monatlich 90 DM. Wenn jeder Teilnehmer 45 DM aufbringen kann, wäre ein monatlicher Zuschuß von 900 DM erforderlich.

6. Trägerschaft

Es ergeben sich 2 Möglichkeiten

Der deutsche Caritasverband wäre bereit, das Seminar als Träger zu übernehmen und zu finanzieren.

Die Hochwürdigsten Ordinariate beauftragen das Erzbischöfliche Ordinariat Görlitz, das Seminar zu übernehmen und verhandeln mit dem Bonifatiusverein und dem Caritasverband wegen der finanziellen Trägerschaft, die entweder von einem der beiden oder von beiden gemeinsam übernommen wird.

Das Haus wird am 1. Oktober frei. An diesem Tage könnte der Umbau beginnen, so daß am 1. Januar 1952 der erste Männerkursus anfangen könnte.

Ende Oktober 1951 waren die baulichen Umarbeiten des Hauses so weit gediehen, daß mit der Fertigstellung des Seminars zum geplanten Zeitpunkt gerechnet werden konnte. Karl Schenke, inzwischen Ordinariatsrat in Görlitz, bat am 23. Oktober in einem Rundbrief an alle Seelsorgeämter in der DDR, geeignete Männer zu werben und spätestens zum 1. 12. 1951 zu melden. Acht Wochen nur hatten die Seelsorgeamtsleiter Zeit, dieses Anliegen an die Pfarreien weiterzugeben, damit die Seelsorger vor Ort nach geeigneten Kandidaten Ausschau halten konnten. Acht Wochen, in denen diese Kandidaten dann ihre Entscheidung treffen, ihren Arbeitsplatz kündigen und das benötigte Geld – wer verfügte in dieser Zeit schon über 225 DM! – besorgen mußten. Für 16 junge Männer war das alles kein unüberwindliches Hindernis: Sie meldeten sich für den 1. Kursus des Katechetenseminars.

Gerhard Schaffran erhielt unter dem 23. 12. 1951 sein Ernennungsschreiben zum Leiter des Katecheten-Seminars in Görlitz unter Verleihung des Titels „Rektor" mit dem Wunsche und Vertrauen auf eine erfolgreiche, von Gottes Segen begleitete Tätigkeit. Die Eröffnung des Seminars war für den 1. Februar 1952 vorgesehen. Zur Vorbereitung der Eröffnung wurde sein Dienstantritt auf den 15. Januar 1952 festgesetzt.

Irgendwann am späten Vormittag des 15. Januar stand er vor dem großen Holztor in der Emmerichstraße 79. Dieses Haus würde nun für die nächsten Jahre sein Zuhause sein. In Gottes Namen denn – war sein Gedanke, als er mit dem schrillen Ton der Hausglocke sein Kommen ankündigte. Eine Borromäerin öffnete und rief, nicht weniger laut als zuvor die Hausglocke, ihrer Mitschwester zu: Der Rektor ist schon da! Zusammen mit den Schwestern inspizierte er das Haus: die Kapelle, den Unterrichts- bzw. Vorlesungsraum, die Schlaf- und Aufenthaltsräume der kommenden Katecheten, den Speiseraum, Keller und Küche. Sein Zimmer, zentral im Erdgeschoß gelegen, Arbeits-, Wohn- und Schlafraum in einem, genügte seinen Ansprüchen vollauf. Das ganze Haus war blitzblank geputzt und in Erwartung der kommenden Bewohner. Als er sich bei den Schwestern jedoch erkundigte, ob das Haus auch gerüstet sei für den vermutlich sehr großen Appetit ausgehungerter Männer und sie ihm als einzigen Vorrat einen Sack Kartoffeln und ein Faß Sauerkraut zeigten, kamen ihm doch Zweifel am bisher erhofften guten Start. Die beiden Borromäerinnen schienen diese Zweifel nicht zu teilen, denn sie gehörten zu jener Sorte Schwestern, die man – wie Pfarrer Broß einmal formulierte – auf einen unbebauten Acker setzten könne und nach spätestens acht Tagen stünde dort eine Kirche. Zudem, das vertrauten sie ihm viel später einmal an, hatten sie in seinem Namen ein gutes Zeichen gesehen: Schaffran – der Rektor würde das Notwendige schon ranschaffen.

Eine der beiden, Sr. Metrana, lebt heute, über 90jährig, im Görlitzer St.-Otto-Stift. Fällt im Gespräch das Stichwort „Katechetenseminar", ist ihr Redefluß kaum mehr aufzuhalten. Menschen und Episoden werden in ihrer Erinnerung lebendig, und der Zuhörer hat den Eindruck, sie selbst werde beim Erzählen immer jünger und werde einen gleich an die Hand nehmen und durch das Seminar führen:

Ich glaube, es war an Weihnachten 1951, als die Oberin uns von dem neuen Katechetenseminar erzählte. Dann nahm sie mich zur Seite und eröffnete mir, daß ich zusammen mit Sr. Leokretia dort die Wirtschaftsführung übernehmen solle. So eine tüchtige Schwester, wie die Leokretia, sagte die Oberin, gibt es nicht noch mal, aber einfach werden sie es mit ihr nicht haben. Sr. Leokretia konnte einfach alles: Sie konnte selber schlachten und Wurstmachen. Wenn das Schwein, das damals im Otto-Stift gehalten wurde, zum Schlachten reif war, rief man Sr. Leokretia, sie ersetzte den Fleischer. Im Stadtpark sammelte sie Löwenzahnblüten. Daraus und aus Weizen und Beeren machte sie Wein. Nicht zu halten aber war sie, wenn die Pilzzeit nahte. Sie kannte wohl alle Pilze, die es bei uns gab. Und sie bettelte den Rektor so lange, bis er sie fahren ließ. Mit dem Zug ging es dann bis Kodersdorf, in die für Kenner berühmten Pilzwälder. Meistens nahm sie Fräulein Grete, eins unserer Hausmädchen mit, denn allein ließ der Rektor sie nie fahren. Einmal hatte Fräulein Grete einen ziemlich kranken Fuß. Aber Sr. Leokretia hatte die Genehmigung zum Pilzesuchen erhalten, und nichts in der Welt konnte sie dazu bringen, auf diese Genehmigung zu verzichten. So mußte Fräulein Grete mit ihrem kaputten Fuß mitgehen. Zwei Katecheten holten sie dann meist von der Bahn wieder ab, um die vollen Körbe und Taschen nach Hause zu schleppen. Jeder andere wäre wohl nach einem solch anstrengenden Tag fertig, sie nicht. Bis spät in die Nacht saß sie über den Pilzbergen, um sie zu verarbeiten. Es war nicht einfach, aus den oft sehr spärlichen Zutaten immer etwas Schmackhaftes für die vielen hungrigen Männer auf den Tisch zu bringen. Sr. Leokretia aber war unübertroffen im Erfinden neuer Gerichte. Mit einem allerdings hatte sie bei den Katecheten kein Glück. Es war ein Freitagsessen: Spinat mit Klopsen, die sie aus Salzherigen herstellte. Dieses Essen war allseits sehr unbeliebt, und die Katecheten haben es dann auch geschafft, daß es vom Speiseplan verschwand. –

Und dann die Abschlußfeste! Nach jedem Kursus waren es ja mehr Teilnehmer, denn die Ehemaligen wurden immer mitgeladen. Viele waren ja inzwischen verheiratet und brachten dann auch ihre Frauen mit. Wir hatten keine Tischdecken für die langen Tische. Der Rektor organisierte von sonstwo her einen Ballen Nesselstoff. Sr. Leokretia und ich saßen mit den Hausmächen nächtelang und schnitten daraus Tischdecken und bestickten sie mit Kreuzstichmustern. Es wurden Prachtexemplare. Viele der Teilnehmer am Abschlußfest konnten bei Görlitzer Familien zum Übernachten untergebracht werden. Am liebsten aber blieben sie im Seminar. Der Rektor schickte seine Katecheten ins Kloster St. Marienthal und ließ dort Strohsäcke vollstopfen. Decken borgten wir uns aus dem Kinderheim. Überhaupt mußten wir so manches für die Feste ausborgen. Geschirr zum Beispiel. Das holten wir von verschiedenen Stellen: aus dem Otto-Stift, vom Altersheim, vom Kinderheim und vom Carolus-Krankenhaus. Nach dem Fest hatten wir bald einen Tag damit zu tun, das Geschirr wieder für die richtigen Adressen zusammenzustellen. Es ist wohl mehr als eine verklärte Sicht auf vergangene Jahre, wenn Sr. Metrana – mehr zu sich selbst als zum Zuhörer – sagt: Es waren die schönsten Jahre meines Lebens.

Schon während des 1. Kursus merkte Rektor Schaffran, wieviel Zeit der sogenannte „Bürokram", der notwendig war und erledigt werden mußte, in Anspruch nahm – Zeit, die er für die Katecheten brauchte. Er suchte Hilfe und fand sie in Christa Gnatzy, sie erinnert sich:

Im Spätsommer 1952 fragte mich Rektor Schaffran, ob ich ihm im Katechetenseminar nicht etwas helfen wolle. Es waren im Büro schriftliche Arbeiten zu erledigen, Korrespondenz und bald auch Rundbriefe an die ehemaligen Kursteilnehmer. Ich sagte meine Hilfe zu. Doch das konnte keine Freizeit-Beschäftigung sein, und so wurde bald nach Beginn der Arbeit vereinbart, daß ich 2/3 meiner Arbeitszeit als Seelsorgehelferin in St. Jakobus tätig war und 1/3 zur Verfügung stand zur Hilfe im Katechetenseminar. Mit dieser

Bei einer Vorlesung im Katechetenseminar Görlitz

Arbeitsteilung konnten beide Arbeitgeber leben ... Jedes Mal, wenn ein neuer Kurs beginnen sollte, war die bange Frage: Wird er zustande kommen? Immer wieder erging die Bitte des Rektors an die „Ehemaligen" um Werbung unter ihren Bekannten. Die Kurse kamen immer zustande, mal voll belegt, mal mit weniger Teilnehmern. Mit fortschreitenden Kursen nahm für mich die Arbeit immer mehr zu, es mußten mehr Rundbriefe geschrieben werden, dazu kam Fortbildung in Kirchengeschichte, die der Rektor außerhalb des Seminars seinen Ehemaligen anbot, Anregungen zur Meditation. Alles mußte von mir getippt werden, zunächst mit der Schreibmaschine mit Durchschlägen, später stand ein ganz einfacher Abzugsapparat zur Verfügung, bei dem jedes Blatt einzeln per Hand mit einer Walze abgezogen wurde ...

Eine Neuerung wurde nach einigen Kursen eingeführt: Deutsch in Wort und Schrift, eine Stunde in der Woche. Das wurde auch im Rundbrief mitgeteilt, zur Beruhigung aber auch gleich vermerkt, daß dieses Unterrichtsfach nicht zensiert würde. Es war nicht ausgeschlossen, daß sich sonst bei manchen das Zeugnis verschlechtert hätte, die große Schwierigkeiten mit der deutschen Sprache hatten, besonders im Schriftlichen. Da ich von Beruf Lehrerin war, wurde mir dieser Unterricht übertragen. Wir schrieben auch Diktate. Ich erinnere mich, daß ich einmal 47 Fehler zusammenzählte bei einer Länge von noch nicht 2 Seiten und nicht schwerem Text. Als wir wieder einmal ein Diktat schreiben wollten, versicherte mir vorher ein Seminarist: „Na, Stücker 30 werden es wieder werden." Er war sonst ein patenter Kerl, aber in diesem Fall war Hopfen und Malz verloren.

Wer könnte das Leben im Seminar besser beschreiben, als die Katecheten selbst? Über 200 waren es in 15 Kursen, da Schaffran Rektor war. Einige wurden Priester, andere gingen – nach einer entsprechenden Ausbildung – in den kirchlichen Dienst. Die meisten, und das war die eigentliche Intention, gingen wieder zurück in ihren Beruf, in ihre

Gemeinde, gestärkt im eigenen Glauben und fähig, von diesem Glauben auch Zeugnis zu geben.

Könnte man alle 200 nach ihren Eindrücken fragen, wäre das Bild vollkommen. Doch sehr viele, die noch immer Kontakt mit „ihrem Rektor" halten, würden Ähnliches berichten:

Mein Heimatpfarrer unterbreitete in einer Jugendstunde die Idee, für ein halbes Jahr das Katechetenseminar in Görlitz zu besuchen. Es lagen kaum Informationen vor. In dieser Zeit raus aus dem Beruf, kein Geld verdienen, ein religiöses Haus. Ich hatte etwas Horror-Vorstellungen: Ein strenges Regiment mit einem alten, sehr beleibten Hausherrn, keinerlei Freiheiten, ein klösterliches Leben. Beten und lernen. Und wäre nicht auch mein Freund interessiert gewesen, einer alleine hätte diesen Schritt wohl nicht gewagt. Letzlich haben wir uns durchgerungen – und so sind wir im Seminar gelandet.

Der erste Eindruck bestätigte fast unsere Vorstellungen. Das spartanische Haus. Wir waren insgesamt 12 in unserem Kurs, einer ist nach Wochen ausgeschieden. Ein paar Leute waren vor uns da. Diese machten uns mit den Räumlichkeiten vertraut. Einen Hausherrn bekamen wir nicht zu sehen. Wir begutachteten uns gegenseitig, es trafen weitere junge Männer ein. Es ging alles etwas zähflüssig. Gegen Abend kam dann die Überraschung: Der Rektor stellte sich vor. Als ob die Sonne aufgegangen wäre! Dieses Äußere. Diese Ausstrahlung. Dieses Auftreten. Diese Begrüßung. Diese Anweisungen. Eine dominierende Person. Wir waren sofort in seinen Bann gezogen. „Meine Herren", die immer wieder gebräuchliche Anrede. Wir erlebten nie einen erhobenen Zeigefinger, nie Verbote. Selbst als zwei mit schlechtem Ruf bekannte Gaststätten genannt wurden, empfahl uns der Chef, diese nach Möglichkeit zu meiden – nie aber: Sie dürfen nicht. Sicherlich

boten wir alle überhaupt keinen Anlaß zu schlechter Diszi-
plin. Es gab während unserer gesamten Zeit nie Ärger mit
dem Chef. Wir waren alle sehr brav. Kamen aus gut religiösen Elternhäusern, waren sofort eine Gruppe von Gleich-
gesinnten, eine tolle Gemeinschaft – und sind das bis
heute noch!

Der Tageslauf in etwa:

Zwischen 6.00 und 6.30 Uhr wecken. Um 7.00 Uhr Got-
tesdienst, anschließend Frühstück. Von 8.00 bis 12.15 Uhr
Unterricht. Anschließend Mittagessen, immer mit dem Chef.
Mittagsruhe.

Von 15.00 bis 17.00 Studierzeit. Frei bis 18.30 Ulhr.
Abendessen.

Freizeit. 21.30 Abendgebet, Besinnung und Einführung
des Hausherrn in die Liturgie des nächsten Tages. Gegen
22.00 oder auch später Nachtruhe.

Das Lernen fiel uns zunächst nicht ganz leicht. Wobei die
Jüngeren zwischen 18 und 20 Jahren sicherlich Vorteile
hatten. Aber wir wurden nicht so hart gefordert und hatten
dazu hervorragende Dozenten. Allen voran natürlich der
Chef. Ein ausgezeichneter Rhetoriker, ein ganz gewiefter
Taktiker, seine tolle Erscheinung – wir haben sicherlich
noch nie so eine Persönlichkeit vorher – und wohl auch
nicht nachher – erlebt. Ich sehe ihn heute noch mit seinem
stahlblauen Anzug mit „Kalkleiste" vor uns stehen, eine
Augenweide … Unser Dozent für Jugendfragen, der damalige Kaplan Bernhard Huhn, ist mir immer noch als der jun-
genhafte, lustige und quirlige Mann in Erinnerung. Seine
Unterrichtsstunden waren immer farbig. Er lehrte uns einmal
einen von ihm selbst komponierten Kanon: Ein guter,
schlecht verdauter Witz, hält tief im Zwerchfell seinen Sitz.
Des Nacht's, wenn plötzlich man erwacht, geschieht's, daß
man verspätet lacht … Den kann ich heute noch! Oder
seine Auftritte bei Jugendabenden im großen Saal mit allen

jungen Leuten aus Görlitz – seine unvergessenen Pantomimen!

Oder Rat Theissing. Streng. Aber man konnte viel lernen bei ihm. Über Caritasdirektor Mommert, der gelegentlich etwas zu spät kam, dichteten wir an unserem Abschlußfest: Hab'n se nicht ne Uhr für mich …

Etwas ganz Besonderes passierte in den Stunden von Prälat Negwer. Einer unserer Kollegen verliebte sich in ein Görlitzer Mädchen. Folglich ging er gelegentlich abends weg. Dafür war er am nächsten Tag auch müde. Und Herr Prälat hatte so eine einlullende Stimme. Unser Kommilitone baute sich einen Stapel Bücher auf die Bank und schlief dahinter auch regelmäßig ein. Jeder merkte es, auch unser Dozent. In seiner nachsichtigen Haltung brachte er es aber nicht fertig, den Schläfer zu wecken. Er schaute uns anderen hilfesuchend an, als ob er sagen wollte, nun weckt ihn schon. Aber wir wollten ihm den entgangenen nächtlichen Schlaf auch nicht rauben. Unvergessen!

Zweimal haben wir offenbar unseren Chef genervt. Beim 1. Mal passierte folgendes: Herr Jonkisch (hatte am 6. Kurs teilgenommen) wohnte eine Zeit im Seminar. Wir hatten mit ihm viel Spaß. Gelegentlich nahm er eine Tageszeitung, setzte sich damit ans Klavier, vertonte den Zeitungstext mit improvisierten Kompositionen, und wir hörten begeistert zu oder sangen gelegentlich mit. Das muß wohl den Chef im Büro genervt haben. Er kam in den Aufenthaltsraum und sagte in seiner überlegenen Art: „Ach, Herr Jonkisch, Sie sind das – ich glaubte, hier spielt ein Unbefugter." Dabei bin ich sicher, daß der Rektor genau gewußt hatte, wer da am Klavier saß. Das nächste Mal waren wir total ausgelassen. Einer hatte eine Gardinenkordel, raste im Kreis herum, die anderen hinterher – mit entsprechendem Gebrüll. Auch da kam der Rektor hinzu. „Hurra, wir verblöden!" war sein Kommentar. Die meisten anderen

Begebenheiten, z. B. den sogenannten Idiotenmarsch, bei strenger Kälte wurde barfuß langsam gehend im Park bis hinten marschiert und ebenso langsam zurück, was wohl nie ganz geräuschlos war, überhörte und übersah er.

Fazit dieser Zeit: Wir waren uns alle einig, daß es bis dahin, vielleicht auch darüber hinaus, die schönste Zeit unseres Lebens war. Auch für unsere Persönlichkeitsbildung und unser religiöses Bewußtsein war das eine unendlich wertvolle Zeit ... Unsere gute Gemeinschaft hält bis heute, wir treffen uns regelmäßig ...

Wolfgang Hampel, 12. Kurs

... Mit den unterschiedlichsten Schul- und Berufsabschlüssen traten wir – 13 junge Männer – zumeist 20- und 21jährig, zu einem halbjährigen Direktstudium in das Katechetenseminar ein. Wir kannten unseren Rektor noch nicht, aber nach der ersten Vorstellung, er sprach leise, mit klugem Witz und unwiderruflich, war er „unser" Rektor und wir „seine" Schüler.

Mittelpunkt des Hauses war die vom Rektor selbst konzipierte Kapelle mit den christianischen Hinweisen „vincit" – „regnat" – „imperat". In dieser Kapelle brannte auch noch – im Unterschied zu den meisten Kirchen – das Ewige Licht in einer Ölschale aus Steingut. Hier erlebten wir Singen, Sammlung und Seelenmassage.

Zur meditativen Ruhe im Kapellen-Obergeschoß bot der Gemeinschaftsraum im Erdgeschoß während unserer Anwesenheit ein unüberhörbares Kontrastprogramm. Zur Förderung von Freude und Kreativität hinterließ uns der Rektor hier nicht nur den Billardtisch, sondern auch ein Klavier, das, von uns traktiert, jenes Zillewort bestätigt: „Musik wird störend oft empfunden, derweil sie mit Geräusch verbunden." Dabei wäre das „Geräusch", bestehend aus Variablen von Flohwalzer bis Eigenkompositionen, gar nicht so störend, verbände diesen Gemeinschaftsraum nicht nur eine unschuldige schalldurchlässige Tür zum Arbeitszimmer des Rektors. Aber hier erwies sich der Rektor als „Einer von uns"; nicht wir kriegten Schelte, sondern die Tür, sie mußte die Bevormundung durch eine Zweittür, sprich Doppeltür, über sich ergehen lassen. Und nomen est omen: Rektor Schaffran schaffte die Doppeltür ran. Zu dieser Zeit stand meine Beurkundung als Entwurfstechniker in den Bewerbungsunterlagen beim Rektor, und so wurde ich durch des Rektors Erlaß zum Tür-Anlackierer geadelt, ohne vorher auch nur eine einzige Tür in meinem Leben lackiert zu haben. Ich weiß nicht mehr, wieviel Anstriche ich aufgekleistert und mit Sandpapier wieder abgeschliffen habe, bis es einigermaßen eine Fläche wurde.

Interessant waren zuweilen die Lehrmethoden des Rektors. Ein großer Teil unseres Kurses wollte einen Film mit Gerard Philipp ansehen. Wegen des Konfliktes mit der Ausgangszeit mußten wir aber den Rektor fragen. Sein hintergründiges Lächeln ließ aber nichts Gutes ahnen: „Wissen Sie, meine Herren, daß der Autor auf dem Index steht?" – Was tun? – Wir standen noch sprachlos herum, als der Rektor gelassen sagte: „Nun, meine Herren, gehen wir gemeinsam in das Kino und fragen uns anschließend, warum der Roman auf dem Index steht und was es damit auf sich hat!"   Hubert Paul, 4. Kurs

Nicht alle Katecheten aber waren „brav" und kamen aus der „Geborgenheit einer katholischen Familie", wie Wolfgang Hampel seinen Kurs beschreibt, es gab sehr unterschiedliche Lebenswege, die diese jungen Männer bisher gegangen waren, sehr verschiedene Schicksale und damit auch andere Erwartungen und Vorstellungen vom Leben im Seminar.

Als ich nach Görlitz kam, um Katechetik zu studieren, hatte

ich eine sehr schlechte Kindheit, eine von Soldatsein und Gefangenschaft in Rußland geprägte Zeit hinter mir, ganz schlimme Erfahrungen (heimatlos, Schlesier, ruhrkrank und auf der Suche nach Arbeit und Unterkunft, schlimme Erlebnisse in der Fremde) und war eben kurz vor dem Beginn des Studiums in die Ehe geschlüpft. Somit war ich der einzige Verheiratete des damaligen siebten Kurses. Schon das war eine Herausforderung, denn die Zeit war eine andere als heute und hatte auch damals ihre Tücken. Jugend, die ich nie gekannt hatte, im Aufbruch, Samba und Rockmanieren. Sich in diese junge Gemeinschaft einzuordnen, war schon eine Herausforderung an mich. Dazu kam aber noch die Unkenntnis des wahren Christseins, obwohl mich unser Pfarrer förmlich gedrängt hatte, das Seminar zu besuchen, da ich in der Gemeinde dann Katechetik übernehmen sollte … Und dann kamen die Lehrer der einzelnen Fächer: Rat Theissing, Rat Schenke … Es waren Männer, vor denen ich noch heute den Hut ziehe. Und mit diesen kam Ruhe in das Haus. Aber einer war ein ganz enormes Vorbild, in allen Lagen. Und das war unser Rektor. Es gab nie ein böses Wort, selbst in einer ganz schlimmen Situation war er ein Meister der Beherrschung. Rastlos war sein Tagesprogramm, und bis in die tiefe Nacht hat er gearbeitet. Mir persönlich aber hat er geholfen, nicht nur zu glauben, sondern diesen Glauben auch zu leben …

Als dann eines Tages einer der Katecheten einen Zeitungsbericht aus dem Westen erhielt, in dem über das Wirken unseres Rektors in russischer Gefangenschaft zu lesen war, kannte unsere Bewunderung keine Grenzen. Er aber wollte keine Bewunderung aufkommen lassen. Kurz und knapp verbot er uns, diesen Artikel herumzuzeigen oder gar öffentlich zu machen, und er gab auch keine Antworten auf nähere Fragen. Viel später erst, kurz vor Schluß des Semesters hat er einmal bei einer Abendandacht in einigen Sätzen das bestätigt, was die Zeitschrift uns mitgeteilt hatte. Diese Bescheidenheit hat mich zutiefst berührt und mir sehr viel zu Denken aufgegeben ...

Daß er auch ein guter Psychologe war, kam am Schlußtag zur Geltung, an dem er einen jeden von uns zu sich ins Zimmer holte und da alle Vor- und Nachteile der vergangenen Tage am Charakter des einzelnen, fast alles zutreffend, vortrug. Da konnte sich ein jeder seinen Teil für die Zukunft merken und nach Belieben verbessern. Ich selbst habe die „Missio" bestanden und von Stund an der Pfarrei W. meine Kraft geschenkt und will es bis ins hohe Alter weiterhin tun ...   Siegfried Petruschke, 7. Kurs

Wie meisterhaft er sich beherrschen konnte, erzählt auch Josef Gröger (15. Kurs): Der Rektor wurde unter uns nur Rex genannt. Wenn sich alle zur Ruhe begeben hatten, kam es vor, daß der Rex durch die zweiflügelige Doppeltür schnell mal durch den Schlafsaal ging. Die Türen waren meistens halboffen. Es war eine warme Sommernacht, und ich weiß nicht, wer auf diese Idee kam. Jedenfalls stellten wir eine große volle Wasserschüssel auf die angelehnten Türflügel. Logischerweise mußte sich der Inhalt der Schüssel über den Hereinkommenden ergießen. Und so geschah es auch! Der Rex, durch den Garten kommend, öffnete leise die Tür, die Schüssel kam ins Wanken, und das Wasser ergoß sich über ihn. Naß, aber ohne ein Wort zu sagen, aufrecht wie immer, ging unser Rex durch den Schlafsaal. Nie wurde diese Begebenheit von ihm uns gegenüber erwähnt ...

Obwohl es nicht das eigentliche Ziel des Katechetenseminars war, Priesterberufungen zu wecken und zu fördern, war Rektor Schaffran doch sensibel genug, solche Eignungen zu erkennen. Und ähnlich, wie ihn damals sein Jugendkaplan Jungnitsch „auf den Weg brachte", weckte auch er, sehr zurückhaltend und völlig unaufdringlich, bei manchen seiner Katecheten diesen Gedanken.

Josef Hoffmann, heute Pfarrer in Hoyerswerda, ist dieser für ihn so entscheidende Augenblick bis heute gegenwärtig:

Es war der 20. Februar, während eines Festes im Seminar, da sagte der Rektor – so ganz beiläufig: Haben Sie schon mal überlegt, ob Sie Priester werden könnten? – Ehrlich, auf diesen Gedanken war ich bisher nicht gekommen, weil ich mir das gar nicht zugetraut hätte! Doch nun hatte mich diese Frage mitten ins Herz getroffen, es war wie ein brennender Funke, der mich nie wieder verlassen hat. Aber ich bin sicher, daß dieser Funke nur überspringen konnte, weil ich zuvor unseren Rektor als Mensch und Priester erlebt habe. Wenn ich die Zeit im Seminar und mit ihm überdenke und was mir daran wichtig und wertvoll war, dann ist es vielleicht folgendes:
1. Die Gemeinschaft
2. Unser Rektor setzte innere Ziele
3. Seine reiche Erfahrung, die er nur langsam und selten mitteilte. Das war dann wie ein Geschenk.
4. Er half uns, einen eigenen Standpunkt zu finden
5. Seine kluge Gerechtigkeit
Und da fällt mir ein Erlebnis ein, wo ich hautnah diese seine kluge Gerechtigkeit erfahren habe: Der Rektor war an diesem Tag nicht im Seminar, vermutlich war er irgendwo zu einer Konferenz oder hielt einen Vortrag. An diesem Tag fühlte ich mich nicht recht wohl und legte mich deshalb ins Bett. Das war, wenn man nicht wirklich krank war, sonst nicht so üblich. Die Katecheten, die also annahmen, ich wollte es mir nur bequem machen, schoben mich mitsamt dem Bett in den Hof. Ich blieb liegen. Als es zu nieseln begann, schoben sie mich unter die

offene Kolonade. Es wurde Abend und Nacht – ich schlief ein, es muß wohl eine ziemlich warme Sommernacht gewesen sein. Im Halbschlaf hörte ich ein Motorgeräusch, das Zuschlagen von Wagentüren und die unverkennbaren Schritte des Regens, der irgendwann nachts zurückgekommen war.

Am nächsten Morgen – mein Bett hatte ich natürlich draußen stehenlassen – beim Frühstück erkundigte er sich ganz beiläufig, ob wir alle auch eine angenehme Nacht gehabt hätten. Bestätigendes Kopfnicken und zustimmendes Gemurmel der Katecheten war die Antwort. Nach Beendigung des Frühstücks erhob sich der Rektor, schaute in die Runde und sagte, als sei es ein Nebensatz: Ich hoffe, daß alles wieder in Ordnung gebracht wird. Er ging – und ich war sauer. So eine Ungerechtigkeit: die anderen hatten mich mit dem Bett hinausgeschoben. Aber da ich den Beweis dafür nicht antreten konnte, es sich aber nachweislich um mein Bett handelte, würde ich es jetzt hineinschaffen müssen. Der Ärger darüber schien noch auf meinem Gesicht ablesbar gewesen zu sein, da drehte sich der Rektor an der Tür noch einmal um und sagte: Aber natürlich tragen die das Bett wieder rein, die es rausgetragen haben.

Es war für uns immer wieder verblüffend, wie präzise er Situationen durchschauen konnte und wie gerecht er dann urteilte …   Josef Hoffmann, 3. Kursus

Auch über die Monate im Seminar hinaus hielt der Rektor Kontakt mit seinen Katecheten und schuf so ein familiäres Zusammengehörigkeitsgefühl. Am Ende eines jeden Kurses fand ein Abschlußfest statt, zu dem die Ehemaligen eingeladen wurden, so daß sich die Katecheten aller Kurse kennenlernten und untereinander Kontakt pflegten. Entscheidend aber für diese innere Bindung waren sicher seine „Rundbriefe". Aus ihnen erfuhren die Katecheten die

Namen und Herkunftsorte der „Neuen", sie erfuhren von Verlobungen, Hochzeiten und Taufen, aber auch, wenn einer aus ihren Reihen verstarb. Sie erfuhren, wenn das Haus renoviert, die Kapelle neu gestaltet wurde, und sie erfuhren die Sorge des Rektors, wenn das Zustandekommen eines Kurses aus Mangel an Anmeldungen in Frage stand. Dann konnten sie in den Rundschreiben seine eindringlichen Bitten lesen, geeignete junge Männer anzusprechen und zu werben. Es war nicht umsonst: Kein Kursus mußte ausfallen.

Wichtiger aber als diese „Familiennachrichten", wie der Rektor selbst sie nannte, war ihm das begleitende religiöse Wort. Mit Hilfe der Katecheten – Wolfgang Uhrlandt bezeichnet diese Hilfe als „Schularbeiten des Kurses" – hatte er „Kerngedanken für jeden Tag" zusammengestellt und wollte sie, als kleines Heftchen gebunden, im St. Benno-Verlag herausgeben – unter dem Titel: „Licht im Alltag". Aber der Verlag brauchte für die Herausgabe länger, als ihm lieb war. So mußten die Katecheten in seinen ersten Rundbriefen auch immer das Bedauern lesen, daß das Heftchen noch immer nicht erschienen sei. Als Ersatz aber erhielten sie jedesmal eine Liste mit den Kerngedanken für den nächsten Monat. In diesen Gedanken und in dieser stillen Besinnung wollen wir uns immer wieder zusammenfinden, mahnt er die Katecheten.

Mit den Rundbriefen gibt er seinen Katecheten eine geistig-geistliche Wegbegleitung über die Seminarzeit hinaus. Diese Wegbegleitung erhält Autorität und Glaubwürdigkeit durch seine eigene religiöse Erfahrung. Ohne Scheu formuliert er Forderungen an die jungen Männer, täglich bewußt aus dem Glauben zu leben. Diese Forderungen sind einfach, klar und unmißverständlich, wie die Auswahl aus einigen Rundbriefen zeigt:

Vergessen wir nicht, uns die Zeit für einige besinnliche Gedanken des Tages zu nehmen. All unser Tun muß aus dem
Innern heraus kommen. Sonst reden wir Phrasen und können vielleicht einmal einen anderen überreden aber nie
überzeugen ... Und zweitens lege ich Ihnen den Gebetszet-
tel mit dem Gebet des hl. Vaters bei. Das ist das Gebet, das
ich schon lange suche und das unser Gemeinschafts- gebet
werden soll. Es enthält unsere Anliegen, und ich bitte Sie
alle herzlich, es mit mir jeden Tag zu beten ... (14. 8. 52)

Für den Advent wünsche ich Ihnen trotz ihrer Arbeit im
Getriebe der Zeit immer wieder eine still-frohe Stunde. Wir
wollen den Advent mit der Liturgie der Kirche begehen. Er
ist die Zeit der Erwartung, Sehnsucht – und unser ganzes
Leben ist solch eine Erwartung der kommenden Herrlichkeit Gottes. Maran atha! ... (29. 11. 52)

Der Gruß an Sie zu Beginn des Monats Mai sei zuerst mit
Ihnen an Maria, „Unsere Liebe Frau", gerichtet. Am liebsten
möchte ich mit Ihnen zusammen in unserer stillen Kapelle
vor ihrem Bild ein stilles Ave beten. Ich werde dieses Ave
täglich an unser gemeinsames Gebet anschließen – gleichsam in Ihrem Namen – und bitte auch Sie, es für mich zu
tun ... (24. 4. 53)

... Laßt uns nicht müde werden, dem Herrn den Weg zu
bereiten – zu uns und zu den Menschen neben uns. Nicht
müde werden – zäh sein – standhalten wie Johannes, der
dem Herrn bei seinem ersten Kommen den Weg bereitet hat
... (30. 11. 53)

... Und die jährliche Erinnerung an dieses große ge-
schichtliche Geschehen ist uns eines der liebsten Feste
geworden. Bei allem aber, was wir oft sagen und hören, ist
die Gefahr der Gewohnheit gegeben ... wir wollen fürein-
ander und miteinander beten, daß das kommende Fest
sich bei uns nicht in „Weihnachtsdekoration" erschöpft –
mag sie auch christlich sein –, sondern daß wir die unfaß-

bare Großtat Gottes wie die Hirten anbeten ... Wir nehmen uns zu Weihnachten auch Zeit, die Herrlichkeit Gottes im Gebet zu schauen ... (14. 12. 54)

„Atme in mir, du Heiliger Geist, daß ich Heiliges denke, treibe mich, du Heiliger Geist, daß ich Heiliges tue." ... Beten wir einmal – nein, immer wieder – diese zwei Sätze des hl. Augustinus. Die Wirkung wird nicht ausbleiben. In manchen Bezirken rührt sich das Leben – in anderen nicht. Ich kann diese Dinge von hier aus nicht „steuern" und bitte, nicht nachzulassen, sondern zu überlegen, zu bohren, neu anzufangen und auch zu wagen. Wir werden immer Enttäuschungen erleben, aber Gott wird einmal nicht die runde Leistung verlangen, sondern bei ihm gilt das ständige Mühen und Neuanfangen ... (25. 5. 55)

Unser Leben ist oft wie ein Schachspiel: wir sind schlecht zum Zug gekommen – manche lächeln schon über unsere unhaltbare Stellung –, wir haben viel opfern müssen – und doch: entscheidend ist der letzte Zug, der den König mattsetzt. Halten wir daran fest: unser letzter Zug ist immer der Siegeszug. Diesen Osterglauben wünsche ich Ihnen, und darum bitte auch ich ... (23. 3. 56)

Es sieht schön aus, wenn der erste Schiläufer im frischgefallenen Schnee dahinläuft und seine Spur zieht. Oft dauert es aber nicht lange, und ein wirres Durcheinander, ein kreuz und quer vieler Schispuren zeichnet sich ab. Das neue Jahr hat begonnen. Wie mag Gott die Spuren der ersten Tage sehen? Ist die Spur klar oder besteht schon ein Durcheinander vieler Spuren? Es gibt auch Menschen, die aus Angst, daß sie einmal stürzen könnten, es vorziehen, passiv am Rand stehenzubleiben und den Beobachter zu spielen. Unsere Spur muß aber zu sehen sein ... Gebe uns Gott die Kraft, der Spur seines Sohnes nachzugehen ... (14. 1. 58)

Vielleicht war es gerade dieses Gefordertsein, was viele Katecheten heute sagen läßt: Die Zeit im Seminar hat mein Leben entscheidend geprägt.

Endlich war das langerwartete und in vielen Rundbriefen angekündigte Heftchen „Licht in den Alltag" erschienen. War es Zufall oder Fügung, daß die Gedanken und Anregungen für die tägliche Betrachtung, für die Minuten des Stillseins den Katecheten gerade in jenen Tagen übergeben wurden, die die unruhigsten des Jahres 1953 werden sollten? Der Tagesablauf im Seminar blieb zwar von diesen Unruhen verschont, auch die Spannung, in der sich alle politisch wachen Menschen in diesen Wochen befanden, war unter den Katecheten wenig spürbar, dennoch aber lebten sie nicht in strenger Klausur und erfuhren gelegentlich schon, daß sich die Situation im Lande irgendwie zuspitzte.

Wenn der Rektor nicht im Haus war, erinnert sich Sr. Metrana, benahmen sich die Katecheten oft wie „aufgezogen", aber besonders auffällig war es vor dem 17. Juni, als seien sie junge Hunde, die das nahende Gewitter spüren. Zwei, drei Tage vor dem 17. Juni war es. Der Rektor war außer Haus, und die Katecheten waren so albern, als hätten sie Sekt getrunken. Sie liefen singend im Gänsemarsch um eine lange Reihe zusammengestellter Tische herum, schnell, immer schneller. Und je schneller sie liefen, desto lauter wurde auch ihr Gesang, der bis auf die Straße drang. Bei dem Lärm, den sie veranstalteten, überhörten sie selbst aber die Hausglocke. So öffnete ich. Draußen stand ein Polizist. Sr. Leokretia, die mir nachgeeilt war, fragte, mit unschuldigstem Lächeln und einer Stimme, als stünde ein seit langem erwarteter lieber Gast vor der Tür: Ach, sind Sie die Polizei? Ich glaube, ein bißchen von der strengen Dienstbeflissenheit des Uniformierten ist aus seinem Gesicht gewichen. Er bat nur freundlich, den Lärm zu dämpfen. Das gelang uns schlagartig, als wir den Katecheten von diesem unerwarteten Besucher erzählten. Die Stimmung kippte sofort um.

Wir hatten Keller und Speisekammern gefüllt mit Vorräten. Am nächsten Sonntag feierte der Kapitelsvikar sein Goldenes Priesterjubiläum. Mehr als Hundert Gäste waren angemeldet, das Festessen sollte bei uns im Katechetenseminar stattfinden. Seit Monaten war für dieses Fest gesammelt worden: Kaffee und Büchsen mit Fleisch und Wurst und exotischen Früchten, das meiste aus Westpaketen oder was der Rektor und die anderen Geistlichen der Stadt von ihren „Bettelfahrten" so alles mitgebracht hatten. Was tun? Wir waren in großer Sorge, daß die Polizei wiederkommen und vielleicht eine Hausdurchsuchung machen würde. Wenn doch nur der Rektor schon da wäre! Als er dann am späten Abend endlich kam, entschied er, daß die meisten der Vorräte zu Bekannten in der Stadt zum Aufbewahren gebracht werden sollten. Selbstverständlich und wortlos verteilten die Katecheten den Inhalt unserer Vorratskammern über die ganze Stadt. Gottlob gab es dann doch keine Hausdurchsuchung, und wir haben später alles wieder eingesammelt. Allerdings fand zum Jubiläum dann nur der Festgottesdienst statt, das geplante Festessen wurde wegen der Unruhen kurzfristig abgesagt.

Der 17. Juni war ein Mittwoch. Und mittwochs hatten wir im Seminar unseren unterrichtsfreien Tag, an dem wir unser Programm nach Belieben gestalten konnten. Schon früh begann es mit Hektik. Einer von uns – wir waren mit 20 ein vollbelegter Kurs – stürzte in den Speiseraum und rief aufgeregt: Habt ihr es im Radio gehört? Im ganzen Land wird gestreikt – auch in Görlitz!

Und dann sah man schon die streikenden Arbeiter vom Waggonbau kommen. Um 14.00 Uhr – glaube ich – wurde der Ausnahmezustand verhängt, aber wir machten uns alle auf den Weg in die Stadt. Da war wirklich was los. Ulbricht-Bilder und ein Stalinkopf, von irgendeinem Denkmal abgeschlagen, kullerten über die Straße. Viele machten ihre Parteiabzeichen ab und warfen sie weg. Und immer lauter wurden Parolen gerufen: Nieder mit Ulbricht – nieder mit der SED. Wir ließen uns mitreißen von der Stimmung. Und mir fiel ein, daß unser Rektor vor wenigen Tagen erst gesagt hatte, wenn solche Parolen von den Massen aufgegriffen werden, kann es zu einer Veränderung kommen. Daran wollten wir natürlich nicht unbeteiligt sein. Und so habe ich auch mitgerufen. Die Polizei ging dann zum Generalangriff über. Mit vorgehaltenen Karabinern kam sie auf die Streikenden zu. Plötzlich spürte ich einen Kolbenstoß im Rücken und schrie den Polizisten an: Was soll das, ich kann nicht schneller laufen! – Das war wohl mein Verhängnis. Sie drängten mich zur Seite. Das war ihre Taktik, immer nur einzelne zu greifen, von der Gruppe zu isolieren, und schon war man hilflos. So passierte es auch mir. Natürlich wollte ich ihnen nicht sagen, daß ich aus dem Katechetenseminar komme, deshalb sagte ich ihnen, ich sei in Görlitz nur zu Besuch. Dann brachten sie mich in das Stadtgefängnis, in eine Einzelzelle. Hier blieb ich drei Tage und drei Nächte. Ich hatte keine Ahnung, was draußen vor sich ging. Meine größte Sorge war, daß der Rektor meiner Frau – ich war in unserem Kurs als einziger verheiratet – Nachricht über mein Verschwinden geben würde. Es war am Sonntagmorgen, als man mich aus der Zelle holte. Mit noch einigen anderen stand ich dann vor einem Polizisten. Ich sehe ihn noch vor mir in seiner blauen Uniform, er schielte und sah uns an, als wollte er uns „erkennen". Dann sagte er: Ihr werdet entlassen, aber nicht, weil wir überzeugt sind, daß ihr unschuldig seid, sondern um euch zu beweisen, daß wir vor euch keine Angst haben.

Es war ein wunderschöner Sonntagmorgen, der mich empfing, als ich das Stadtgefängnis verließ. Ich erinnere mich so genau an den strahlenden Tag, da ich mir selbst – unrasiert und ungewaschen – ganz verlottert vorkam. Ich bog sofort in die erste Gasse ein, damit mich der Posten am Ausgang des Gefängnisses nicht mehr im Auge hatte, und war eigentlich erst ein wenig erleichtert, als ich vor dem Tor des Katechetenseminars stand. Der Rektor selbst öffnete mir die Tür. Die Katecheten waren schon alle in die St.-Jakobus-Kirche gegangen, wo ja an diesem Tag der Festgottesdienst zum Goldenen Priesterjubiläum von Kapitelsvikar Dr. Piontek stattfand. Der Rektor war gerade auch im Begriff, das Haus zu verlassen. Ich habe aufgeatmet, als ich erfuhr, daß er meiner Frau noch keine Nachricht gegeben habe, das aber heute Nachmittag habe tun wollen. Später dann erzählten mir die Katecheten, daß der Rektor am Abend des 17. Juni, als ich lange nach der Ausgangssperre noch nicht zurück war, eine Gebetswache in der Kapelle einteilte. Tag und Nacht haben er und die Katecheten abwechselnd dort betend Wache gehalten. Ich bin überzeugt, daß man mich aus dem Gefängnis „herausgebetet" hat.   Franz Apel, 3. Kurs

Im Zimmer des Rektors, das zugleich auch Büro war, ging es an jenem Tag zu „wie in einem Taubenschlag". Immer wieder tauchte einer der Katecheten auf, um von den Ereignissen in der Stadt zu berichten. Aber auch Mitbrüder aus den Görlitzer Pfarreien und Gemeindemitglieder trafen sich hier. Wie sehr des Rektors Rat in solchen Ausnahmesituationen gefragt war, zeigt ein Ereignis, das Roland Antkowiak – er war Mitbegründer des vom Rektor geleite-

ten Lehrer- und Erzieherkreises – einige schlaflose Nächte
gekostet hatte:

Es war im Frühjahr 1953, als die ersten „politischen" Ge-
fangenen von 1945 aus dem „Gelben Elend" in Bautzen
entlassen wurden. Auch der Mann einer Kollegin, ehemals
Mitglied der NSDAP und Lehrer, kam zu seiner Familie
zurück. Es fehlte an allem für ihn. Mit Hilfe westlicher
Freunde konnte ich einiges beschaffen und stellte es der
Familie, um sie nicht zu belasten, anonym zu. Unbedacht,
denn ich war nicht auf den Gedanken gekommen, daß
Angst und Mißtrauen so groß sein könnten, dahinter eine
Falle des Staatssicherheitsdienstes zu vermuten. Meine
Kollegin sah sich gezwungen, ihre Parteigruppe zu infor-
mieren. Die einsetzenden Ermittlungen führten zu großer
Unruhe im Kollegium, so daß ich mich offen zu der anony-
men Übergabe bekannte.

Daraufhin gab es sofort eine Parteiversammlung der
SED, in deren Anschluß eine andere Kollegin, auch Genos-
sin der SED, in der Dämmerung zu mir in die Wohnung
kam, um mich zu warnen: „Hauen Sie ab nach Westberlin!
Die Genossen X, Y und Z sind unterwegs zum SSD."

„Der Rektor" war noch nicht lange in Görlitz. Wir hatten
aber schon gute Kontakte und wußten auch um seine
Kenntnisse über die Russen, den SSD und die Gefängnisseelsorge. Und wir schätzen ihn, auch als Mann mit nüch-
ternem Verstand. So suchten meine Frau und ich – es war
übrigens genau unser 1. Hochzeitstag – ihn unverzüglich
auf, um seinen Rat einzuholen. Nachdem ich die Situation
ausführlich geschildert und seine Nachfragen beantwortet
hatte, sagte er nach kurzem Nachdenken: „Wissen Sie,
das kann höchstens ein halbes Jahr kosten. Das schaffen
Sie. Und in dieser Zeit sorgen wir schon für Ihre Frau. Das
ist kein Grund abzuhauen!" Unsere kurze Verblüffung hat-

ten meine Frau und ich schnell überwunden und trafen unsere Entscheidungen.

Der Rektor – und das machte ihn für uns alle immer so glaubwürdig – beließ es nicht bei seinem Rat, er kam anschließend mit in unsere Wohnung und blieb dort mit uns fast bis Mitternacht, um der Dinge zu harren. Es kam aber niemand, und es gab auch in der Folgezeit keine Nachfragen diesbezüglich ...

Da bloße Hände von Streikenden, mögen sie auch zu Fäusten geballt sein, gegen Karabiner und Panzer nichts auszurichten vermögen, war der Aufstand im Land bald niedergeschlagen. Obwohl auch im Seminar der Alltag wieder einkehrte, diskutierte man doch noch lange über die verpaßte Chance einer Veränderung, und so stellten die Katecheten ihrem Rektor einmal die Frage, wie er denn reagiert hätte, wenn sie nicht auf die Straße gegangen wären. So hintergründig wie sein Lächeln, war auch seine Antwort: Ich hätte Sie nicht geschickt, meine Herren – aber es hätte mich doch sehr gewundert, wenn Sie nicht gegangen wären!

Nichts ist so verläßlich wie das Vergehen der Zeit. Am 30. 6. 59 schreibt Rektor Schaffran seinen letzten Rundbrief:

Liebe Freunde!

Viele von Ihnen haben es schon erfahren, daß das stille Görlitz in der letzten Zeit in starke Bewegung geraten ist. Am 24. 6. wurde unser hochverehrter Herr Kapitelvikar zum Titularbischof geweiht ... Wir vom Seminar sind ja unserem neuen Bischof zu besonderem Dank verpflichtet ... Herr Rat Schenke ist zum Regens des Priesterseminars in Erfurt ernannt worden ...

Schließlich werde auch ich am Ende dieses Kursus das Seminar verlassen, um im Priesterseminar in Neuzelle mein neues Amt als Dozent anzutreten. Herr Kuratus Huhn ist zum neuen Rektor des Katechetenseminars ernannt worden ...

Da dies mein letzter Rundbrief ist, möchte ich Ihnen allen ein herzliches Dankeswort sagen. Der jetzige Kursus ist Nummer 15. Wenn ich auf alle zurückschaue, so kann ich nur sagen, daß Sie es mir leichtgemacht haben. Und wenn ich es dem einen oder anderen schwergemacht habe, so bitte ich, es zu verzeihen. Letztlich galt Ihr Opfer, das Sie durch den Besuch des Seminars gebracht haben, und auch mein Bemühen doch dem einen Ziel: Gottes Ehre. An jedem 1. Sonntag im Monat werde ich das Memento bei der heiligen Messe weiterhin für Sie halten – und ich bitte auch um Ihr Gebet, daß Gott mir das rechte Wort geben möge ... Ich Grüße Sie auf der beständigen Brücke des Gebetes ...

Das Glanzstück des Seminars! Der VW-Käfer.

... und ihr habt mich besucht

In Abwandlung des Wortes „wem Gott ein Amt gibt, dem gibt er auch die Gnade", kann man von manchen Menschen sagen: „Wer ein Amt gut verwaltet, darf sich nicht wundern, wenn ihm viele Ämter aufgebürdet werden." So erging es jedenfalls Gerhard Schaffran.

Bald erhielt er – neben seiner Hauptaufgabe als Leiter des Katechetenseminars – die vielfältigsten Ernennungen und Beauftragungen:

- Religionsunterricht für die Oberschüler der 11. und 12. Klasse
- Studentenseelsorge für die Fachschüler der Görlitzer Fachschule für Bauwesen
- Akademikerseelsorge
- Leitung des Lehrer- und Erzieherkreises
- Vertretung des zum Weiterstudium beauftragten Rat Theissing als Diözesanmännerseelsorger und als
- Diözesanbeauftragter für die kirchliche Kolpingsarbeit
- Mitglied des Bistumskonsistoriums, um bei kirchlichen Prozessen als Richter mitzuwirken
- Seelsorge in der Haftanstalt Luckau und später in Bautzen

Man muß jeden Tag nur straff planen, um ein auch noch so großes Arbeitspensum zu schaffen, davon war er überzeugt. Nun konnte er den Beweis für diese Behauptung antreten. Die Vielzahl seiner Aufgaben aber überforderten einen auch noch so gut geplanten Tagesverlauf. Er begann, die Stunden für die Nachtruhe zu reduzieren und trainierte Körper und Geist, mit immer weniger Schlaf auszukommen. Als er bei 3 Stunden Schlaf angekommen war, geschah das, was bei einer solchen Methode, die Nacht zum Tag zu machen, vorherzusehen war: Auf einer Autofahrt nach Cottbus stellten sich plötzlich Seh- und Gleichgewichtsstörungen ein. Er machte Station im Caritasheim Döbern. Der von den Schwestern herbeigerufene Arzt diagnostizierte einen akuten Ausbruch einer „multiplen Sklerose", was sich aber nach einigen Tagen ununterbrochenen Schlafes „nur" als eine totale Erschöpfung herausstellte. Sechs Wochen totale Ruhe, war die strikte Verordnung des Arztes. Da auch Kapitelsvikar Dr. Piontek auf der Einhaltung dieser ärztlichen Anordnung bestand, blieb Gerhard Schaffran nichts anderes übrig, als zu folgen. Selbstironisch beschreibt er diese sechs Wochen: Mein „Bruder Esel" ist störrisch geworden. Als Kranker bin ich vom dicken Strich des freien Willens auf den dünnen gerutscht! Nun muß ich zwangsweise den Schlaf nachholen, den ich Wochen zuvor mühsam eingespart habe.

Von all diesen „Nebenbeschäftigungen" hat ihn eine besonders belastet, ihn zugleich aber auch herausgefordert: die Seelsorge in den Haftanstalten. Da er persönliche Erfahrungen als Gefangener gemacht hatte, schien er für seine Vorgesetzten der geeignete Mann gerade für diese Aufgabe. So hatte ihn schon kurz nach seinem Dienstantritt in Cottbus Pfarrer Broß gebeten, die Seelsorge in der dortigen Haftanstalt zu übernehmen. Wie sehr das Wachpersonal Seelsorge mit Menschenkenntnis und -führung gleichsetzte, erfuhr er bald nach Antritt dieses Dienstes. Man bat ihn, einem Gefangenen doch gut zuzureden, der seit einigen Tagen wortlos und apathisch in seiner Zelle säße und jede Nahrung verweigere. Der junge Mann hob nicht einmal den Kopf, als der Wärter die Zelle öffnete und sie hinter Gerhard Schaffran wieder verschloß. Auch seine Vorstellung, er sei der katholische Pfarrer, blieb ohne Reaktion. Da der Gefangene auf dem einzigen vorhandenen Stuhl saß, setzte er sich, nachdem auch seine Bitte um Erlaubnis antwortlos blieb, auf die Pritsche. Eine geraume Zeit schwiegen sie zusammen. Dann begann Gerhard Schaffran ein wenig aus seinem Leben zu erzählen, aus der Zeit, da auch er zu den Eingeschlossenen gehörte. Da schaute ihn der Gefangene an, ungläubig zunächst und ein wenig skeptisch. Doch er schien diesem Pfarrer zu glauben, denn plötzlich brach alles, was sich in den vergangenen Tagen angestaut hatte, heraus wie ein Sturzbach: Er habe Buntmetall verschoben. Ein wenig nur. Aber das genügt schon, um ihn zum Schwerverbrecher zu machen. Ihm würde es ja nicht so viel ausmachen, die Strafe abzubrummen, aber er habe ein Mädel draußen. Würde sie auf ihn warten? Auf einen Verbrecher? Daß sie sich in der Zwischenzeit einen anderen suchen würde, der Gedanke mache ihn krank. – Warum er dem Mädel denn nicht mal schreibe? – Er lief rot an, vor Scham vielleicht oder vor Ärger: weil er nicht lesen und schreiben könne!

So etwas gab es. Da schrieb Gerhard Schaffran dem Mädel, „den ersten Liebesbrief seines Lebens" – wie er diese Episode später selbst kommentierte.

Aber es gab auch deprimierende Erlebnisse, wenn er erfuhr, aus welch nichtigen Anlässen manche einsaßen und er nicht helfen konnte oder – wenn er es versuchte, seine Hilfe alles nur noch schlimmer machte. So verwandte er sich in der Cottbuser Haftanstalt für eine Studentin. Sie war von einer Kommilitonin angezeigt worden, weil sie einen politischen Witz erzählt hatte. Nun saß sie in einer Zelle zusammen mit zwei Mörderinnen. Es war Absicht, denn „politische" Gefangene sollten moralisch gebrochen werden, indem sie Schwerst-Kriminellen gleichgestellt wurden. Als er die Gefängnisleitung bat, die Studentin in eine andere Zelle zu verlegen, bekam er keine Erlaubnis mehr, mit ihr zu sprechen und erfuhr auch nie, was aus ihr geworden war. Die seelsorgliche Betreuung der Gefangenen war immer eine Art Balance-Akt: den Gefangenen helfen – ohne eine Angriffsfläche zu bieten. Das überstieg oft menschliches Vermögen und bedrückte ihn sehr.

Nach seinem Weggang von Cottbus übernahm ein Mitbruder dann die Seelsorge im dortigen Gefängnis. Er selbst bekam die seelsorgliche Betreuung der Haftanstalt in Lukkau übertragen. An einem Oktobersonntag machte er sich mit seinem VW-Käfer auf den Weg nach Luckau. Es war ein trüber, nebliger Tag, beinahe ein vorgezogener Novembersonntag. Als er die Wachstube betrat, standen die beiden Posten am Fenster, mit dem Rücken zu ihm. Sein Klopfen schienen sie überhört zu haben. Ehe er grüßen konnte, sagte der eine: „Ein Wetter ist das heute, wie zum Kotzen und Niesen." Gerhard Schaffran war hellwach. Dieses Wort kannte er. Es wurde von den Landsern gebraucht, damals in Koczinice. „Ein Ort ist das, wie zum …" – wurde zum geflügelten Wort. Die Welt ist ja bekanntlich klein, aber sollte er hier als Wachposten im Gefängnis einen ehemaligen Landser aus Koczinice wiedertreffen? Er grüßte laut, um auf sich aufmerksam zu machen. Die Posten wandten sich ihm zu. Er hatte recht vermutet, einer von ihnen war ein ehemaliger Unteroffizier, berüchtigt in Koczinice, weil er die Landser unbarmherzig „schliff", wie er sich selbst brüstete, aber er war auch bekannt als treuer Anhänger der NSDAP. Gerhard Schaffran konnte am blaßgewordenen Gesicht des Posten ablesen, daß auch er erkannt worden war. „Herr Pfarrer, Sie!" stammelte der Mann, der die Uniform – und ganz sicher auch die Partei – gewechselt hatte.

Eine solche Gelegenheit bot sich gewiß nicht wieder. Gerhard Schaffran nutzte sie sofort aus. – Er ließ keinen Zweifel daran, wie gut er sich an die Zeit in Koczinice erinnern konnte, fügte aber hinzu, daß es nicht Aufgabe eines katholischen Priesters sei, über Schuld oder Unschuld zu richten. Seine Aufgabe hier sei keine andere als in Koczinice: als Seelsorger für die dazusein, die ihn brauchten. Und – fügte er unmißverständlich hinzu – er hoffe, daß ihm in dieser Hinsicht hier kein Ärger gemacht würde.

Soweit der Einflußbereich dieses Wachposten in der Haftanstalt Luckau reichte, konnte Gerhard Schaffran relativ unbehelligt seinen Dienst tun. Am Schlüsselbrett in der Wachstube – unvorstellbar eigentlich – hing ein Schlüssel mit dem Anhänger „Pfarrer", damit konnte er ohne Begleitung eines Wachpostens in den „inneren Kreis" des Gefängnisses gelangen.

Mitte 1957 wurde die Haftanstalt Luckau aufgelöst. Sie sollte in einen Jugendwerkhof umgewandelt werden, in den es für einen Seelsorger absolut keinen Weg hineingab. Damit endete für Gerhard Schaffran die Zeit der Gefängnisseelsorge. Aber nicht lange. Am 5. Oktober 1957 schrieb der Meißener Bischof Dr. Otto Spülbeck an den Görlitzer Kapitelsvikar:

… Darf ich mich in einem seelsorglich wichtigen Anliegen an Sie wenden und um Ihre so oft schon bewährte Hilfe bitten! Sie kennen die Sorgen um die rechte seelsorgliche Betreuung der Haftanstalten, vor allem der Anstalten, die unter die Bezeichnung I – VII (das war die Bezeichnung für die 7 Haftanstalten in der DDR, in denen vor allem politische Häftlinge einsaßen) fallen. Die Bautzener Haftanstalt, die zu dieser Gruppe gehört, wird betreut von Herrn Pfarrer Dr. Jakubasch. Er ist sehr kränklich, gehbehindert und durch Rheuma geplagt, so daß ein regelmäßiger Gottesdienst kaum möglich ist. Alle unsere Bemühungen, einen Vertreter für ihn zu bekommen, sind gescheitert …

Nun erfahre ich über Herrn Prälat Zinke, daß die Haft-

anstalt Luckau, die auch zu der obengenannten Gruppe I –
VII gehört, aufgelöst ist und daß der von der Volkspolizei,
Hauptabteilung Strafvollzug, zugelassene Seelsorger, Herr
Rektor Schaffran, für diese so wichtige Aufgabe ausfällt.
Darf ich mir die höfliche Frage erlauben, ob Sie einverstanden wären, wenn Herr Rektor Schaffran im Bautzener Strafgefängnis die seelsorgliche Betreuung übernähme? Da er
für die Seelsorge in Haftanstalten zugelassen ist, habe ich
keine Bedenken, daß er von der Haftanstalt Bautzen angenommen wird ...

Wenige Tage später antwortete Dr. Piontek:

... Es gereicht mir zur Freude, Eurer Exzellenz ... mitteilen
zu können, daß Herr Rektor Schaffran bereit ist, die Seelsorge im Bautzener Strafgefängnis zu übernehmen ...

Am 14. Dezember 1957 stellte er sich im Gefängnis bei dem
kommandierenden Oberstleutnant und dem Politoffizier,
ebenfalls Oberstleutnant, vor und vereinbarte, alle 14 Tage
einen Gottesdienst mit anschließender Sprechstunde zu halten. Weihnachten hielt er den ersten Gottesdienst, nicht
ahnend, daß er den letzten schon in 4 Monaten feiern würde.
In diesen 4 Monaten, da er als Gefängnisseelsorger im
„Gelben Elend" tätig war, besuchte er Familien der Gefangenen und entfaltete eine rege Korrespondenz mit den
Heimatpfarrern oder den Angehörigen, um Wünsche und
Sorgen und beruhigende Antworten weiterzuleiten. Einige
Briefe sind erhalten. Sie sind kurz, die Anliegen präzise
genannt, ohne innere Beteiligung, so scheint es. Doch das
war eine einfache Schutzmaßnahme, niemand sollte durch
ein unbedacht niedergeschriebenes Wort belastet werden,
falls einer der Briefe einmal den rechtmäßigen Empfänger
nicht erreichen sollte. Die Empfänger selbst aber verstan-

den zwischen den Zeilen zu lesen; es sind Schicksale, die sich in den kurzen Zeilen offenbaren:

... Nach dem letzten Gottesdienst in Bautzen kam Herr W. zu mir in die Sprechstunde. Seine von ihm geschiedene Frau wohnt mit den beiden Töchtern in Ihrer Gemeinde ... Er macht sich nun große Sorge um seine Familie und bittet, wenn möglich, auf seine Frau einzuwirken, die Bindung an ihn nicht ganz aufzugeben ...

... nach dem Gottesdienst ... kam Ihr geschiedener Mann zu mir. Er erzählte, daß er Ihnen schweres Unrecht zugefügt hat, das er nun aufrichtig bereut. Umso erfreuter war er über den kurzen Gruß, den Sie zum Brief seiner Mutter dazugeschrieben haben. Ich möchte Sie bitten, ihm auch in seiner jetzigen Situation weiterhin Ihre Hilfe nicht zu versagen ...

... Wiederholt sprach ich schon während der Sprechstunde in Bautzen mit Ihrem geschiedenen Ehemann. Er leidet sehr darunter, daß Sie jegliche Verbindung mit ihm ablehnen. Könnten Sie ihm nicht noch einmal eine Chance geben? Er hat doch gerade jetzt Zeit zu Besinnung und Überlegung, und es würde ihm viel bedeuten, wenn Sie ihm gelegentlich ein gutes Wort schreiben würden ...

... Am letzten Sonntag sprach ich in Bautzen mit Ihrem Ehemann. Er macht sich große Sorge um Sie und Ihre gemeinsamen 4 Kinder. Allerdings hofft er auch sehr, daß Sie mit Gottes Hilfe die schwere Zeit überstehen können ...

Schon beim nächsten Besuch konnte er die beruhigende Antwort mitbringen: ... Bitte sagen Sie doch meinem Mann, daß er sich unnötige Gedanken macht. Ich lebe nur für unsere Kinder und warte mit Sehnsucht auf ihn. Wenn mein Glaube zu Gott nicht so stark wär, hätte ich das bestimmt nicht alles ausgehalten ... Für mich kann es nichts Schöneres geben, als daß wir alle wieder glücklich vereint sind ...

... Er macht sich Sorge um den Religionsunterricht seiner Kinder und befürchtet, daß seine Frau diese eventuell nicht schicken wird. Ich möchte Ihnen, sehr geehrter Herr Pfarrer, die Sorge dieses Mannes mitteilen ...

Auf diesen Brief antwortete der Pfarrer: ... Wir sind froh, daß Sie mit Herrn T. Kontakt haben. Seine Frau erfuhr erst jetzt, daß er in Bautzen ist. Sie können ihn bei einem Besuch beruhigen. Seine Frau steht mit uns in Verbindung und die Kinder kommen regelmäßig zum Unterricht ...

Wieviel Hoffnung haben diese Worte getragen – und oft kamen Worte mit erfüllter Hoffnung zurück, die das schwere Schicksal vor und hinter Mauern ein wenig leichter ertragen ließen.

Am Freitag, den 25. 4. 1958, fuhr Gerhard Schaffran nach Bautzen zu einer Unterredung mit dem Leiter des Gefängnisses. Er selbst hatte um diese Unterredung gebeten, um einige technische Fragen zu regeln, die die Durchführung der Gottesdienste und der Sprechstunde betrafen. Erstaunt war er, als er von einer ganzen Kommission empfangen wurde, die aus dem neuen Leiter der Anstalt – einem Major –, dem Leiter der Politabteilung – einem Oberstleutnant – und zwei Offizieren bestand. Der Anstaltsleiter kam ohne große Vorrede sofort auf den Punkt: Es sei gut, daß er um die Unterredung gebeten habe, da sie ihm einen Beschluß mitteilen müßten. Seine Tätigkeit in der Strafvollzugsanstalt sei mit dem heutigen Tag beendet. Die Leitung der Anstalt müsse verlangen, daß auch die Pfarrer der Erziehungsaufgabe, die Häftlinge zu guten Bürgern der

DDR zu bilden, nachkommen. Er habe das nicht getan, im Gegenteil, seit dem Monat Februar habe er wiederholt Predigten mit hetzerischem Inhalt gehalten.

Auf seine Entgegnung, nach diesem Vorwurf müsse er seine sofortige Inhaftierung verlangen, da viele der Gefangenen ja aus einem sehr ähnlichen Grund hier seien, und er sich sehr wundere, daß man ihn bisher immer wieder herausgelassen habe, entgegnete der Politoffizier, das habe er nur der Loyalität des Staates gegenüber der Kirche, insbesondere gegenüber den Geistlichen zu verdanken.

In seinem Bericht an den Kapitelsvikar über diesen Vorfall schreibt Gerhard Schaffran: ... Ich wies darauf hin, daß ich vor dem Beginn meiner Tätigkeit mit dem damaligen Leiter und dem jetzt noch anwesenden Oberstleutnant der Politabteilung folgendes besprochen habe: Ich sagte damals, daß ich hier in der Anstalt gleichsam in eine mir unbekannte Zuhörerschaft hinein predige. Eine Rede kann objektiv richtig sein und doch subjektiv falsch aufgefaßt werden. Dabei erfahre ich nicht die eventuell falschen Schlüsse, die subjektiv gezogen werden, da ich ja mit den Strafgefangenen in der Sprechstunde nur über speziell seelsorgliche Fragen verhandeln kann. Falls irgendwelche Beanstandungen von seiten des überwachenden Personals vorlägen, sollte man mir dies sogleich mitteilen. Darauf wurde mir seinerzeit das Wort dieses Offiziers gegeben. Wie sollte ich nun das mir gegebene Wort mit der vollendeten Tatsache meiner Absetzung in Einklag bringen. Mir wurde entgegengehalten, daß man von einem Pfarrer, der doch gebildet sei, erwarten müsse, daß er die rechten Worte wähle. Ich sagte, daß wir Gefängnisgeistlichen von unseren bischöflichen Behörden die strikte Anweisung haben, Seelsorge und keine Politik zu treiben, und daß dies auch mein fester Wille war und ist. Ob man denn glaube, daß ich so dumm sei, daß ich ausgerechnet hier, in dieser Umgebung, wo ich weiß, daß ich abgehört werde und daß eventuell mitgeschrieben wird, staatsgefährdende Äußerungen tun würde ... Auf meine wiederholten Vorstellungen hin, daß ich mich hier gleichsam rechtlos behandelt fühle und daß mir doch ein Offizierswort gegeben wurde, äußerte der Oberstleutnant der Politabteilung heftig und verärgert: „Was Sie uns zerstört haben – dazu brauchen wir mindestens ein halbes Jahr, um es wieder aufzubauen."

Es war schon mehr als ein fadenscheiniger Grund, den die Anstaltsleitung sich einfallen ließ, um Gerhard Schaffran als Gefängnisseelsorger auszuschalten. In seinen Predigten, die er nicht nur im Gefängnis, sondern am selben Sonntag zumeist auch in einer Pfarrgemeinde hielt, ist von „hetzerischen" Äußerungen nichts zu finden. Er verkündete das Wort Gottes, gleich wie die Zusammensetzung seiner Zuhörerschaft war! Der Grund war ein ganz anderer. Prälat Zinke nennt ihn in seinem Bericht über die Konferenz der Strafanstaltsseelsorger, die am 29. 11. 57 in Berlin stattfand: Alle Berichte haben eine negative Tendenz, die dahin geht, daß Seelsorger, die ansprechen, möglichst „abgeschossen" werden sollen. Daher die Bitte: unbedingt durchhalten!

So sehr Gerhard Schaffran sich auch bemühte, der Anstaltsleitung keine „Angriffsfläche" zu bieten, konnte doch seine wachsende Beliebtheit bei den Häftlingen den Wachposten nicht verborgen bleiben. Bei seinem ersten Gottesdienst in Bautzen waren 40 Männer anwesend, die Zahl stieg schon nach seinen ersten Gottesdiensten auf 200 an. Beim letzten Gottesdienst waren es nur 150. Wie sich aber herausstellte, war das von der Gefängnisleitung schon beeinflußt. Ein Strafgefangener kam mit einer entsprechenden Beschwerde in die anschließende Sprechstunde. Viele, so sagte er, seien zurückgeschickt worden mit der Bemerkung, sie hätten früher nichts geglaubt und wollten nun in die Kirche laufen.

Was mag es gewesen sein, das Gerhard Schaffran bei den Gefangenen so beliebt machte? Keine spektakuläre Formulierung ist in seinen Predigtaufzeichnungen zu finden: Er forderte weder zum Streik auf, noch übte er scharfe Kritik am Unrechtsstaat – er verhalf niemandem zum Ausbruch, noch legte er sich mit der Gefängnisleitung an. Was war es also? – Das können wohl nur ehemalige Häftlinge, die ihn erlebten, beantworten.

Im September 1990 schreibt Dr. Hans-Curt v. Pannwitz:

... Als ich kürzlich erstmals auf den Spuren meiner Vorfahren in Bautzen und Umgebung nachspürte und dabei in der katholischen Kirchenverwaltung auf Herrn Dr. Seifert stieß, konnte ich mir die Frage nicht versagen, nach einem Geistlichen, dessen Gestalt und dessen Gottesdienste während der Jahre 52 und 53 in der damaligen Strafanstalt Luckau unvergessen geblieben sind.

Bis 1945 besuchte ich, in Schlesien beheimatet, das Alumnat der Stiftisch v. Witzlebischen Klosterschule in Roßleben. Nachdem die Sowjets in Thüringen erschienen, wurden diejenigen von uns Jungens, die nicht rechtzeitig nach dem Westen gegangen waren, von den Organen des MWD verhaftet, ungeachtet der Tatsache, daß die Schule geradezu eine Hochburg der Teilnehmer des 20. 07. 44 war.

Die kommenden Jahre verbrachte ich in den verschiedensten Lagern Deutschlands und der Sowjetunion und wurde zum Schluß der VOPO übergeben, bis ich Anfang 1954 freikam.

Wahrscheinlich werden Sie sich gar nicht vorstellen können, welchen starken Eindruck Sie und Ihre Gottesdienste auf uns machten, und wie sehr Sie uns geholfen haben. Wir gingen damals praktisch alle zu Ihnen, ungeachtet unserer Zugehörigkeit zum katholischen oder evangelischen Glauben. Ganz deutlich spürten wir, wie Sie dachten und wie Sie auf unserer Seite standen. Ich komme aus einem protestantischen Elternhaus ... Auf jeden Fall hat die Zeit damals mein ganzes Verhältnis zur kath. Kirche geändert, auch wenn ich in meiner Kirche verblieb.

Vielleicht erinnern Sie sich auch noch, wie wir – ein ganz kleiner Kreis, auf den man sich absolut verlassen konnte – versuchten, einen Brief meines Schulfreundes Otto Graf Eulenburg in die Meßklingel zu kleben. Sie gaben uns beim nächsten Gottesdienst zu verstehen, daß wir die gemeinsamen Meßfeiern nicht durch unvorsichtige Unternehmungen gefährden sollten, und haben im übrigen – wie ich inzwischen längst weiß – diesen Brief der unglücklichen Gräfin Eulenburg hier nach Hamburg geschickt. Otto Eulenburg war übrigens 14 Jahre alt, als wir verhaftet wurden, und hat auf den Tag genau 10 Jahre gesessen ...

Ich bin sehr froh darüber, Ihnen heute noch einmal ein herzliches „Vergelt's Gott" sagen zu dürfen. Wir und ich sind Ihnen unendlich dankbar für das, was Sie und wie Sie es für uns taten.

Auch Auszüge aus Briefen von zwei ehemaligen Bautzener Häftlingen machen deutlich, warum Gerhard Schaffran – wie es in einem Schreiben des Ministeriums des Innern heißt – aus der Sicht der staatlichen Stellen „für die Ausübung der Gefangenenseelsorge nicht geeignet erscheint".

... Nach über 30 Jahren – vor der Wende habe ich es nicht gewagt, einen solchen Brief auf die Reise zu schicken – möchte ich Ihnen endlich sagen, wie sehr ich Ihnen zu Dank verpflichtet bin. Es waren ja so viele, die Ihre Predigten in der Haftanstalt Bautzen hörten und zu Ihnen in die Sprechstunde kamen. Wir konnten die Sonntage, an denen Sie zu uns kamen, kaum erwarten. An mich werden Sie sich nicht mehr im einzelnen erinnern können, aber das ist auch nebensächlich, denn ich glaube, ich spreche hier für viele.

Ich bin Angehöriger der Evangelischen Kirche, aber die Begegnung mit Ihnen war und bleibt für mich über alles konfessionell Trennende hinweg von unschätzbarer Bedeutung ... Dr. F. – 25. 7. 90

... Heute ist mein 10. Geburtstag (viele Häftlinge begannen mit dem Entlassungstag ihre Lebensjahre neu zu zählen). Jedes Jahr an diesem Tag wollte ich Ihnen schreiben. Aber es brauchte so lange, bis ich jetzt einen gewissen Abstand habe zu der Zeit in der Bautzener Haftanstalt. In diesen 10 Jahren aber hatte ich immer Ihr Bild vor Augen. Wieviel ich Ihnen zu verdanken habe, kann ich gar nicht in Worte fassen. Sie sind jetzt in hohen kirchlichen Würden, ob Sie sich dennoch an mich erinnern können? – Ich wollte damals nicht mehr leben. Obwohl das in der Haftanstalt nicht so einfach ist, hatte ich doch schon ganz konkrete Vorstellungen, wie ich mein Leben beenden könnte ... Und dann erlebte ich Ihren Gottesdienst. Ich weiß es noch ganz genau, es war der 26. Januar 1958 – eigentlich könnte ich auch an diesem Tag meine neue Geburt feiern! Sie predigten über das Schriftwort: „Laß dich nicht vom Bösen überwinden, sondern überwinde du das Böse durch das Gute."

Wie konnten Sie wissen, daß ich gerade daran war, mich vom Bösen überwinden zu lassen? Ihre Worte trafen mich, als wären sie eigens nur für mich gesprochen.

An diesem Sonntag habe ich es nicht fertiggebracht, zu Ihnen in die Sprechstunde zu kommen, aber das nächste Mal kam ich. Sie fragten nach meiner Familie. Ich erzählte Ihnen von meiner Frau und meinen 5 Kindern, daß ich mich so schuldig fühle, weil ich meiner Frau nun die Sorge um die Kinder allein überlassen müsse und daß ich verzweifelt bin, weil ich befürchte, sie könnte das nicht schaffen. Ich habe Ihnen von meinen Selbstmordabsichten nichts gesagt, aber ich hatte den Eindruck, daß Sie alles wissen. Spontan boten Sie an, meine Familie einmal zu besuchen. Wie mir meine Frau dann nach meiner Entlassung erzählte, waren Sie einige Male dort, weil Sie auch die Not sahen, in der meine Familie lebte …

An meinem 10. Geburtstag nun endlich möchte ich Ihnen von Herzen danken für alle materielle Hilfe, die Sie meiner Familie gegeben haben, aber vor allem auch für jedes tröstende und mutmachende Wort.

(K. N., März 1969)

Den letzten Gottesdienst in der Haftanstalt Bautzen feierte er am 2. Sonntag nach Ostern, dem sogenannten „Guten-Hirten-Sonntag".

Hätte es zu diesem Zeitpunkt jemand verstanden, wie Josef Träume und Zeichen zu deuten, es wäre ihm gewiß leichtgefallen, das Bild vom Guten Hirten mit dem Leben Gerhard Schaffrans in Verbindung zu bringen, zumal es in wenigen Jahren für seinen Lebensweg von entscheidender Bedeutung sein würde.

Priesterseminar Neuzelle

Um zur Gründung eines Seminars sein placet zu geben, genügte es Kapitelsvikar Dr. Piontek, dafür geeignete Priester zu haben. Ob genügend Finanzen vorhanden waren, diese Frage war für ihn zweitrangig. Wenn Gott ihm geeignete Priester gab, würde Er auch für alles andere sorgen! Daß dieses Vertrauen nicht auf Sand gebaut war, bewiesen das Katechetensemiar und das einige Jahre zuvor gegründete Priesterseminar.

Zwei Breslauer Priester, Regens Dr. Paul Ramatschi und Spiritual Erich Puzik, hatten gleich nach Kriegsende begonnen, in Königstein im Taunus ein Priesterseminar für die vertriebenen Theologiestudenten einzurichten. Doch wo lag Königstein! Der Kapitelsvikar brauchte diese beiden Priester, um in Neuzelle für den Restteil der alten Erzdiözese Breslau ein Priesterseminar aufzubauen. Im Sommer 1947 kamen beide, die Räumlichkeiten zu besichtigen. Die Wirtschaftsräume und Stallungen des ehemaligen Zisterzienserklosters schienen geeignet, so daß sie im April 1948 mit dem Dienst als Regens bzw. Spiritual beginnen konnten. 1950 gesellte sich ihnen Dr. Robert Mommert als Subregens hinzu, der 1953 in diesem Amt von Wolfgang Gerlach abgelöst wurde. Mit der Ernennung von Dr. Alfred Bengsch zum Dozenten war das Kollegium des Neuzeller Priesterseminars vollzählig und stand – jedenfalls was Qualität der Oberen betraf – dem so traditionsreichen Breslauer Seminar in nichts mehr nach.

Dr. Bengsch allerdings war von seinem Ordinarius, dem Berliner Bischof Julius Döpfner, für höchstens zwei Jahre zur Verfügung gestellt worden – danach – so wußte es der schon immer sehr zuverlässige „Buschfunk" – hatte Kardinal Döpfer „Höheres" mit ihm vor.

Im Juni 1959 wurde Dr. Alfred Bengsch zum Bischof geweiht; seine Nachfolge als Dozent für Homiletik trat am 1. September 1959 Gerhard Schaffran an.

Geistl. Rat Klaus Weyers, über viele Jahre selbst Spiritual am Priesterseminar Neuzelle, war Alumnus zu der Zeit, da Gerhard Schaffran Homiletik dozierte; er erinnert sich:

... In Neuzelle wohnt der neue Homilet in einem Raum, der kleiner ist als ein Alumnenzimmer. Sein Schlafzimmer liegt am lauten Treppenhaus. Es ist das Zimmer, von dem der Architekt meinte, man könne es nicht als Wohnraum nutzen. Es sollen dort lieber Sanitäranlagen eingebaut werden.

Dozent Schaffran war zu agil und zu motorisch, um sich mit der Homiletik ausgelastet zu fühlen. Das Priesterseminar war bei seiner abenteuerlichen Gründung eine Improvisation an Einrichtung, Lehrmitteln, Paramenten und Küchengeräten. Wie hätte es auch anders sein können. Schaffran ging daran, das von den Gründern mit Einsatz und Selbstlosigkeit Erbaute weiterzuführen und manches den Möglichkeiten der fünfziger Jahre nach zu gestalten. Dem damaligen Subregens Gerlach lagen die praktischen Dinge nicht so sehr. So wurde der schmale Priester mit dem minimalen Schlafbedürfnis der ungekrönte Subregens. Das erforderte besonders den alten Chefs gegenüber Takt. Es brachte Probleme, die mit Standfestigkeit gelöst werden mußten. Die Ordensfrauen zum Beispiel hatten einen der schönsten Räume des Erdgeschosses mit Einweckgläsern vollgestellt, und das bei dem schlimmen Raummangel im Haus. Es konnte nur einem Schaffran gelingen, die Einweckgläser aus dem wunderschönen Kreuzgewölbe zu entfernen.

Die Seminarkapelle in Neuzelle

Der große Seminargarten brauchte neue Wege, neue Wasserleitungen und Treppen. Da wurde der Arbeitsdienst der Alumnen zum schweißtreibenden Schuften mit vorzeigbaren Erfolgen. Da dem Dozenten der Seminargarten zu kahl war, rief er eines Nachmittags die Studenten zusammen und gab die Weisung aus: „Es sind fünfundzwanzig junge Birken wegzufinden!" Die so organisierten Birken wuchsen und gediehen und zieren den Garten bis heute. Die Regenten pflegten auf den sandigen Pfaden dieses Geländes ihr Brevier im Gehen zu beten. Schaffran beschaffte Gartenwegplatten, die waren eigentlich für irgendeinen volkseigenen Zweck bestimmt gewesen. Nun wurden sie in wochenlangen Arbeitseinsätzen so verlegt, daß man beim Gehen durch den Garten nicht im märkischen Sand steckenblieb.

Es gab keinen Winkel des Hauses, den er nicht kritisch unter die Lupe genommen hätte. Im Keller befand sich ein toter Raum vom beträchtlichem Ausmaß, der sollte durch eine der massiven Kellerwände geöffnet werden, um zu sehen, was drin sei. Aber dieser Versuch wurde vom Dozenten abgebrochen, weil dadurch die Statik des darüberliegenden Stockwerkes gefährdet war. Bei der Erstellung einer verwinkelten Treppe als Zugang zum Ziegenstall war die mathematische Begabung Schaffrans zu bewundern, der mühelos mit nicht ganz einfachen logarithmischen Funktionen die Winkel der Stufen berechnete.

Was Schaffran geleistet hat, um Kohle- und Nahrungsmittelversorgung zu gewährleisten, kann hier nur angedeutet werden. Kenner der damaligen Situation wissen, daß recht oft Unmögliches möglich gemacht werden mußte. Der braune VW-Käfer, für damalige Zeiten eine Sensation, war oft in Missionen unterwegs, die Küche und Keller des Hauses betrafen!

Die Sorge des energischen Mannes ging bis hin zur Beschaffung von neuen Paramenten. Dabei hatte Schaffran Mut zur Moderne. Er brachte ein Meßgewand und einen Vespermantel für die Fastenzeit in die Sakristeischränke. Die beiden Gewänder waren in Batik-Technik gearbeitet, von blau-violetter Farbe und sicher sehr künstlerisch. Aber keiner der Seminaroberen wollte sie tragen, bis der Homilet selbst im violetten Batikgewand zum Altar schritt. Doch das tat er nur einmal. Man muß die Reaktion der Alumnen hier nicht im einzelnen beschreiben! Die Gewänder hingen noch lange dornröschenhaft in den Schränken. Die Eule-Orgel, die unter Schaffrans Quasi-Subregentenzeit in die Kapelle kam, tut heute noch ihren Dienst.

Zwischen den tausend Beschäftigungen, Besorgungen und Nötigkeiten erschien der Dozent immer pünktlich im Hörsaal, um den Studenten das Kerygma des heiligen

Paulus vorzutragen oder mit ihnen das schwere Amt der Predigtvorbereitung zu treiben. Das tat er in seiner nüchternen Art. Er liebte keine unnützen Wortklingeleien, keine Schnörkel und Verzierungen. Das war heilsam für die künftigen Prediger. Es lag einem Schaffran aber nicht, den Alumnen die Sprache ein wenig farbiger und wärmer zu machen. Sein Stil war eigentlich ignatianisch-logisch-streng. Er war nicht franziskanisch-fröhlich. In den Predigtübungen liebte Schaffran es, uns unbequeme Aufgaben zu stellen: „Verfassen Sie eine Beerdigungsansprache zum Tode einer Mutter von vier Kindern, deren jüngstes vier Monate alt ist."

Beim Durchsprechen von Predigtentwürfen konnte er sehr kühl und knapp die Sache auf den Punkt bringen. Schaffran stellte nach dem Vortrag der Predigt die Frage: „Und was haben Sie den Leuten nun gesagt?" – Er wollte hinter aller Methodik und Formulierungskunst das Eigentliche hören. Ähnliches war zu sehen, wenn der Priester Schaffran die Eucharistie oder das Stundengebet mit uns feierte. Er liebt die Nüchternheit und die klaren Strukturen der Römischen Liturgie und ihre Prägnanz. Es lag ihm nicht, Liturgie über das ihm von seiner militärgeprägten Denkart vorgegebene Maß auszuformen. Gestus und Wort entsprachen den Normen. Das war korrekt. Aber ein wenig Farbe und Wärme hätten den jungen Priesteramtskandidaten auch für baldige eigene Meßgestaltung geholfen.

Der Dozent hatte den Mut, berechtigte Interessen der Alumnen der Hausleitung gegenüber durchzusetzen. So durften die jungen Männer nur alle 14 Tage einmal warm baden. Der Homilet brachte es fertig, den Regens davon zu überzeugen, daß ein warmes Bad pro Woche wohl nicht zu viel sei.

Schaffran war kein Dozent, der es verlangte, daß man immer und uneingeschränkt seiner Meinung war oder seine Thesen vertrat. Es konnte schon sein, daß man mit ihm in harte Auseinandersetzungen kam. Er akzeptierte den Standpunkt des Anderen und honorierte auch kontroverse Stellungnahmen mit Respekt vor dem Jüngeren. Was er nicht leiden konnte, war Schluderei und Wischi-Waschi-Denken.

Die Überfülle an Theologen brachte es mit sich, daß das Seminar eine Caritasferienbaracke auf einem anderen Grundstück in Neuzelle mieten mußte. Es gehörte zu den Pflichten der jüngeren Seminaroberen, abwechselnd die Nächte in einem Zimmer dieser Baracke zu schlafen, damit die Alumnen unter Aufsicht blieben. Das Zimmer bekam den Namen „Oberwächterhütte". Schaffran erfüllte diese Pflicht nur sehr ungern. Er fand, daß erwachsene Priesteramtskandidaten wohl ein eigenverantwortliches Leben führen könnten und müßten. Es waren ja auch Dreißigjährige darunter. So konnte man beruhigt verbotenerweise beim Nachbarn im Zimmer sitzen und ein billiges Fläschchen Wein trinken, ohne von einem Oberen dabei aufgeschreckt zu werden. Es war nur nötig, die äußere Ordnung zu wahren, daß der Dozent nicht einschreiten mußte. Ähnlich verhielt sich Schaffran unseren Motorrädern gegenüber. Es gab eine strenge Anweisung, daß Seminaristen keine Fahrzeuge mit nach Neuzelle zu bringen hätten. So standen die Motorräder bei den Katholiken im Dorf. Eines Tages reichte die Zeit nicht mehr, um die Motorräder noch vor dem Vespergebet bei den Leuten in Sicherheit zu bringen. Der Homilet mußte sie sehen und sicher zu seinem Leidwesen ein Machtwort sprechen.

Schaffran war ein Mann, der zur Kirche stand. Er wußte und hatte auch am eigenen Leib erfahren, daß Kirche menschlich ist. Die Alumnen erlebten aber nie, daß er sich über Zustände oder Vorkommnisse in der Kirche ausließ, daß unsachliche Kritik oder gar Spott aus dem Munde Schaffrans

272

kam. Was an der Kirche zu leiden war, litt er selbst. Was an oder in der Kirche zu kritisieren war, mußte in sachlichen Diskussionen angegangen werden. War das nicht möglich, trug er es so, wie es eben war. Da in den damaligen Zeiten vieles nicht offen zur Sprache kam, forderte dieses stille Tragen der Schattenseiten der Kirche sicher viel Kraft. Wie er das bewältigte, flößt Respekt ein. Diese Haltung des Priesters und Lehrers hat sicher manchem damaligen Alumnus geholfen, gerade in unseren superkritischen Zeiten mit ihren Tendenzen zur völligen Bloßstellung Gelassenheit zu wahren.

Einen Dozenten Schaffran, der bei den kleinen und großen Seminarfesten witzig-aktiv wurde, gab es nicht. Er konnte zwar herzlich lachen, wenn eine Pointe gut saß oder ein Sketch überzeugend dargestellt wurde. Er selbst war aber kein Witze-Erzähler oder Sänger zur Gitarre. Wohl konnte er in guten Stunden einmal dieses und jenes aus seinem Leben erzählen. Reklame hat er mit seinem Einsatz in Krieg und Gefangenschaft nie gemacht. So geschah es, daß manche Menschen in seiner Umgebung eigentlich nichts davon wußten. Da sein Leben in der DDR verlief, gab es ja auch keine äußeren Ehrungen, die an seine Zeit hinter Stacheldraht erinnern konnten. Und wenn er schon knapp und verhalten berichtete, mußte man sich das meiste dazudenken.

Am Ende meiner Anmerkungen zu Schaffrans Tätigkeit im Priesterseminar Neuzelle seien hier einige Sätze zitiert. Sie stammen aus seiner Homiletikvorlesung des Sommersemesters 1961. Die Vorlesungsreihe trug den Titel: Der theologische Ort der Predigt. Schaffran sagte damals:

„Im menschlichen Sprechen muß notwendig Freiheit sein. Je mehr Freiheit ich dem anderen gebe, um so mehr schließe ich den anderen auf." Ein anderes Zitat aus dieser Vorlesung: „Das Wort ist liebeerfüllter Begriff. Es kommt darauf an, daß das Wort nicht nur Gedanke ist, sondern das

Wort muß liebeerfüllter Begriff sein, sonst wirkt es nicht." Und ein weiteres Zitat: „Die Hingabe an Gott ermöglicht die Freigabe des Wortes an den Menschen."

Erst 1961 bekam das Seminar sein erstes eigenes Auto; bisher waren die Oberen gelegentlich zum Neuzeller Pfarrer „auf Pump" gegangen. Nun brachte Gerhard Schaffran seinen VW-Käfer mit, der ihm nicht nur bei allen Beschaffungsmaß- nahmen für das Seminar gute Dienste leistete, sondern der ihm jene Bewegungsfreiheit verschaffte, die er als Ausgleich für das „am Rande der Welt" gelegene Neuzelle brauchte. Vielleicht wäre ihm in der stillen Abgeschiedenheit des Seminarlebens sonst die „politische Großwetterlage" verbor- gen geblieben. Doch so bekam auch er bei seinen sonntäg- lichen Vertretungsgottesdiensten die eigenartige, ruhelose Stimmung zu spüren, die in Gemeinden und Pfarrhäusern Einzug gehalten hatte. Eine ansteckende „Torschlußpanik" hatte sich ausgebreitet, täglich verließen Hunderte, bald Tau- sende das Land. An jedem Sonntag wurde mit gemischten Gefühlen in den Gemeinden Ausschau gehalten, wer denn diesmal fehle, ein untrügliches Zeichen für diesen unaufhalt- sam scheinenden Exodus. Etwas Ungeheuerliches schien sich zusammenzubrauen; daß es aber ein wirklicher „Tor- schluß" sein würde, ahnte wohl kaum einer.

Anfang August 1961 fuhr Gerhard Schaffran in Urlaub. Seit dem Tod seiner Mutter verlebte er ihn nun bei der Familie seiner Schwester. Da in diesen Jahren Reisen in die Bundesrepublik immer mit vielen Behördengängen verbunden waren, fuhr er mit dem Auto bis Berlin-Char- lottenburg, stellte es bei der Caritas unter, holte seinen hier hinterlegten bundesdeutschen Paß und flog als „Bun- desbürger" nach Köln oder Düsseldorf, wo ihn einer sei- ner Verwandten abholte. „Onkel Gerhard – erzählt seine Nichte Jutta – kam ja immer in den Schulferien. Gegenüber unserer Wohnung befand sich ein Erzbischöfliches Gymnasium mit einer Hauskapelle. Hier zelebrierte er jeden Morgen. Wer von unserer Großfamilie in dieser Zeit nicht selbst im Urlaub war, kam zu der morgendlichen hl. Messe. Anschließend traf sich dann alles bei unserer Mutter zum Frühstück. Der 13. August war ein Sonntag. Nach dem Gottesdienst saßen wir in ziemlich großer Runde zusammen, munter im Gespräch, nichts Böses ahnend, als der Verlobte meiner Schwester plötzlich auftauchte und in die fröhliche Runde mit der Nachricht hereinplatzte: Habt Ihr es schon gehört, Berlin ist zu! Einige Sekunden lang waren alle still. Diese Stille war eine Mischung aus Entsetzen, Ungläubigkeit, Staunen. Und dann redeten alle auf einmal. Eigenartigerweise war ich über diese Nachricht gar nicht traurig, im Gegenteil, mein erster Gedanke war: Das ist ja wunderbar, jetzt muß Onkel Gerhard hierbleiben!

Dann fiel mir auf, daß er der einzige war, der noch immer kein Wort gesagt hatte. Mir ist das alles noch so deutlich in Erinnerung, weil Onkel Gerhards Reaktion so gar nicht in meine Wunschvorstellung paßte. Das erste was er nämlich äußerte, war seine Frage nach der Telefon-Nummer vom Flughafen. Ich hatte kein Glück, denn noch am 13. August flog er nach Berlin und kehrte in die DDR zurück. Als wir am Flughafen der aufsteigenden Maschine nachblickten, ahnte keiner, daß er bei seinem nächsten Kommen schon 65 Jahre alt sein würde …"

Das Unvorstellbare war geschehen: gewaltsam, gleichsam über Nacht wurde der Exodus gestoppt. Das Leben ging weiter? – Wohl wahr! Aber es ging anders weiter hinter der Mauer. Es ließ sich in den Jahren zuvor leben mit der Möglichkeit, wann immer man wollte, diesem unliebsamen politischen System zu entfliehen – auch für immer. Für viele war es mühevoll und schmerzhaft, nun die Realität des Eingesperrtseins zu begreifen. Gerhard Schaffran hatte sich längst für die Menschen in diesem Teil des Vaterlandes entschieden. Hier fühlte er sich von Gott hingestellt. Er wollte – in welchem politischen System auch immer – seinen priesterlichen Dienst tun. Mehr nicht. Das war eine Entscheidung – wie er selbst einmal sagte –, die nicht von ihm, sondern die mit ihm getroffen wurde. Zu solchen Entscheidungen ja zu sagen, war ihm bisher in keiner noch so schwierigen Situation schwergefallen. Doch schon ein Jahr später wurde er in eine kirchliche Position berufen, die Entscheidungen v o n ihm f ü r andere forderte. Das anzunehmen, fiel ihm sehr schwer.

An einem Herbsttag 1962 ließ ihn Regens Ramatschi rufen und teilte ihm mit, daß Erzbischof Dr. Alfred Bengsch ihn dringend zu sprechen wünsche, am liebsten noch heute. Es wäre wohl am besten, er mache sich sogleich auf den Weg, da der Erzbischof heute den ganzen Tag anwesend sei und auf ihn warte.

Nichts an Regens Ramatschi machte erkennbar, ob er den Grund dieser dringenden Bitte kannte, und nichts hätte Gerhard Schaffran bewogen, ihn danach zu fragen. Bald würde er es ja ohnehin erfahren. Als er mit seinem VW-Käfer in Richtung Berlin unterwegs war, rätselte er doch, was sein Neuzeller Vorgänger wohl so Dringendes von ihm wollte. Aber so sehr er sein Gedächtnis auch anstrengte, er fand nichts, was Anlaß für diese Fahrt gegeben hätte.

Als ihm Erzbischof Bengsch dann ein Schreiben überreichte, kam er beim Lesen über den ersten Abschnitt nicht hinaus, er mußte ihn mehrmals lesen, um den Inhalt zu begreifen: ... Ich habe die Freude, Ihnen bekanntzugeben, daß seine Heiligkeit Papst Johannes XXIII. geruht hat, Sie zum Titularbischof von Semnea zu ernennen ...

Das konnte doch nur ein Irrtum sein! Warum denn gerade er!

Die unkonventionelle Art, die er an Alfred Bengsch immer bewunderte, brachte sein ziemlich verwirrtes Gemüt wieder zur Ruhe. Bevor ihm der Erzbischof Glückwünsche aussprach und ihn im Kreis der Bischöfe willkommen hieß, sagte er: „Ich weiß, wie Dir zumute ist, denn das habe ich schon hinter mir!"

Für die Rückfahrt nach Neuzelle brauchte er viel Zeit. Ganz gegen seine Gewohnheit fuhr er langsam. Er wollte das Ankommen hinauszögern. Wie würden ihm seine Oberen begegnen? Würde vor allem sein verehrter väterlicher Freund, Regens Ramatschi, weiterhin den „Sohn" in ihm sehen oder würde das Bischofsamt Distanzen entstehen lassen? Eine bange Ahnung beschlich ihn, daß er in Zukunft wohl so manch einsame Einscheidung würde fällen müssen.

Bei der Jugendwallfahrt in Neuzelle. V.l.n.r.: Regens Dr. Paul Ramatschi, Weihbischof Gerhard Schaffran, Pfarrer Bruno Broß, Spiritual Erich Puzik

Der Turm der Neuzeller Stiftskirche wurde sichtbar. Er fuhr den inzwischen vertrauten Weg am Klosterteich vorbei, durch den Torbogen in den weiten Klosterhof hinein und stellte seinen VW diesmal gleich bei der Einfahrt ab. Vor der Begegnung mit den Seminar-Oberen wollte er zunächst einem anderen begegnen. In der Stiftskirche war es still, nur einige betende Alumnen saßen oder knieten in den Bänken. Er kniete lange vor dem Tabernakel. Und da fiel ihm ein Wort ein, das ihn durch Krieg und Gefangenschaft begleitet hatte, das Wort der hl. Theresia von Ávila: DIOS SOLO

B A S T A

Inhalt

Geleitwort von Bischof Bernhard Huhn   *5*

Vorwort   *6*

Versprich mir in die Hand   *9*

… und so unbeschwert jung   *32*

Adsum   *59*

Erinnerungen an die Pfarrei St. Nikolaus
in Breslau   *72*

Gegen die Mächte der Finsternis   *84*

Die Sonne weint – auch im sonnigen Süden   *118*

Festung Breslau – „Der Himmel war unten"   *138*

Ein Stück Herz blieb in Rußland   *146*

Heimkehrer auf der Suche nach Heimat   *188*

Kaplan in Cottbus   *202*

Licht in den Alltag – Katechetenseminar   *220*

… und ihr habt mich besucht   *252*

Priesterseminar Neuzelle   *266*